脱露

シベリア民間人抑留、凍土からの帰還

石村博子

角川書店

脱露

シベリア民間人抑留、凍土からの帰還

はじめに　荒野に四七年、名前の漢字だけは忘れなかった——小関吉雄

「私は日本人だ」——カザフスタン・アルマティにて、一九九三年五月

ソ連邦解体によって独立国になったカザフスタン共和国で初の日本産業見本市が開催されたのは、日本大使館が開館されて間もなくだった。当時の首都アルマティにある体育館を貸し切り、家電製品、機械、日用品、衣類など商売になりそうな品がずらりと館内に陳列された。

日ロ貿易協会の寺尾近三《てらおきんぞう》氏は、活発に行われる商談のオーガナイザーとして連日会場中を駆け回っていた。活況を呈した見本市も最終日を無事終え、ブースの片づけをしていた時だ。現地のスタッフが「全然商売に関係なさそうな人が訪ねてきた」と寄ってきた。日本人と言っているという。

事務所の外に出ると、そこにはブーツ、外套《がいとう》、毛皮の帽子を身にまとった浅黒くてやせた初老の男性が立っていた。この人が日本人？　朝鮮人か中国人ではないかというのが寺尾氏の第一印象である（カザフスタンには強制移住させられた朝鮮人が多く住んでいた）。

口から出る言葉はロシア語である。事務所に入ってもらい、テーブルをはさんで向かい合うと、男性は言った。

「私は日本人で、名前はコセキヨシオと言う」

寺尾氏は驚き絶句する。カザフスタンにこんなかたちで日本人が住んでいるという話は聞いたことがなかったからだ。

コセキヨシオと名乗る男性は続けた。

「私は樺太《からふと》で炭鉱夫をしていた。でも終戦時は九州の炭鉱に移されていた。戦後樺太に残った家族を捜すため、稚内《わっかない》から樺太に渡ろうとしたが、上陸直後にソ連兵に捕まって、シベリアのラーゲリに連れていかれた。そしてここまで来た。現地の女性と結婚し、子どももいるが一度は日本に帰りたい。日本の家族に会いたい。でも家族がどこにいるか、無事なのかもわからない。捜してもらえないだろうか」

メモ用紙を渡すと男性は「小関吉雄《こせきよしお》」と、力を振り絞るように漢字で書いた。日本語はほとんど忘れてしまっているのに、名前の漢字だけは覚えていることに、寺尾氏は強烈な印象を受ける。本籍を訊《き》くと「北海道白糠《しらぬか》」と答えた。年齢は七三歳であるという。

必ず家族を捜し出すと約束した寺尾氏は、帰国後すぐに役所に問い合わせ、きょうだいの多くが松戸《まつど》市に住んでいることを聞き出した。個人情報保護法のない時代、役所もとても協力的で躊躇《ちゅうちょ》なく教えてくれたのだ。寺尾氏は松戸のきょうだいのひとりに、カザフスタンで吉雄氏に会ってきたとの電話を入れた。

生きていたのか！　本当に吉雄なのか⁉　すでに吉雄氏は除籍され、存在しない人間になっている。実は寺尾氏は吉雄氏と別れる折、ツーショットの写真を撮ったのだが、目を離したすきにカメラは盗まれてしまっていた。現地で会ったという人物が吉雄氏と証明できるものは何もない。ならばときょうだいでお金を出し合い、弟の進《すすむ》氏がカザフへと飛んだ。アルマティから東に約三〇キロのタルガルという小さな町。その町の郊外の木々に囲まれた小さな家に小関氏は一人で住んでいた。妻はすでに亡く、娘夫婦や孫たちは近くに住んで、頻繁に行き来しているという。吉雄氏の外見は樺太時代とはまるで違い、牧畜か農作業で風雨にさらされた人のものだった。

カザフスタンの子、孫たちと。前列左より2人目が小関吉雄。1993年

進氏と向かいあうと、昔の記憶が吉雄氏に鮮明によみがえってきた。家は塔路《とうろ》で豆腐屋を営んでいたこと。塔路の炭鉱で運搬機械係として働いていたこと、三つある部屋の一部屋一部屋には石炭ストーブが据え付けられていたこと……。

「間違いない、吉雄兄だ！」

大使館員たちも息をのんで立ち会うなか、進氏は声を上げる。樺太の炭鉱夫だった兄が、なぜこんな遠い地で年老いるまで生きることになったのか。

吉雄氏発見の前後から、カザフスタン及びロシア・シベリアで戦後を生きぬいてきた日本人が次々と出現することになる。

流転の運命――一九四六年六月～

その年の一二月二〇日、小関吉雄氏は日本に一時帰国を果たした。四七年ぶりの祖国の土である。黒い毛皮の帽子をかぶり、成田空港到着ロビーに姿を見せると、妹の吉良《きら》俊子《としこ》さんが抱きつき頬を押し当ててきた。吉雄氏は目を赤くはらして何度もうなずき、詰めかけた報道陣に日本語とロシア語を交えて「夢のようで胸がいっぱい」と語るのが精一杯だった。

樺太時代から遡《さかのぼ》ろう。吉雄氏は兵役の経歴はなく、南樺太西海岸北部の塔路の炭鉱夫として働いていた。樺太の良質で豊富な石炭は、日本の産業の根幹を支えるものだった。だが一九四四年に入ってからは運搬船の極端な不足によって、日本本土への輸送が困難となり、増産から一転して廃止、休鉱などの炭鉱整理が次々行われていった。吉雄氏のいる塔路炭鉱も「急速転換措置」が命じられ、吉雄氏たち炭鉱夫は長崎県蛎浦《かきのうら》島の三菱崎戸《さきと》炭鉱に移転させられる。

ソ連侵攻と同時に塔路にいる家族との連絡はぷっつりと途絶え、島内に伝わってくるのは樺太の悲惨な状況ばかりである。徴用解除になった吉雄氏は、家族の安否を確かめるため、稚内から小舟に乗り込んで樺太への密航を決行する。失敗を重ね、四六年六月、三度目にようやく樺太の陸地に上がったが、そこで待っていたのは自動小銃を構えたソ連兵だった。その場で捕まり刑務所に入れられると、厳しい取り調べが行われ、ソビエト共和国刑法によって一年間の自由剝奪《はくだつ》の判決が下される。受刑者として船に乗せられウラジオストクへ。鉄道による劣悪な移送状況下、立ち上がることもできない状態になった末にマリインスクの収容所に送り込まれた。

樺太の家族は、吉雄氏が豊原《とよはら》の刑務所に入れられていることを伝えられていたが、その後のことは分からないまま四七年七月に北海道に引き揚げる。まさにそれと同時期、吉雄氏は釈放の身となり刑務所から出ることを許された。だが釈放と同時にカザフスタンのタルガルに行くようにとの指令を受ける。全くの未知のタルガルという土地に着くと、そこで毛皮靴工場やコルホーズでの労働に従事させられた。翻弄《ほんろう》されるまま、帰る手立てはどこにもない。焦燥と不安を癒《い》やしてくれたものは、目の前に広がる天山《テイエンシャン》山脈だった。切り立った山並みの稜線《りょうせん》はいつも雪におおわれ、白く輝く神々《こうごう》しさは樺太にも日本にもない心奪う壮絶な光景だった。

日本に帰った家族は吉雄氏を捜し、厚生省や赤十字あてに捜索要望書を何度も提出した。ソ連に遠征するスポーツ選手に手紙を託したりもしたが、行方は杳《よう》として知れない。六五年には六一年三月三一日死亡とみなす戦時死亡宣告が出され、やむなく受け入れることにする。北海道知事届けによる除籍は行われたが、葬儀は出さなかった。どこかで生きているのではと、出す気になれなかった。

吉雄氏には五三年秋に一度だけ、帰国の意思の有無を尋ねられるというチャンスが訪れていた。しかしちょうどその時期、遠方のフェルト工場に派遣されてタルガルを留守にしている最中だった。戻った時には帰国事業は終わり、寝食を共にしていた残留邦人の仲間はすでにカザフを後にして日本に向かっているという。生きていく力が身体中から抜けるほど打ちのめされた。

そうしたなかでロシア人とタタール人の混血のエカテリーナという女性と知り合い、支え合うことに安息を見出《みいだ》していく。彼女の両親は政治犯として行方不明で、自身もラーゲリを一〇年間も体験したという天涯孤独の女性だった。五六年に長女ガーリャが誕生すると、家族を守るために再び訪れた帰国の機会を断念。それでも自分の名前の漢字だけは忘れまいと胸に秘めていた。国営の家畜牧場に勤め、しばらく穏やかな日が続いたが、七五年にエカテリーナが心不全を起こして突然帰らぬ人となってしまう。七八年にガーリャが結婚すると、一人暮らしに入った。ずっと無国籍でいたのだが、年金受給のため八一年にソ連国籍を取得する。

このままカザフの土になるかと思っていたところで、ソ連邦が消滅する。国も暮らしも激変するなか、吉雄氏は母親やきょうだいの夢を続けてみるようになっていった。そんななか、アルマティで日本産業見本市が行われていることを人づてに聞いたのである。

「戦争に翻弄された人生だった」「くやしい」——二〇〇七年

一時帰国で戸籍も回復した吉雄氏は、永住帰国の意思を固めていた。日本から持ち帰ってきた雑誌を毎晩ベッドで眺めている姿を孫娘のアイーダはよく覚えている。庭のリンゴの木の下の椅子に座り、そこでも日本の雑誌を飽くことなくめくり続けていた。カザフに赴任した邦人ビジネスマンたちも吉雄氏を支援するのを惜しまなかった。

新独立国であるカザフスタンが有する国内事情もあって、出国手続きは煩雑を極めたが、官民の連携が功を奏し一九九四年七月、吉雄氏は日本に永住帰国を果たす。エカテリーナと暮らした家も天山山脈も、もう見ることは二度とない。

きょうだいが用意してくれたのは、松戸市内の四畳半に小さな台所がついたアパートだった。訪れた寺尾氏に「日本に帰って皆と会えてよかった」「カザフには他にも日本人はいるんだよ」と、言葉少なに語った。日本語力はずいぶん回復していて、楽しみは新聞を読むことだとも言った。それでも心を占めるのはカザフに置いてきた娘一家のことで、ぎりぎりの生活のなかからできるだけの送金を続けていた。

一人暮らしを頑張っていたのだが、二〇〇六年頃から衰えが顕著になり、入退院をくり返すようになる。きょうだいがお金を集めて娘と孫をカザフから呼び寄せ、最後の語らいの場を提供した。やがてアパートを引き払い、妹の俊子さんの家で暮らすことになる。ほとんどベッドに臥《ふ》すなか、だんだん口も利かなくなり、子どものように泣きじゃくるときもあった。

「国のため、戦争のため、樺太から長崎に行かされ、シベリアに抑留された。戦争に翻弄された人生だった。くやしい」

弱みをほとんど見せたことのなかった吉雄氏が、唯一腹の底から吐いた言葉である。

〇七年六月六日、起きてこないと俊子さんが様子を見に行くと、すでに息を引き取っていた。享年八七。樺太で暮らしたのは最初の二五年、以後約五〇年がシベリアおよびカザフスタンであった。

目次

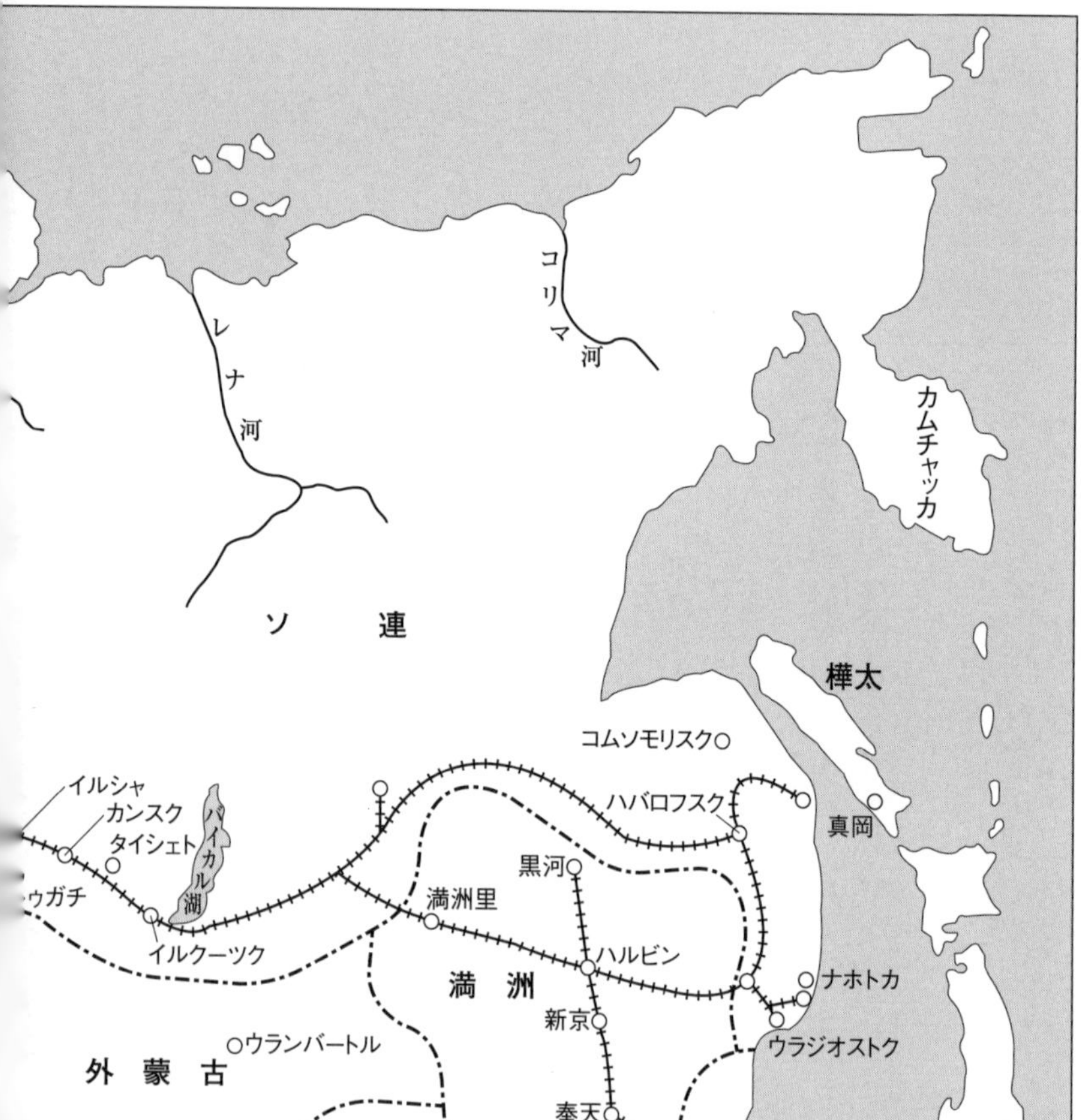
コリマ河
レナ河
カムチャッカ
ソ連
樺太
コムソモリスクО
イルシャ
カンスク
タイシェト
バイカル湖
ハバロフスク
真岡
ゥガチ
黒河
満洲里
イルクーツク
ハルビン
満洲
ナホトカ
新京
ウラジオストク
ウランバートル
外蒙古
奉天
平壌
大連
京城
舞鶴
釜山
厚生省「引揚げと援護三十年の歩み」より改変作成

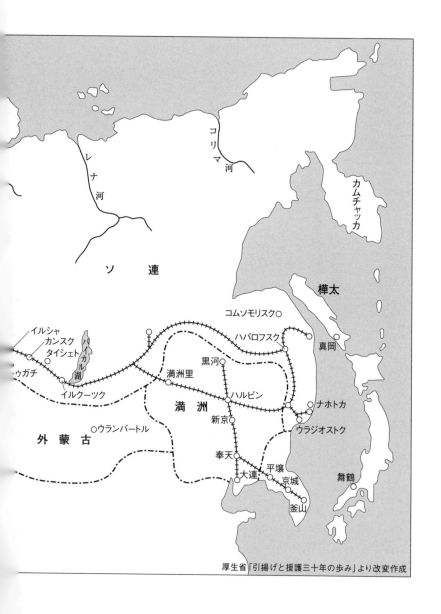

1946年頃におけるソ連・外蒙古

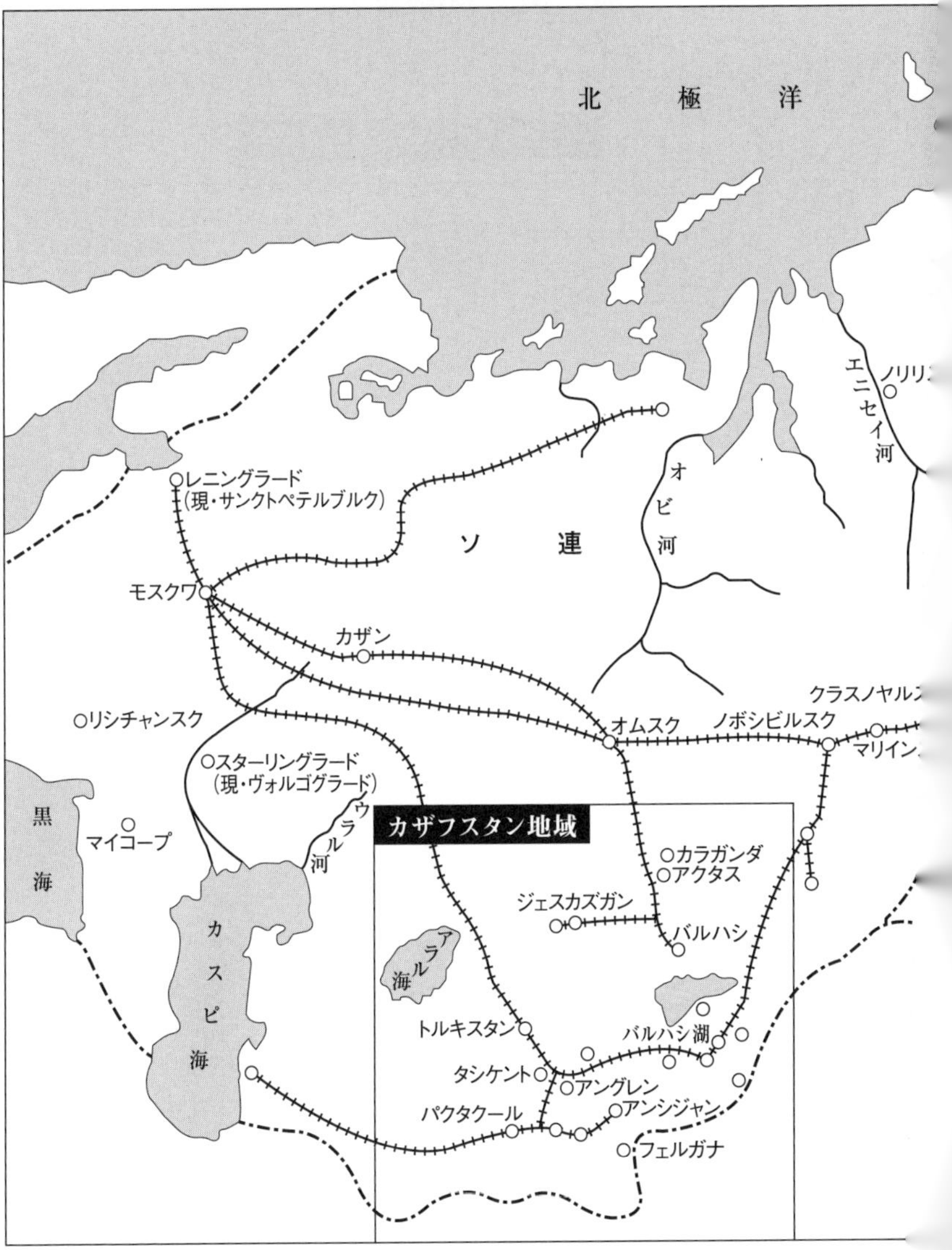
北極洋
ソ連
レニングラード
(現・サンクトペテルブルク)
モスクワ
カザン
オムスク
ノボシビルスク
クラスノヤルス
マリイン
ノリリ
エニセイ河
オビ河
リシチャンスク
スターリングラード
(現・ヴォルゴグラード)
ウラル河
黒海
マイコープ
カスピ海
カザフスタン地域
カラガンダ
アクタス
ジェスカズガン
バルハシ
アラル海
バルハシ湖
トルキスタン
タシケント
アングレン
パクタクール
アンシジャン
フェルガナ

カザフスタン地域〈拡大図〉

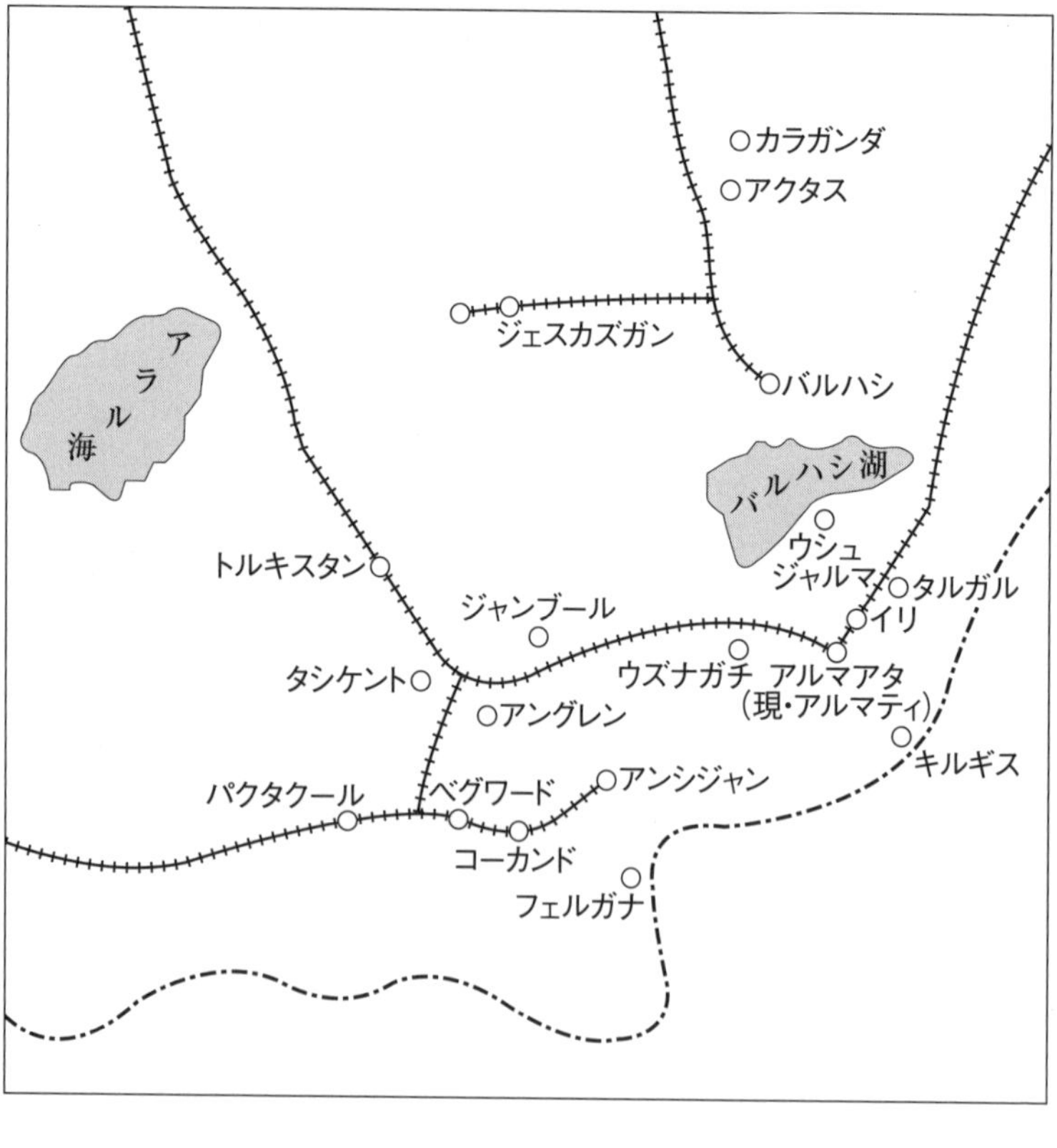

敗戦時の南樺太(1945年)

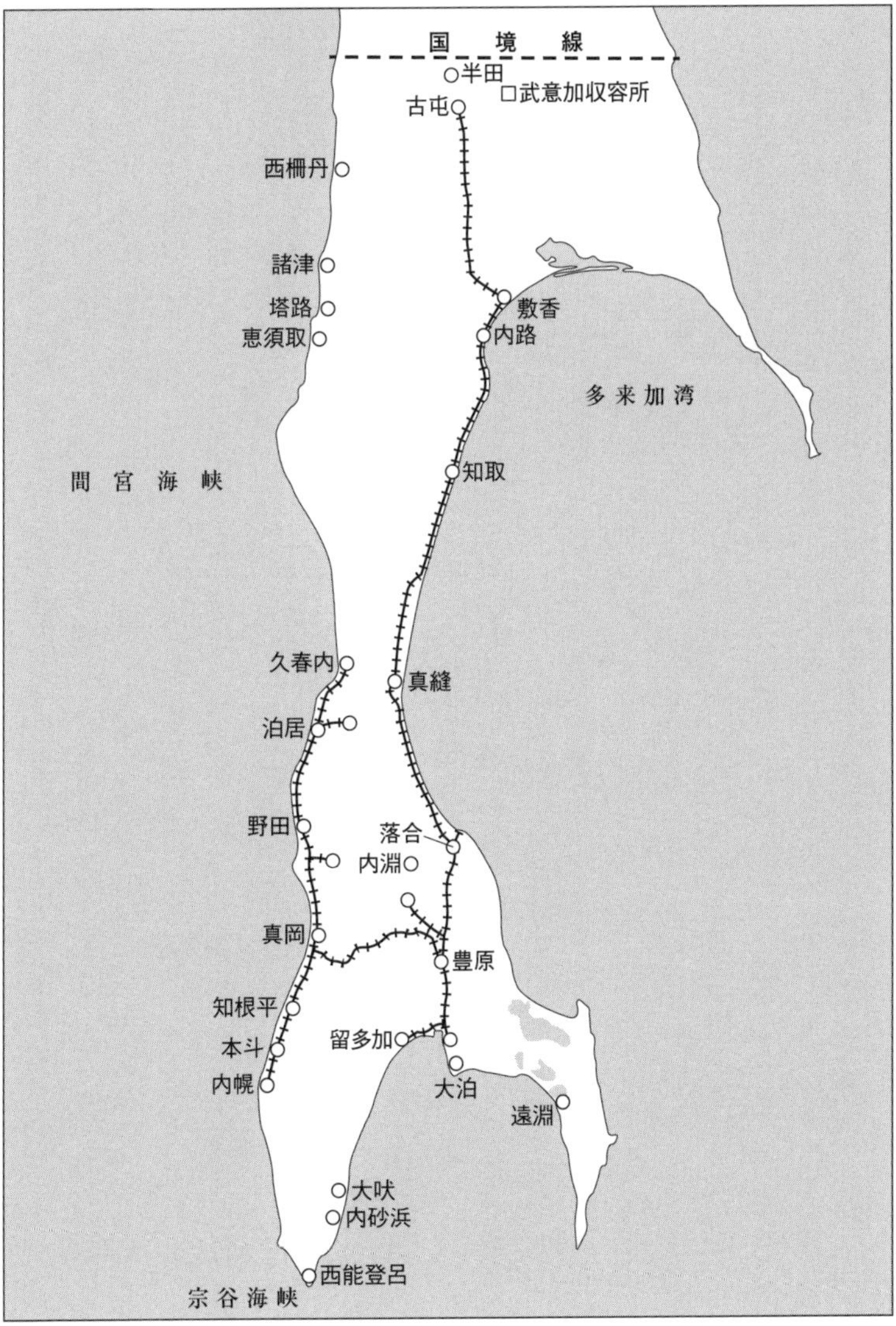

〔編集部注〕

可読性を考慮し、引用した手紙・資料は原文より、原則として旧仮名遣い・旧字体は新仮名遣い・新字体に修正し、送り仮名も適宜改めた。また、数字表記も漢数字へと公的文書以外は統一している。作中の人物の年齢は数えでなく、すべて満年齢表記とした。

序 章

もうひとつの抑留史

——南樺太から囚人として シベリアに抑留された民間人

新婚時代の小関吉雄とエカテリーナ（1955年頃）

歴史のクレバスから現れた「シベリア民間人抑留者」

小関吉雄氏を始め、本書に登場するのは終戦後、ソ連領となった南樺太で民間人として生活していた日本人である。彼らの職業は、鉄道員、炭鉱夫、大工、運転手……と、さまざまだ。普通の暮らしを送るなか、一九四六年から四八年、「ある行為や事故」によってソ連軍により突然逮捕され、一方的な裁判を受けて囚人としてシベリアのラーゲリに連行される。ラーゲリに送り込まれた彼らは苛酷《かこく》な労働を強いられた末、刑期が明けてもどこかに強制移住させられ、ソ連本土に残留させられた。その後もさまざまな理由で帰還できぬまま、数十年に及びほとんど生死不明の状態が続いた末、ソ連邦崩壊によって歴史のクレバスから〝発見〟されることになった人たちである。

民間人としてラーゲリを生き延び、異郷で生き抜いた彼らに定まった名称はなく、ここでは「シベリア民間人抑留者」、歴史的事例を示す場合は「シベリア民間人抑留」と呼ぶことにしたいと思う。

受刑者であった彼らは、一人ひとりが孤絶した環境にあって、公的な記録も圧倒的に乏しい。彼らの逮捕・抑留・残留に関する一連の記録が日本で保管されているのは、一九九〇年代初めから残留邦人の一時帰国・永住帰国事業を行ってきた「日本サハリン協会」だけと言って過言ではないだろう。

なかで超のつく貴重な資料は、五八年一一月六日、厚生省引揚援護局が作成した「ソ連本土に一九五〇年以後の資料のある未帰還者名簿」で、そこには地域ごとに残留邦人の「氏名」「生年」「本籍」「判明している消息」が克明に記されている。消息判明時期は五〇年から五八年にかけてで、その員数は一九八人。一五〇部しか配付されなかったこの名簿を協会がどんな経緯で取得したかは、今となっては確かめようがないが、この名簿が民間人未帰還者の実態を語る最重要の記録と言えると思う。

もうひとつは八四年七月に厚生省援護局が作成した「未帰還者名簿」で、当局が把握している一七五人分のもの。その記載要綱は「番号」「氏名」「別名」「生年月日（性別）」「本籍」「留守家族現住所・続柄・氏名」「消息（現住所・国籍・同伴家族）」。備考として一時帰国の希望の有無、嘆願書送付日などが記載されている。主に樺太残留者であるが、ソ連本土未帰還者として挙げられる人は二八人であった。このふたつの名簿が、本書の基盤になっている。

協会保存の個人ファイルの中身は、一時帰国のための文書なので偏りがあり、ライフヒストリーも概要のみと言える。しかし、人生で最も活力にあふれている時に戦争と国の断絶によって未来を根こそぎ奪われ、初老になって再び歴史の激動の渦に巻き込まれる、そうした自分の意思を外された人生を二度生きることになった彼らの軌跡は、ひっそり消え去っていいものではないはずである。置き去りにしてはならない「もうひとつの抑留史」がここにあると思った。

シベリア抑留は軍人の悲劇という印象が強く、五七万五〇〇〇人の軍人・軍属らが「捕虜」として極東・シベリア・モンゴルや中央アジアなどの収容所に送り込まれ、過酷な労働・飢餓・厳寒の三重苦のために五万五〇〇〇人が死亡した経緯が歴史的事実として刻まれている（人数は日本政府推定）。シベリア抑留そのものに関する私自身の知識は初心者の域をほとんど越えていないことを前提として、ここでは抑留と残留の双方の運命を背負わされた〝普通の人々〟の人生と、その家族の戦後に焦点を絞り込んでいる。

詳しく紹介する本文の前に、その背景となる戦後樺太の特異な状況、およびシベリア民間人抑留者が負わされた流転に関して述べていきたい。

敗戦後の南樺太

まず、ソ連侵攻から停戦以降の南樺太のおおまかな状況についてである。

一九四五年八月九日、国境付近の日本軍陣地を砲撃したソ連軍は、一一日、北緯五〇度の国境線を越えて本格的な戦闘を開始する。日本が無条件降伏に受諾した後も、真岡《まおか》、恵須取《えすとる》、塔路《とうろ》などで空襲、艦砲射撃などを続け、多くの住民が殺傷された。一三日から二三日までは婦女子のみの緊急疎開が行われ、約七万六〇〇〇人が北海道へ脱出する。このとき一五歳以上六四歳以下の男子は樺太に留め置かれた。

八月二二日には知取《しりとり》で日ソ停戦協定が結ばれるが、そのことがまだ周知されていない同日午後には豊原《とよはら》駅前広場に集まった住民に対し激しい空襲が敢行され、一〇〇人を超える避難民が犠牲となった。さらに小笠原丸《おがさわらまる》・第二新興丸《しんこうまる》・泰東丸《たいとうまる》の引揚船三隻への攻撃と甚大な犠牲を経た後、二八日までの日本軍武装解除により、ようやく戦闘は終結に至る。

武装解除し投降した日本軍人は、ソ連本土のラーゲリに移送された者も少なくなかったが、多くは作業大隊を編成され、南樺太で労役に服することになった。一方官公職に就く者、経済界の幹部たちは次々逮捕され、ソ連本土に送られる。四五年暮れには樺太庁長官の大津敏男《おおつとしお》が反ソ破壊活動の嫌疑によって逮捕されて、裁判にかけられた。大津は主にハバロフスクの収容所に収容され、五〇年四月に帰国し、全国樺太連盟の会長に就任する。

四六年に入ると樺太庁は事実上機能停止状態に陥り、役所の支部もほとんど人がいなくなった。これ以降、日本人の出生、死亡、婚姻の登録機能は実質的に失われた。建前上ソ連の民政局が行うことになったのだが、日本人に対する対応は「無きに等しかった」という証言がある。二月二日に

「南サハリン州」が創設されると南樺太はソ連領に編入される。戦前、内地から樺太に移り住み、新たな戸籍をつくった人たちは無戸籍状態となった。注1

一方、住民に対してである。

停戦直後の八月二八日、ソ連軍は避難した住民に「わが軍は解放軍である。日本人に危害を与えない」と、住んでいた家に戻るようにとの指令を下した。山奥などに隠れていた人々は、ソ連軍のトラックに乗せられるなどして自分の町へと帰還する。無傷の地もあれば、恵須取や敷香《しすか》など市街が焼失した町もあった。知り合いを頼るなどして満洲《まんしゅう》のような難民化は免れたが、どこの町でもソ連兵による略奪暴行が頻発、問答無用の射殺も起こり、人々を恐怖に陥れたのは満洲と同じである。

その後、樺太の人々はソ連領としての日常を切り抜けていかなければならなくなった。その辺を少し語りたいと思う。

暴虐は二ヶ月ほどすると収まってくるのだが、すぐに起きたのは食糧の問題であった。終戦後しばらくは配給もなく、人々は自宅に備蓄した食料や緊急疎開した日本人が残していったもので何とかやり過ごしていった。樺太では宗谷《そうや》海峡が封鎖される事態に備え、学校などには米やみそなどが一年分ほども備蓄されていたのだ。

四六年に入ってからはソ連による配給が始まったが、配られたのはカスの多い小麦粉やコーリャンなどの雑穀類が主だった。人々は畑に野菜を植え、ブタや鶏を飼い、みそやしょうゆは自分で作り、ほとんど自給自足で賄《まかな》った。金さえあれば闇市で、米はもちろん必要な物は何でも手に入れられた。四六年三月からは、日本円は禁止となり、すべてソビエト貨幣の使用となる。

パスポルト、強制労働

それ以前、一九四五年九月に南サハリン民政局が開設されると男たちはソ連人が管理することになった漁場、工場、炭鉱などに駆り出され、労働を強いられることになる。西海岸でのニシン獲《と》り、貨物船への積み込み作業、工場……、一日でも欠勤すると懲罰が科せられた。

住民は民政局に行き、パスポルト（身分証明書）をつくることを義務付けられた。そこで作られる書類は、どのようなものであったか。当時一五歳だった、永住帰国者・近藤孝子《こんどうたかこ》さんの証言を聞こう。

形式的には左半分に自分の情報（氏名、父称、性別、生年月日、出生地、民族名、現住所）、右半分に両親の情報（父親の名前と民族、母親の名前と民族、父親と母親の生年月日、父親と母親の出生地）を記入する。

一枚の紙の中央部には薄い緑色で「無国籍」と印刷され、ソ連領となった今、日本人は全て無国籍民であることを示していた。書類に記入する担当官は、主に日本語とロシア語のできる朝鮮人だった。彼らはスターリン政策によって三七年に沿海州《えんかいしゅう》から中央アジアなどに強制移住させられた者たちである。このとき、聴き取りがうまくできず、生年月日や名前を誤って記載されたケースが少なくなく、後に謄本との齟齬《そご》など自己証明にさまざまな支障を来す原因になるのである。

このパスポルトは、外出の時には必ず携帯しなければならず、持っていなければ罰金、下手をすれば即連行となった。一枚の紙っペラなので、破れたりしわにならないよう布で包んだり、厚紙で袋をつくったり苦労が絶えなかったという。

道を歩いているときも途中途中に警官が立っていて、頻繁にパスポルトの呈示を求められ、見張られている緊張感が消えることがなかった。厳しい監視と強要された労働、ノルマ制などに甘んじながら、人々は島ごと収容所と化した樺太で、引き揚げの日が来るのを辛抱強く待ち続けるほか手段はなかった。

四六年七月以降、ソ連からの移住者がやってくると樺太の様相は一変する。住居のない彼らは日本人の家に〝居候〟を決め込み、アッという間に奇妙な共同生活が繰り広げられることになった。サハリン入りした彼らのみすぼらしさは衝撃的で「女の人はパンツもはいていなかったよ」と、近藤さんは話してくれた。家に入りこんだ彼らとはトラブルも多かったが、共生を招く場面も多々あったようだ。「ロシア人の夫婦はとても親切で、バターを気前良く分けてくれた。奥さんは銭湯にも日本人と行って一緒に入った」とは、当時子どもだった引揚者の思い出である。「毛糸で靴下を編んであげたらすごく喜んで、食べ物をいっぱいくれた」と言う人もいた。

そうした〝平時〟の暮らしのなかには、武装解除後の元軍人の一群が入り込んでいた。

樺太に配属された第八八師団は混成部隊だったこともあり、敗戦時にはまとまりを欠いて混乱状態に陥る部隊も少なくなかったのだ。武装解除の指令も部隊のトップの自己判断というケースもあり、樺太に自宅がある者は〝自己責任〟で戻ることを促された。捕虜とならずに済んだ軍人たちは、こうして自宅や知り合いのところに散らばっていき、漁場や工場、技術のある人はそれを活《い》かして一般人として働き、皆と同じように引き揚げの日を待ちわびた。この元軍人が、ソ連軍政府に狙い撃ちされることになったのだった。

逮捕された民間人、三つのグループ

「シベリア民間人抑留者」はどのように発生したのか。そこには樺太ならではの背景があり、逮捕状況によって三つのグループに分けられる。

ひとつは、一般人として暮らす元軍人。

ひとつは、軍隊経歴のない正真正銘の民間人。

そして三つめは密航者。

この分類を示しているのが『南樺太地区未帰還者の全般資料』という貴重な報告書である（昭和三十年一月一日調製・北海道民生部保護課。以下、この章では全般資料と表記）。

全般資料は緊急疎開から始まって、町村ごとの戦災・疎開状況、抑留逮捕の状況、受刑者の氏名、残留邦人の状況など、終戦時の樺太に関して当時わかりうる限りの情報を収集・整理したものである。情報源は主に引揚者からの聞き取りであった。

なかで「樺太における受刑抑留者及びその入ソ状況」という記録があり、この受刑抑留者が本書でいう「シベリア民間人抑留者」と直接的につながっている。

伝えられる状況は次の通り。

一九四五年九月、ソ連軍は先述した南サハリン民政局を設置し、官民要職にあった者を逮捕すると同時に、日本人の犯罪調査を積極的に行い始めた。そこで徹底して捜し出されたのが、解放されたはずの元軍人たちである。全般資料にはこう記されている。「民警（主要各町村に設置）カメンダン憲兵（旧樺太十一市郡に設置した警務司令部の憲兵）及びソ連軍人によって日本人の犯罪調査が活発に行われ、特に正規軍人、武器隠匿者の探索には朝鮮人及び他の者を利用して密告せしめる等、その捜査は極めて厳密であった。」

軍人であったことを隠し、一般人に溶け込もうとしていた元軍人のもとに、突然民警が訪れ、連行される事態が続出した。戦前日本人によって虐げられていた朝鮮人による密告がとりわけ跋扈《ばっこ》していた。一般人化した元正規軍人は、四八年末ごろまでにその大部分が逮捕されるに至ったと、全般資料は報告している。罪状はスパイ罪を含む反革命罪の五八条が適用された。

第二のグループ、民間人に対しても逮捕・連行は日常的な範囲で行われた。その罪状は、無断欠勤、遅刻、不可抗力による業務上過失、運転事故、密告などで、行政秩序に反する第五九条が主に適用された。だが、ここで一〇年もの量刑を持つ五八条を適用された者も少なくない。五八条と五九条の区別は極めて微妙で、一〇年の五八条になるか、三年ほどの五九条で済むかは裁判官の裁量次第。極端なことを言えば、運・不運が決めたと言われている。

また、先ほど監視の目が張り巡らされていたことを語ったが、それは相当に厳しいもので、五人以上が集まると集会とみなされ、パスポルトを持っていない者は射殺の恐れもあった。皆で酒を飲んだ後どこかに連れていかれてそのまま帰らない事態も続発したので、危険を避けようと山奥深くに入っていった一家もある。原因不明の逮捕は相当数あり、正確な数は把握できないと全般資料では述べている。

第三のグループ、密航者は樺太・北海道の航海途中にソ連の監視船につかまった人たちである。樺太における集団引き揚げは、四六年一二月から始まるのだが、引き揚げ開始までの約一年四ヶ月の間に、おびただしい数の日本人が小型船で北海道を目指して荒海に突入していった。大型漁船はソ連軍の管理下に置かれていたので、使う船は磯船など軽量の船である。海がしけるとひとたまりもなく、海馬島《かいば》の海岸では連日のように遭難の死体が打ち寄せられたという。北海道警察本部の調べでは、四六年九月までの北海道上陸者は二万四五一三人を数えている。これは上陸成功した人たちで、遭難・逮捕された人を含めればどれくらいになるか分からない。

ソ連当局はこの密航に関しては監視船を強化し、あらゆる防止の措置を講じて対応した。発覚した者は即座に逮捕・連行である。四六年四月ごろまでの密航者は一週間から一〇日間くらいの労働に服した後は釈放されたが、四月以降は受刑者として扱われるようになる。罪状は八四条の「所定の旅券、または所轄官庁の許可なくして、ソヴェト社会主義共和国同盟から出国し、または入国すること」（国境侵犯罪）が適用され、一年から三年の刑期が言い渡された。

小関吉雄氏のように家族の安否を確かめようと、北海道から樺太に渡ってくる〝逆密航〟も少なくなかった。密航も逆密航も逮捕された者の数は不明である。

元軍人、一般人、密航者、いずれも昼夜に渡る峻烈《しゅんれつ》な取り調べが実施され（通訳はお飾りでほとんど日本語を解さない）、弁護士のいない一方的な裁判で刑が下された。そして刑務所に拘束され、ある日真岡港から船に乗せられてウラジオストクへと運ばれる。樺太ではこうして戦後数年間、多くの民間人が〝囚人として〟ソ連本土の収容所に送られていった。その数は三〇〇〇人とも四〇〇〇人ともいわれ、実態は何も把握されていないことを物語っている。

釈放、オオカミのパスポート、たった独りの日本人として生きる

ソ連本土に上陸した彼らは、囚人の収容所つまり刑務所に送られた。軍人捕虜は所属の部隊などが明記され、名簿も調製されている。だがどの組織にも属していない彼らは、一人ひとりが個別に扱われた。寝泊まりする宿舎に知っている人はほとんどいない。それどころかロシア人、ウクライナ人、朝鮮人、中国人、モンゴル人、ドイツ人などの囚人が混然とするなかで、日本人は自分一人という状況も少なくなかった。隔絶された状況下、不安と恐怖に痛めつけられたことは想像に難くない。

収容所内での彼らは軍人捕虜同様、過酷な労働を強いられた。

港の仕事を無断欠勤した罪で、恵須取からクラスノヤルスクの収容所に送られた男性は体験記を残している。「厳寒の夜中、不意に作業に駆り出され、幾人も倒れる」「尻《しり》の肉がないのでアグラはつらい」「つらい作業で倒れた人の顔色は夜目にも青白く、闇夜に目と歯だけが白く光る」（新藤《しんとう》登《のぼる》『朔北の流れる雲に』私家版／新藤登氏は四八年七月に帰国）。

死者も多く出た。樺太出身者の一部はクラスノヤルスク地区トゥガチ収容所に集められ、スターリン突貫工事と称するダムづくりの土木工事に従事した。

生きて刑期を過ごした者には、刑期満了となり収容所を出る日が訪れる。晴れて放免の身となるが、それは日本に帰る解放ではない。出所時に手渡されるのは、これからここに行くようにとの行き先を書いた書類と、わずかな食糧と金銭である。

シベリア民間人抑留の悲劇は、日本に帰ることを封じられ、強制的な居住指定に従わなければならないところから生まれている。

場所の指定は、「共和国司法省と協定の上、その収容所を管理する内務省民警本部が行うことになっている」（『調書「ソ連に於ける邦人の受刑状況」』外務省管理局引揚課第一調査班ソ連係・昭和二六年六月）。そこで共通しているのは釈放者にとっては全く聞いたこともない土地ということである。それもシベリア、中央アジア、南ウラルなど広範囲に及ぶ。支給される食糧は到着予定日とみなされる日数分の塩漬けのニシンや黒パンなどだが、たいてい三日もすれば食べつくす量しかなかった。

言葉のできない彼らはその書類を要所要所で見せながら、汽車、乗り合い馬車、歩きなど、あらゆる手段を用いて指定された土地へ到着しなければならなかった。方角も分からず、言葉も通じず、食糧も金も足らず、行き倒れになっても不思議ではないし、実際そうなった者も少なくなかったはずだ。駅構内で眠り、雪をかき分け、情けをかけてくれた人の家に一夜の宿を乞《こ》い……、到着まで一ヶ月以上かかったという人もあり、まさに受難の旅であった。

彼らは誰も知る人のいない町で何とか仕事にありつき（仕事先が準備されていたというケースもある）、その日その日を生き抜いていった。彼らの持つ身分証明書はヴォルチー・パスポルト（狼のパスポート）と呼ばれるもので、定期的に指定された場所の警察署に出頭しなければならず、居住地の外に出ることは許されなかった。狼は一定範囲を縄張りとしてそこから出ることがないので、その名がついたという。日本の保護観察処分によく似ているという見解も聞いた。明日をも知れぬ身で、指令が下りれば居住地をすぐにも変更させられるという証言もある。

働きながら日本に帰る日を待ち続けたが、組織も名簿も持たない彼らは引揚事業の対象からは外された。いわばザルの目から落ちてしまった存在である。軍人を乗せた帰還列車が自分の住んでいる町を発車する際、乗せてほしいとどれほど懇願しても受け入れられることはなく、列車が遠ざかるのを見つめるだけだったのが最もつらい体験だったという。

民間人抑留者の集団帰国が実現したのは、日ソ両国赤十字社代表による「邦人送還に関する共同コミュニケ」が一九五三年一一月に調印され、ソ連地区後期集団引き揚げが開始されたことによる。ソ連本土からの後期集団引き揚げは、五六年一二月二六日の最終引き揚げまで一一回に渡って行われるのだが、世間が刮目《かつもく》したのは第一次（五三年一二月）と第二次（五四年三月）で計七四〇名もの樺太関係の民間人が送還された時だった。とくに圧巻は、第二次である。第一次の帰国者は、官公署職員、主要企業の役職者などエリート階級が主だったが（彼らは数年前からハバロフスクの収容所で過ごしていた）、第二次は〝庶民〟として生存した人々が、ソ連各地の町や村から集結して戻ってきたのである。このときの特別な光景は、「結城三好《ゆうきみよし》氏」の第四章に記している。

この、第二次引き揚げの時、及びそれ以降、さまざまな事情で帰らぬことを選択した人たちがいた。ここで残留者として生き抜いた人たちが、本書で追究する「シベリア民間人抑留者」たちである。

生きのびるためにソ連国籍を取得する事情があった

残留した人の多くは現地の女性と暮らす人だった。なかには子どもをもうけた人もいる。帰らなかったのは、ひとつにこの地で得た〝家族〟と離れがたいという思いである。当時ソ連は独ソ戦で夫を失い、多くの女性が寡婦となり、子どもを連れて不安な日々を送っていた。お互いの孤独を癒やすべく、共に日々を送るようになっても、それは責められることではないだろう。一九五〇年四月には、戦犯を除く日本人捕虜の送還は完了したとのソ連側の一方的な報告により引揚事業は中断され、日本に帰れる目途は立たなくなっていた。日本との通信も途絶しているなか、日本に妻子のある人で妻は再婚したに違いないと、ソ連残留を決める人もいた。ある民間人抑留者は「ロシアの女の人がいなかったら自分は死んでいただろう」と語った。

残留する人がいる一方で、現地女性との間に子どももできたが、日本の妻子のもとに帰った人もいる。どちらも、結論を出すに至る葛藤《かっとう》は察するに余りある。

残った人の多くは、ソ連国籍を取得した。

それが後々まで及ぶ国籍問題の端緒となるのだが、まず踏まえたいのは、彼らがソ連国籍の取得をするに至ったのは、移動、仕事、結婚、出生届……生活上の様々な不利益を打開するためという事情があったからである。

残留する彼らの身分は無国籍者である。無国籍者は様々な制限と不利益を受けなければならなかった。内容は先に書いたヴォルチー・パスポルトとほぼ同じで、移動は制限され、定期的な出頭或《ある》いは観察のもとにおかれる。他にも無料医療の制限、就職先の限定、給料は安くいい地位に就くこともできない。正式の婚姻も認められないので、子どもの出生証明書の父親欄は空白になるし、子どもの進学にも影響を与える。居住証明書には無国籍者と明記されて、正規の身分証明書ではないことが一見して分かるようになり、歴然とした差別が行われている。

ソ連に帰化を決め、正規のパスポルトを取得したのは、この差別を解消し、生活者としての安心と権利を得るにはそうするより外になかったからである。自己の希望や意思から行う国籍取得とは、生存の基本的条件が異なっている。

日本は二重国籍を認めていないので、外国籍になった時は日本大使館や領事館に自らが出向き、国籍喪失の手続きをしなければならない（自動的に手続きが完了するのは、ドイツなど国同士の協定が交わされている少数の国）。その時点で日本の戸籍からは除籍となる。

だが、シベリア民間人抑留者で国籍喪失の手続きをした人は、まずいないと言ってよいだろう。国籍喪失の知識を持っている人は、おそらく誰もいなかった。たとえ知っていたとしても、手続きは居住国の日本大使館、領事館で行わなければならない。〝僻地《へきち》〟に住む彼らにとって公館はあまりに遠く、結果、彼らは二重国籍者であることを余儀なくされたのだった。

ソ連国籍となり、日本語を忘れてしまっても、彼らは帰国をあきらめたわけではなく、在モスクワ日本大使館や赤十字などに帰国希望を訴えたりもした。それが無事届くかどうかは運次第であったが。

ソ連国籍を取ったシベリア民間人抑留者の日本国籍は喪失となったのか。日本政府は強制・圧迫による外国籍取得の場合は日本国籍を喪失しないとの判断基準を設けている。九〇年代以降は旧ソ連国籍取得の抑留者に対しては、その判断基準から外れないとして、日本国籍は喪失していないとの方針が共通認識になっている。

未帰還者から戦時死亡宣告者へ

戦後、日本側では、彼らのように帰らない（帰れない）人たちに、どのような対策を行ってきたのか。

国は一九五三年に「未帰還者留守家族等援護法」を制定し、未帰還者の調査究明に責任をもって務めることを明文化した。留守家族には留守家族手当の支給も定められた。注2

五四年には厚生省（当時）には「未帰還調査部」が設置され、一〇〇人体制を組んで各都道府県の保護課とも連動して作業が行われていく。その作業は一人ひとりにまで及ぶものだったが、ソ連の未帰還者に関しては非常に困難であった。判明者、不明者の数も実態もつかめぬ状況下、帰還者からの綿密な聞き取りを行うと同時にソ連に対して複数回、名簿を送って調査を要求。日ソ国交正常化直後の五七年の樺太を含むソ連地域の未帰還者は八〇二九人と国内調査で数えたが、うち九八%の七八五七人は状況不明者であった（『引揚げと援護三十年の歩み』）。

これらを踏まえ、五九年には「未帰還者に関する特別措置法」が施行された。この措置法は調査究明してもなお消息が明らかではない者について特別の措置を講ずることを目的としたもので、いわば生死不明の未帰還者の「整理」に踏み切ったことを意味している。一言でいうと、この措置は失踪の宣言による死亡宣告を「戦時死亡宣告」に置き換えるというものだ。

最後の情報から七年を経ても新たな生存情報が皆無だった場合、留守家族の意向を尊重したうえで、家庭裁判所で戦時死亡宣告の審判が行われ、その旨が知事に通達された。留守家族には「死亡告知書」が送付され、同意すると知事届出による除籍が行われる。その後三万円という一時金が支給され、併せて内閣総理大臣名の弔詞が送られてきた。その文面はこうであった。

「○○殿の御消息については終戦以来長年月にわたり調査究明に手段を尽くして参りましたが今日なおこれを明らかにすることができないことはまことに遺憾に堪えません

今般戦時死亡宣告がなされたのに当たり遠く海外において悲境のもとに消息をたたれた当時の状況に思いをいたしかつ多年帰還の日を待望されつつ今日に至られた留守家族の御心情を察しつつしんでここに衷心より弔慰の意を表します

昭和○○年○月○日　　内閣総理大臣○○○○　○○○殿」

この措置法の目的は三つあり、(一) 未亡人に対する遺族年金の支給、(二) 遺産相続問題への対応、(三) 未亡人の再婚を容易にする、であった。

ただし〝留守家族の意向を尊重〟が大前提であるから、家族の同意が得られない場合は、戦時死亡宣告は行われず、戸籍は残り続けることになる。国もこれに関しては随分配慮して、何年かに一度の同意確認の際も無理強いはしなかった。八〇年代に入っても、「自ら戸籍を消したくない」と戦時死亡宣告を拒み続けた家族が何十組もいたようだ。ある妻は自分の死後に一緒に手続きをするよう県に依頼し、二〇一五年、夫は妻の死と共に一〇四歳で戦時死亡宣告による除籍となった。

ちなみに、ソ連本土の未帰還者の戦時死亡宣告審判確定のピークは一九六〇年から六三年で、合計二〇三三件に達している。六四年からは激減して二桁《けた》になり、六八年以降は年間一桁、七五年までの合計は二一六七件である。本書には、「戦時死亡宣告」によって除籍となった人も登場する。

生存が確認された場合は、宣告の取り消しが行われる。

「自己意思残留者」という斬り捨て

「戦時死亡宣告」は未帰還者を死者とする整理である。これと動きを同じくして生まれたのが、「自己意思残留者」と呼ばれる人たちである。

自己意思残留者は文字通り、自分の意思で残留を選択し、日本への帰国を望んでいない人たちを指す。

一九六三年二月一日付の厚生省援護局「未帰還者で自己の意思により帰還しないと認定された者の名簿」（ソ連本土・樺太地域の部）において、次のいずれかに該当する者を自己意思残留認定者とすることを次のように示している。

1、留守家族または政府機関等に対する本人からの通信において残留の意思を表明した。
2、留守家族または政府機関等に対する本人からの通信において一時帰国の意思を表明し、または、留守家族を本人のもとへ呼び寄せたい希望を表明した。
3、留守家族等に対する本人からの最近の通信においては残留意思を明らかにしていないが、その通信の内容または帰還者等の証言による本人の生活状態等諸般の事情から残留希望確実と認められた。
4、留守家族等に対する本人からの通信は最近においてはないが、過去における通信の内容または帰還者の証言による本人の生活状態等諸般の事情から残留希望確実と認められた。

一読し、認定は個人の事情に配慮し、慎重に行われたものではなかったことが分かる。説明しよう。1は確かに社会主義に興味を持って帰らないと表明する者もあったが、それはごく一部の〝エリート〟であり、一般人にとって〝帰れない〟の表明は苦悶の文言である。それが認定の根拠とされた。〝元気に暮らしている〟の一言があるだけで自己意思残留者に組み込まれる例もあったという。2の留守家族を呼び寄せるとは全く現実離れした話。大半は3と4の本人不在の間接的な手掛かりから帰国の意思なしと認定されていった。

本来、未帰還者が自発的意思に基づいて残留しているかどうかの認定は、とくに慎重を要するもののはずで、真に自発的意思に基づくことが確認される場合に限り行われるべきものであろう。しかし、国はそのための努力をどこかで放棄し、帰還者の証言という不確かなものをよりどころに自己意思残留者の枠を膨らませていったのである。

ちなみに自己意思残留者の認定は、サハリン残留邦人、中国残留婦人にも適用され、数としてはこちらのほうが圧倒的に多い。政府は「国際結婚した人で帰る希望を持っている人は非常に少数」との一方的な見解を打ち出し、それを定説にしていった。

自己意思残留者となれば未帰還者留守家族手当の支給は停まり、調査も終結。国が関与する必要はない存在となる。

帰国の意思の有無の調査はこのように性急に、本人と情報を共有されないまま進められていった。国は五〇年代にはソ連側に積極的に消息調査を要求していたが、ソ連側の非協力などもあり六〇年代以降は急速に未帰還者の調査の気運はしぼんでいく。そんななか、知らぬうちに自己意思残留者と認定される仕組みは、残留者にとっては切り捨ての苛酷さがあり、実際に切り捨てとして機能したと言わざるを得ない。

こうして残留者は未帰還者、戦時死亡宣告者、自己意思残留者、全くの消息不明者に分けられ、自分がどこに所属しているかわからないままソ連の一庶民として苦楽と葛藤を抱えながら、日々の営みを続けていく。その営みの様子を、本書では詳しく語っている。

「日本サハリン同胞交流協会」が拓いた帰国への道

シベリア民間人抑留者を独自に調査し、一時帰国につなげていったのが「日本サハリン同胞交流協会」（二〇一三年より日本サハリン協会）である。戦時死亡宣告や自己意思残留などで不在となった男たちを現地に行って〝発掘〟し、日本の土を踏ませるという事業をソ連崩壊後二年もたたないうちに本格化させた。もちろん、国はシベリア民間人抑留者に目を向けていないときである。

経緯から説明しよう。日本サハリン同胞交流協会が発足したのは一九九二年一二月のこと。その前身が八九年一二月に設立された「樺太（サハリン）同胞一時帰国促進の会」であった。設立時のメンバー六名は全員南樺太出身者。サハリンに戦後残されたままの日本人がいることを知り、何としても生きている間に祖国の土を踏ませようと、一時帰国の実現に向けて活動を開始した。

サハリンには様々な事情で引き揚げができず、戦後その地にとどまり続けている人が数百人単位で存在した。多くは家庭の事情で在サハリンの朝鮮人と結婚した女性である。

残留邦人たちは日本に住む生き別れになった肉親に一目会いたい、祖国日本の土を踏みたいとの思いを募らせていたが、日本政府において、サハリンの日本人帰還問題はすでに完了済みの案件である。残っていればそれは「自己意思残留者」なのだから日本が関与する必然はない、したがってサハリンに支援の必要な日本人はいない、という見解が定着していた。

促進の会の果たした最大の功績は、この自己意思残留者とされた人々の実態を国に知らしめ、放置状態にあったことへの責任を国自身が果たすという道を拓《ひら》いたことにある。

第一回の集団一時帰国が実現したのは九〇年五月二八日。一二人のサハリン残留邦人が飛行機から降り立った報道が日本中に衝撃を与えたのは、負の歴史と向き合う厳しさと尊さを痛みと共に鮮明にさせたからだろう。この事業の中心人物が、発足メンバーの一人小川峡一《おがわよういち》氏（一九三二～二〇一七）で、大泊《おおどまり》出身の小川氏は、樺太・シベリア残留邦人の一時帰国、永住帰国事業を自らの後半生の使命として、死去の半月前までその活動から離れることはなかった。

活動開始当初、小川氏はシベリアのことは、少しも頭になかったという。それが九二年四月に、一通の手紙を受け取った時から様相が変わる。カンスクというクラスノヤルスクに近い町に自分の義兄が残留邦人として暮らしているというのだ。シベリアにも残留邦人が存在することに驚き、すぐに活動を始め、その年の九月には手紙に書かれた「義兄」・佐藤弘《さとうひろし》氏の一時帰国を実現させてしまった。

その佐藤弘氏をリーダーにして、「シベリア日本人会」を設立。促進の会を解散し「日本サハリン同胞交流協会」として、シベリア残留邦人の捜索に本格的に取り組み始めた。佐藤氏との連携により、未帰還の人、戦時死亡宣告を受けた人、自己意思残留者、全くの消息不明者……が、次々と旧ソ連邦各地で〝発掘〟されることになっていった。このあたりのことは佐藤弘氏の章（第三章）で詳しく紹介しているが、歴史のクレバスからようやく姿を現した彼らはすでに老境に入っていた。

協会の活動により、一時帰国を果たしたシベリア民間人抑留者は二一人、うち永住帰国者は六人である（なかの一人・カザフスタンから永住帰国した阿《あ》彦哲郎《ひこてつろう》氏は二年後に再びカザフスタンに帰った）。彼らの他に、一時帰国には至らなかったが調査に及んだ民間人抑留者は三〇人以上を数える。また、特例としてロシアに残してきた息子を捜してほしいとの帰還者からの要請を受け、カンスクに住む息子を捜し出して一時帰国の認定を取り付け、四三年ぶりの父子再会を実現させたケースがある。

小川氏たちの奮闘がなければ、民間人抑留の残留者調査はもっと遅くなり、帰国が間に合わなかった人の数を増やしたことは間違いない。いや、調査そのものが行われず、彼らが現れることはなかったかもしれない。協会の実績は、国籍への対応も、現実に即した柔軟なものに変えていった。

この本で取り上げるシベリア民間人抑留者は、協会の資料に加え、本人もしくは留守家族や関係者から話を聞けた人たちである。

おそらく何百人がいたであろうシベリア民間人抑留者のうちの本当に氷山の一角でしかないが、国がなくとも何者でなくとも生き抜いた男たちとその家族の、格闘と尊厳の軌跡である。

注1 樺太に本籍があった者は五二年のサンフランシスコ講和条約発効後、本籍を有しない者、いわゆる無戸籍者となった。戸籍回復のためには家庭裁判所に申し立てを行い就籍の許可を得なければならなかった。二〇二四年、未帰還者は二八五名が数えられている（旧ソ連本土二、樺太三六、中国二〇六、北朝鮮三五、ミャンマー一、マリアナ諸島一、韓国四、うち陸軍九名、一般邦人二七六名）。現在の未帰還者の実態とは厚労省援護局の説明によると①自己意思残留と認定されていない②留守家族から死亡届が出ていない③戦時死亡宣告に同意していない④帰還の意思を持っているかどうか確認できない、である。留守家族も情報を持たず、安否不明でこれ以上は調べようがなく、未帰還の枠から動かせない人たちのことを指している。

注2 なお未帰還者の留守家族には留守家族手当が支払われる規定になっているのだが、過去七年間生存資料がなければ手当は打ち切りとなる。現在の留守家族手当は月額一一万七九一〇円だが、受け取っている家族はいいない。

第一章
“幽霊”からの帰還
——植木武廣（シベリア）

ソ連時代の植木武廣。1950年代撮影と思われる

植木武廣　略年譜

1922年	4月10日	樺太大泊郡大泊山下町に生まれる
1940年		高等小学校卒業後、豊原車掌区に勤務
1943年	4月1日	現役兵として歩兵第25連隊に入隊（上敷香）
1945年	8月28日	留多加で武装解除
	9月半ば	大泊の家に戻ったが家族は緊急引き揚げで北海道へ
		内幌駅鉄道員として働く
		由美子と同居
1946年	9月9日	玲子生まれる
1947年	4月10日	衝突事故を起こしかけて逮捕
		裁判、2年半の刑期決定
	6月22日	大泊港からウラジオストクに、リショーティ刑務所
	9月	由美子、玲子、北海道に引き揚げ
1948年	6月	ハバロフスク地方の収容所に、2ヶ月後カンスク収容所
1949年	9月1日	釈放後、カンスクの町へ。木工場で働く
	12月9日	由美子、武廣との婚姻届受付
1950年頃		武廣、ナザレンコ・ダリヤと同居
1954年	10月	帰国を断念しソ連国籍取得
1962年	8月	自己の意思による残留者として未帰還者から除外
1967年		弟・勇に手紙、以後音信不通に
1993年	1月	生存発見
		勇たちとの文通始まる
1995年	4月	初の一時帰国、弟・妹・由美子・玲子に会う
		以後8回の一時帰国を行う
2001年	6月	軍人恩給支給決定
2007年	5月19日	死去、85歳

※妻由美子、娘玲子は仮名

「由美子様、深く深くおわびします」

植木《うえき》武廣《たけひろ》氏は三〇年以上、国の調査の対象からも外れた、忘れ去られた抑留者だった。死んだとも生きているとも、情報は全く入ってこない。生死不明の〝幽霊〟のような存在だった。

クラスノヤルスク州カンスク市に住んでいることが〝発見〟されたのは、一九九三年のこと。発見直後、日本の家族に宛てた最初の手紙に武廣氏はこう書いた（手紙・引用文内の〔　〕は引用者による補足。……は中略。以下同）。


「拝啓　お便りうれしく一月一二日に拝見致しました。皆様お元気でお暮らしのこと、なによりと存じます。お正月も楽しくおむかえしたことと思います。……一九四七年四月一〇日、私の誕生日でした。事故を起こし二年半の刑を受け、五月二二日にとらわれました。その六月二二日に豊原――大泊からシベリヤに送られました。一九四九年の九月一日に刑を終えてカンスクの町で製材工場に入り、現在まで働いております。

今五人で暮らしております。孫、〔孫の〕嫁、ひ孫と妻、娘は四km離れて住んでおります。……冬になりました。今日はカンスク零下三三度となり、私たちはもう慣れておりますので、たいしたことはありません。昔、五五度の寒さのなかで仕事をしましたよ。姉ちゃんや妹たち、勇様にもよろしく。一人ひとりに手紙を出すことが出来ませんので、あんたからよろしく伝えてください。」

手紙のあて先は末弟の勲《いさお》氏で、受け取ったのは一月末であろう。一月二八日には上の弟さんの勇《いさむ》氏にも手紙を書き（二月一九日受け）、以後兄弟の間では多くの手紙が行きかうことになる。とくに勇氏との間の交信は定期便のように毎月行われ、保存している手紙は全部で一七九通を数える。シベリアから送られた一七九通は、残留の道を選んだ、いや選ばざるを得なかった抑留者が発する

〝生の声〟である。

その発見後の第一信には、生き別れになった日本の妻子あての手紙が同封され、妻と子に送ってほしいと書き添えられていた。ソ連軍による逮捕・連行により、武廣氏が妻の由美子《ゆみこ》さんと引き裂かれたのは一九四七年四月一〇日のことで、娘の玲子《れいこ》さんはまだ生後七ヶ月の赤ん坊であった。

絞り出すように自分への悔いと責めでつづる文面は「長い間お便りもせずにおりましたことを深くおわびいたします」で始まっている。

「由美子・玲子様
弟勲より便りをもらいあなた方が元気で暮らしておられることを知り、心からうれしく思っております。由美子様、私の浅い考えからあなたに非常な労苦をかけたことを心からおわび申し上げます。また、あなたの一生をこんな不幸に導いたことを深く深くおわび申し上げます。もし私のことを許して下されば、私も心残りなくあの世に行けるので、一言で良いですから勲のところへお知らせください。

玲子様、私は父としての権利もなく、あなたに対して他人です。私を恨んでください。ただお願いがひとつ、それはお母さんのご恩を忘れずにお守りください。お願いいたします。由美子、玲子様、お身体を大切に、長く長く幸福にお暮しください。　武廣
由美子様　一九九三年一月一三日」

手紙の最後には「何十年もたち字はわすれよみずらいけどがまんしてください」と記してある。ここでは読みやすいよう通常の表記にしているが、原文は多くにひらがなが使われ、一文字一文字懸命に刻んでいることが伝わってくる。手紙を重ねるにつれ、文字は滑らかになっていくのだ。

半世紀ぶりの再会

植木武廣氏がどのような半生をシベリアで送り、発見されるに至ったかについては後で述べよう。武廣氏の生存判明を日本の家族に伝えた日本サハリン同胞交流協会（現・日本サハリン協会、以下協会と表記）に、上の弟・勇氏から手紙が来たのは一九九三年一月一一日だった。

「もしや兄はもう此の世には、と思っておりました所、消息が分かり元気で働いていると弟（勲氏のこと）の所に便りが来て、私共大変驚き、喜んでおりました……」

その二年後、九五年四月二二日に武廣氏は旭川《あさひかわ》空港で弟の勲氏と半世紀ぶりの再会を果たす。大勢の報道陣にもみくちゃにされながら、武廣氏と勲氏は涙の抱擁をかわし「夢のようだ」と声を詰まらせた。

二週間後には勇氏が待つ北見《きたみ》市に入り、「生きていてよかった」と、戦争に翻弄された長い歳月を兄弟でかみしめ合った。

このとき武廣氏は七三歳、勇氏六六歳、勲氏六三歳、樺太で一緒に時を過ごした一〇代から二〇代初めだった青年たちは老境に足を踏み入れていた。勇氏は新聞記者に対してこう語っている。

「五二年もの長い間、どうして会えることができなかったのか。日本の政治が間違っていたのではないでしょうか。私の家族のうち長男は戦死、そして一家は故郷を追われ、兄弟姉妹は散り散りになりました。両親も今はいません。遅かった再会と言えます。でも生きていて良かったというのが実感です」（北見新聞九五年五月六日）

一ヶ月に及ぶ日本滞在期間、何をするにも報道陣がついてまわった。しかし、由美子さんと玲子さんとの再会だけは彼らには全く知らせず行われた。

他人を交えず五〇年ぶりに再会した妻と子は、それぞれに六九歳と四八歳である。玲子さんにとっては初めて会うのと同じ人で、感慨も湧かず呆然《ぼうぜん》とするしかなかった。

もし〝あの時〟帰っていればと武廣氏は言いようのない痛みを覚えるが、それを起こした最大の要因は国と国の対立による分断であった。

武装解除、家はもぬけの殻だった

略歴から紹介しよう。武廣氏は一九二二年四月一〇日、南樺太大泊《おおどまり》山下町《やましたちょう》で出生した。父親亀次郎《かめじろう》氏は北海道稚内市大字抜海村《ばつかいむら》から樺太に渡って漁師を営んでいたのだが、四二年一一月に大泊で死去する。母親の名前はカネ（戸籍ではカ子と表記）。子どもは五男三女の八人で、武廣氏は三男であった。長兄の才一《さいいち》氏は日中戦争に出征し、戦死している。

弟・勇氏は一九二九年生まれ、末弟の勲氏は一九三一年生まれである。

武廣氏は同学年の間ではちょっとしたヒーローだったらしく、学業は評判になるくらいの優等生、野球でも打って守っておおいに活躍したという。大泊高等小学校を卒業すると、一九三九年四月に樺太庁鉄道に就職。翌年に豊原《とよはら》車掌区に配属されると、鉄道の花形の車掌として働くことになった。

四三年四月には現役兵として上敷香《かみしすか》歩兵第二五連隊二二四二部隊に入隊する。機関銃中隊に配属され、四四年一二月には対空射撃隊員として真岡《まおか》へ移った。真岡には四五年四月まで滞在し上敷香に戻ったのだが、このとき慰問に来てくれた女性たちのなかに由美子さんがいた。由美子さんは一九二六年五月一二日生まれで、当時は王子製紙で事務員をしていた。

四五年五月、部隊は上敷香を出発し、留多加《るうたか》に向かう。陣地構築のため里見峠《さとみとうげ》というところに駐《ちゅう》屯《とん》し、角材を山へ担ぎ上げる作業を行った。七月三一日には峠から下りて内幌《ないほろ》炭山で対空射撃隊が編成される。

八月九日、ソ連軍侵攻。一五日には無条件降伏のラジオ放送を聞かされる。内幌で戦闘は行われず、二二日の停戦協定後、部隊は二八日に武装解除となった。ソ連軍からは避難民の元住地復帰布告が出されており、部隊でも樺太に家のある人間はそのまま帰っていいと言われたので、武廣氏は大泊の自宅へと戻っていった。

ところが着いた家はもぬけの殻で、庭に窓の枠組みひとつが転がっているだけである。近所の人に尋ねると、一家は二三日までの緊急疎開で北海道に引き揚げ、残された五歳上の兄・信廣《のぶひろ》氏も密航で北海道に渡ってしまったというではないか。上の弟・勇氏は、予科練に入隊して土浦《つちうら》に滞在している。末弟の勲氏も当時一四歳だから、ぎりぎりで緊急疎開で樺太を去っていた。

空き家になった自宅の前で少しの間沈思黙考した武廣氏は、内幌へ戻ることにした。家に誰もいなかったら鉄道に入れてやると言ってくれた人がいたことを思いだしたからだ。

占領下での〝普通〟の暮らし

内幌の目的の人のところへ行く途中、武廣氏は真岡で対空射撃をしていた時に友人になった〝戦友〟のことが浮かび、その家を捜し出して立ち寄ることにした。そこは由美子さんの家である。実は、戦友よりも慰問で出会った由美子さんのことが気になっていたのかもしれない。内幌は戦災被害を受けなかった町だが、ソ連兵は他の地域と同じように徘徊《はいかい》していた。

「そしたらその家〔由美子さんの家のこと〕の母親が、ロシア人ばかりで娘が危ないから連れて行ってくれと言うんだもね。そうかってわけで内幌で一緒になったわけさ」（『樺太《サハリン》・シベリアに生きる』（小川峡一編著・社会評論社、二〇〇五年）に収められたシベリア残留者四人の座談会「シベリアに生

きて」より）

もちろんもう少し込み入った経緯はあったろうが、母親の依頼を受けたかたちで武廣氏は由美子さんと一緒に暮らすようになった。そして、首尾よく入れた内幌駅では助役として操車係を担当した。

玲子さんが生まれたのは、一九四六年九月九日である。すでに樺太庁は解体され、地方も含めて日本の行政機関は全て停止しているので、婚姻届も出生届も出しようはない。

やがて内幌にもソ連からの移住者が入ってきたが、特別の混乱は起こらず、親子三人〝普通の〟暮らしが営まれた。

「〔武廣氏は〕やさしい人だったよ、と母は言っていました。私を足の上に乗せてはあやしていたそうです」と玲子さんは、数少ない父親との触れあいの話をしてくれた。

別れの直前、娘は母親の背中で笑っていた

一九四六年一二月から始まった集団引き揚げに、武廣氏たちも順番が来るのを待っていたはずだ。だが、四七年四月一〇日、ソ連軍人の横暴から起きた列車衝突未遂事故によって、武廣氏と由美子さんたちの運命は覆る。そのいきさつはこうである。

石炭カスを投げるため、台車に乗って本斗《ほんと》駅から内幌の駅に来た駅員たちが、本斗に帰る途中、その台車を線路上に二時間も放置したまま、浜にニシンを拾いに行ってしまった。その間、ソ連軍のカピタン（大尉）が武廣氏のところにきて、本斗に急用があるからどうしても列車を出せと強要する。仕方なく、本斗まで貨物列車にカピタンを乗せていくことになった。あわただしさのなか、操車係の武廣氏はその貨物列車が着くという電話を本斗駅にする業務を失念してしまうのだ。気が

つきあわてて連絡をとろうとすると、石炭カス用の台車が途中の線路に止まったままでいると聞かされた。このまま貨物列車を走らせると、台車との衝突事故が起きてしまうのは必至。急ぎ、保線区のある気主《けぬし》というところに電話を入れて、機関士につないでその貨物列車を止めてもらった。すんでのところで事なきを得たのだが、事情を知ったカピタンは「俺を殺す気だった」と激昂《げっこう》し、武廣氏逮捕に及んでしまう。この日は奇《く》しくも武廣氏の二五歳の誕生日であった。

真岡の留置所で取り調べを受けたが、元軍人だったことがわかれば、重刑となりかねない。隠し通した末、四月二九日に言い渡された刑期は二年半だった。このとき七二時間以内にモスクワにカサーツイ（不服申し立て）を出す権利があるといわれ、駅長（ロシア人、女性）に相談すると、駅長は自分は良い通訳を知っている、その人物にカサーツイの書類を作ってもらおうと請け合ってくれた。返事が来るまで自宅で待機してもいいと言われたので、多少の期待を抱いた。

五月二二日朝、書類は作成されることなく、警察官二人が家までやってきた。

「〔そこで〕〝お前、給料もらったか〟と言うんだ。ああもらったと答えると、〝お前にはまだ何かある。俺と一緒に行こう〟と言うんだよね。すぐ連行とわかったから、もうダメだと思った」（「シベリアに生きて」）

その日のうちに内幌から真岡に向かうというので、由美子さんが玲子さんをおぶって内幌駅まで見送りにやってきた。悲愴《ひそう》な表情の由美子さんの背中では玲子さんがうれしそうに笑っていた。

「四七年の五月二二日に樺太の内幌駅で由美子の背中で笑いながら別れたそのおもかげが、今でもまぶたの下に残っております。今は〔玲子さんの〕顔が分からないと思います」（九三年四月、勇氏への手紙）

五月二二日は真岡で一泊したが、調べはなかった。

「すると例のカピタンが現れて、警察も来た。そしてレミン〈革バンド〉まで取られちゃった。どうして調べないでここに置くのかと聞くと、お前は俺を殺す気になったからと。その日の夜の七時頃の豊原行きの終列車に乗ってチョロマン〈刑務所〉に送られた」（「シベリアに生きて」）

一ヶ月後の六月二二日、豊原刑務所から大泊へ。そこで船に乗せられる。

「今日は六月二二日です。五三年前に豊原の刑務所からシベリヤに送られたのです。大泊港から船でウラジオストクに向かっていった日です。何年たっても忘れられません」（二〇〇〇年七月、勇氏への手紙　以下、特定の宛先の記述がないものは勇氏宛の手紙）

「そして六月の二二日、豊原から大泊経由で船に乗って三日間でウラジオストクに着き、四階建てのチョロマンに六日間入れられた。七月一日にウラジオストクから汽車に乗せられて西へ向かい、イルクーツクのアンガラ川で顔や体を洗ったりして、さらに汽車で山の中のリショーティに着き、強制労働です」（「シベリアに生きて」）

骨と皮

収容されたラーゲリはクラスノヤルスク・リショーティ一一号、そこで伐採作業を強いられる。気候はきびしく、厳冬期は通常でも零下四〇〜四五度となり、時には六〇度まで達する地である。

一日のパンは六五〇グラムで、スープは海水と同じくらいに薄い。

武廣氏自身も「シベリアに生きて」の座談会のなかで「僕の収容所では、辛くて仕事がしたくなくて、自分で指を切り落とした人もいた。おまえ、国に帰っても仕事ができないぞと言っても、帰る希望も持てなくなっていた。逃げても道がわからないし、必ず捕まる。毒草を食べて命を落とした人も多かったね」と壮絶な日々を語っている。

極限状態が続くなか、武廣氏は一九四七年一二月一〇日　作業中に倒れて人事不省となった。一命をとりとめたこのときのことは、一七九通の手紙のなかで唯一の収容所体験として、何度か断片的に語られている。

「四七年の一二月一〇日は私が森《タイガ》で働いていましたが、六二度零下の寒さと食糧不足のため倒れた日です。歩くこともできず、馬そりに乗せられ病院に入れられた日です」（九三年一二月の手紙）

「この日は夜中の二時ころ寒さと空腹のために倒れてしまいました。夜に仕事に出され、板運びをさせられたのです（鉄道の貨車に板をつむ）。この時は私はもうダメだと思いましたが神様のおかげで助かり今、こうして暮らしています」（二〇〇三年一月の手紙）

武廣氏は序章で登場した新藤登氏と一時、同じ部屋で過ごしたことがある。新藤氏の手記には武廣氏との交流の一片が描かれている。四八年二月のある日のことだ。

「〔死んだ方が良いと思い詰めていた時〕、大泊町出身の植木氏に分かったのか。その不心得を諭され、その時自分でも足りないパンを〝これでも食べて元気出せよ〟と差し出された。そのパンの味は一生忘れられない」

新藤氏は武廣氏の生存を新聞報道で知ると、勇氏とも連絡を取り、最初の一時帰国の時は会いに来た。

四八年六月、武廣氏はハバロフスクのラーゲリへ。二ヶ月後の八月にはカンスク収容所に移された。四九年九月一日に刑期が明けると、刑が終わったという証明書だけを渡され、カンスクの町に行くようにとの指令を受けた。

心細いままカンスクの町に入っても、武廣氏には行く当てもなければ金もない。路頭に迷っていたところを木工場の親方に拾われて、武廣氏と同じような各所のラーゲリから釈放された日本人が働く木工場に連れていかれて働くことになった。

この時期の体験をもとに、武廣氏はこんな歌をつくっている。

「故郷離れてはるばる千里　山川越えてシベリヤの　山の奥に送られて　仕事はつらいし食不足　骨と皮との骨体美《コツタイビ》　二年半の月日を過ごし　ようやく生きて刑あける　他国の町に追い出され」(九六年七月の手紙)

カンスクは炭鉱と木材加工の町である。入れてもらった木工場の仕事も厳しかった。

「木工所で、材料を輸出するためには、時間に合わせて鉄道台車で運んで積まなければならないから、零下五〇度でも働いた。いくら働いても月五〇〇ルーブルだったのが、五二年五月から上積みされるようになってきました」(「シベリアに生きて」)

木工場の寮に住んでいたのは、樺太から連行された民間人が多かった。共同生活をしたなかの一人に結城三好氏(第四章)がいて、二人はやがて残留か帰国かという運命の齣《こま》の前で袂《たもと》を分かつことになる。

刑期明けの者は週に一度は警察署に行き、住居の申告などを行わなければならなかった。やがて月に一回に緩和される。

帰国した由美子さんは結婚届を出す

一方、由美子さんは玲子さんを連れて一九四七年九月、北海道に引き揚げた。最初は幾春別《いくしゅんべつ》に住む兄のところに身を寄せる。玲子さんは記憶をたどる。「その後は幼い自分を連れてあちこちの畑に行って仕事をもらうことで暮らしを立てていました。苦労していました」

四九年一二月五日　由美子さんは武廣氏との婚姻届を稚内市に提出した。九日受付の稚内市の婚姻届には、こう記載された。

「武廣氏本籍／北海道稚内市大字抜海字クトネベツ原野鉄道省用地
・結婚式直前の住居地／樺太真岡郡真岡町
・結婚式直前の職業／夫・鉄道員　妻・事務員」

当時の戸籍筆頭者は次兄の信廣《のぶひろ》氏であった。この日は、同時に玲子さんの出生届も行われた。謄本には「昭和弐拾壱年九月九日樺太眞岡郡眞岡町……で出生　父植木武廣届出昭和弐拾四年拾弐月九日受附入籍」とある。

だが植木家での暮らしは、親族との折り合いなどがあり、短い期間で終わったようだ。「由美子姉さん、苦労したんですよ」と、勇氏の夫人・淳子《じゅんこ》さんは言葉少なだが、同情を込めて語ってくれた。

一九五一年ごろ、江別《えべつ》市の王子製紙に勤めていた別の兄の引きがあったからと思われるが、由美子さんは玲子さんを連れて江別市へと引っ越した。王子製紙で働くようになったのだが、どんな仕事なのか幼かった玲子さんにはわからない。時々仕事を休んで田んぼや畑の手伝いに一緒に行ったことを覚えている。

小学校に入ったころから、玲子さんは父親のいないことを意識するようになる。父親がいれば、この生活も違っていたのかもしれない……。

「氷より冷たいわが心」

一方カンスクの木工場で働いていた武廣氏は、病のため床に臥《ふ》す日が続いたことがあった。そのとき親身になって看病してくれたのが、ナザレンコ・ダリヤ・コンスタンチノウナという武廣氏より四歳年下の当時二四歳の女性である。夫は独ソ戦で戦死し、マリヤという二歳に近い娘をひとりで育てていた。

武廣氏は日本に帰る気持ちは強く持っていたが、献身的に接してくれたこの女性と心を通い合わすようになっていく。

一九九四年に、協会は武廣氏に文書による調査を行っている。樺太時代の住所、日本の家族情報などと併せ、なぜ帰国できなかったかの事情も書いてもらったのだが、その欄にはこうある。

「一九五〇年一一月まで待ちましたが、日本から何の音さたもなく私はもう日本には帰ることができないと思いました。それでロシア人と結婚し、それからの人生を送ることとしました」

五〇年四月、ソ連によって行われた送還終了の発表以降、ソ連本土からの引揚作業は停止状態となり、ソ連本土で生きる邦人の帰る道筋は全く見えなくなっていた。閉ざされ「ただ生きているだけ」というなかで、ダリヤとの出会いが慰めと安息をもたらしてくれたことは想像に難くない。

日ソ両国の赤十字社間の協定が結ばれ、両国赤十字社による引揚事業が再開されたのは、五三年一一月から。カンスクに住む残留邦人にも待ちに待った帰国の情報がもたらされ、武廣氏の心も一気に帰国へと向かった。

そのとき、ダリヤは武廣氏との子どもを身ごもっていた。二人の間でどんな話し合いがもたれたのか。自分が帰るとダリヤは女手ひとつで二人の子どもを育てなければならない、それはあまりの苦労だからと中絶することを武廣氏は要請した。ダリヤは受け入れ、処置を行う。滞りなくいけば、武廣氏は五四年三月二〇日に日本の土を踏み、由美子さんのもとに戻ったはずだ。だが受けた処置は失敗し、堕胎はできたが、ダリヤは一時満足に動けない状態になってしまう。

帰国できなかった理由を協会の小川氏に問われた時の、答弁の書面がある。

「一九五三年妻が妊娠しました。その当時に帰国の話が出てきました。そのために私は妻に話し、子どもをナガスよう、私が日本に帰った後小さい子どもが二人いる事になるし、又妻一人では非常に困難な生活に陥るのでその旨を話しました。妻は承諾しナガシましたが、その後が悪く仕事もできない状態となりました。丁度そのころ帰国の事について調べに来ました。私は病気の妻と三歳の連れ子を捨てて帰ることが出来ませんでした」

「病気の妻と子をすてて　祖国に帰る気にはなれず　神に聞いても答えなし　氷より冷たいわが心」（九七年二月、勇氏への手紙に添えた自作の歌）

五四年一〇月、武廣氏はここで生きるしかないと、ソ連国籍を取得する。

「私はもう日本に帰られないなと思って、ここで土台を作って生きていくしかないと考えました。ナチャーリニク（所長）が、お前はよく働くから、パスポルトをもらった方がいい。ロシア人と同じく待遇されるからもっと良くなると言う。マリヤという連れ子のいる女性と、五四年一一月に一緒に住むことになったんです」（「シベリアに生きる」）

（軍人恩給申立書には五七年一一月二六日に同居との証言あり。婚姻証明書はない）

その後、二人の間に子どもはできなかった。

日本では離婚の手続きはされなかった

日本の家族はシベリアから帰国した人たちの情報で、武廣氏が生存していることは聞き及んでいた。どんな暮らしをしているかは分からないが、元気ならばいつか帰って来るだろうと思っていた。

玲子さんがまだ子どものころ、武廣氏の母親・カネさんのところにカンスクから手紙が届いた記憶がある。それは、由美子さんに宛てて書いたものらしく、カンスクという町で妻と子と暮らしているという内容だった。

「そこには、自分が病気になった時、今の奥さんに助けられたこと。日本に帰る機会があったけれど、ロシアに残す妻や子どものことを思うと可哀そうでたまらなくて、とても置き去りにはできなかったことなどを書いてあったそうです」

そう語る玲子さんは、この手紙を読んでいない。手紙にはダリヤと子どもと一緒の武廣氏の写真が同封されていた。ああ元気でいるのだと、カネさんは武廣氏の帰国をひたすらに待ち続けた。帰国の時は舞鶴《まいづる》まで迎えに行くと言っていたのだが、再会せぬまま一九五九年に他界する。

ロシアの女性と一緒になっていることから、由美子さんは親戚《しんせき》から一日も早く離婚届を出すよう勧められた。何度勧められても、由美子さんは「いや、いいわ」とかわすだけでその話には乗ろうとしなかった。一度だけ、離婚届を出すべく役所まで出向いたことがあるのだが、「職員に面倒なことを言われた」と、何もせずに帰ってきてしまった。役所の職員に、シベリアから帰国することは予想されるかなど、あれこれ現況を聞かれて辟易《へきえき》したのかもしれない（一九五四年に、ソ連抑留中の夫との離婚訴訟を起こした妻が、帰還を待つべきだという理由で訴訟を棄却される事件が起きた）。詳しい理由は分からないが、それ以後籍を動かすという気持ちは失《う》せて、戸籍上の夫婦関係は生涯続くことになる。

一方、ソ連国籍を取得した武廣氏は、由美子さんは離婚届をとっくに出して、再婚したに違いないと思っていた。

自己意思残留者の認定

ここで、国が武廣氏の情報をどの程度把握していたかを確かめてみたい。

シベリア民間人抑留に関する情報は、帰還者への聴取以外はほとんどなく、大変乏しく偏っていると言わざるを得ないものである。

武廣氏が釈放後カンスク市で妻子と暮らしていること自体は、帰還者からの証言で度々確認されていた。いちばん詳しく記しているのは序章で紹介した、一九五八年の厚生省「ソ連本土に一九五〇年以後の資料のある未帰還者名簿」である。そこには「大一一、北海道、五七年七月スペルドザオード〔カンスク市に近い地名と思われる〕妻ソ連人　大泊駅車掌から歩二五応召兵長」と記録されている。

未帰還者として、どの程度の調査がなされていたかは不明である。

六〇年代に入ると、戦時死亡宣告や自己意思残留認定など、未帰還者に対しての〝整理〟が行われ、武廣氏は一九六二年に自己意思残留者として認定された。

その調査資料には次のように記されている。

〈昭和三七年八月一七日

北海道知事殿　　厚生省援護局

未帰還者のうち自己の意思により帰還しないものと認められる者について

本名は……昭和二二年一〇月ごろソ連本土クラスノヤルスクに送られた。

その後本名について昭和二三年末頃釈放され、「昭和二九年三月、昭和三〇年二月一〇日、昭和三一年一〇月二〇日カンスク市においてソ連婦人と結婚し、子ども一人、残留希望。」「昭和三二年七月カンスク市木工場に勤務、ソ連国籍、妻ソ連人、帰国意思はない。」との帰還者からの証言があり、かつ昭和三二年六月カンスクに居住している本人から留守家族の妻あてに「帰国しないから死んだものとあきらめて下さい」と、また昭和三四年一月在ソ連邦日本大使館あてに「ソ連邦で

生活したい」と通信があった

以上の通り本名は自己の意思により帰還しないと認められるので……昭和三七年八月一七日付現地復員させ未帰還者留守家族等援護法の規定により未帰還者から除外されるものである〉

「昭和三二年六月の留守家族あての手紙」とは、先に書いた武廣氏の母親・カネさんが受け取った手紙を指しているのだろう。

自己意思残留者の認定により、調査はもちろん、自国民ではないので国の関与の必要はなしとみなされる。在ソ連邦日本大使館にソ連で生活したいとの通信があったというが、どのような通信であったのか具体的な記述はない。未帰還者から除外になると、留守家族への手当の支給も終了する。その知らせは留守家族に届けられたはずだが、「国からは一切、何の報告も連絡もありませんでした」と玲子さんは言う。

カンスクからの最初の手紙

一九六七年のことだ。何かによって武廣氏の居所が分かり、勇氏と勲氏がそこに手紙を出してみた。以下は、その年勇氏に戻ってきた、由美子さんへの辛《つら》い思いにあふれた返事で、現在残っている一七九通の最初の便である。

「拝啓

お手紙有難く拝見致しました。……早いものですね。貴様と別れ早二三年にもなります。……自分もお蔭様にて無事元気で毎日すごして居ります故御安心ください。

由美子の事ですが？　自分は由美子が非常な苦労をし今迄生きぬいて来た事を充分承知しております。もちろん今となってどうのこうの言ったとてまにあいません。由美子には二本手紙を出しま

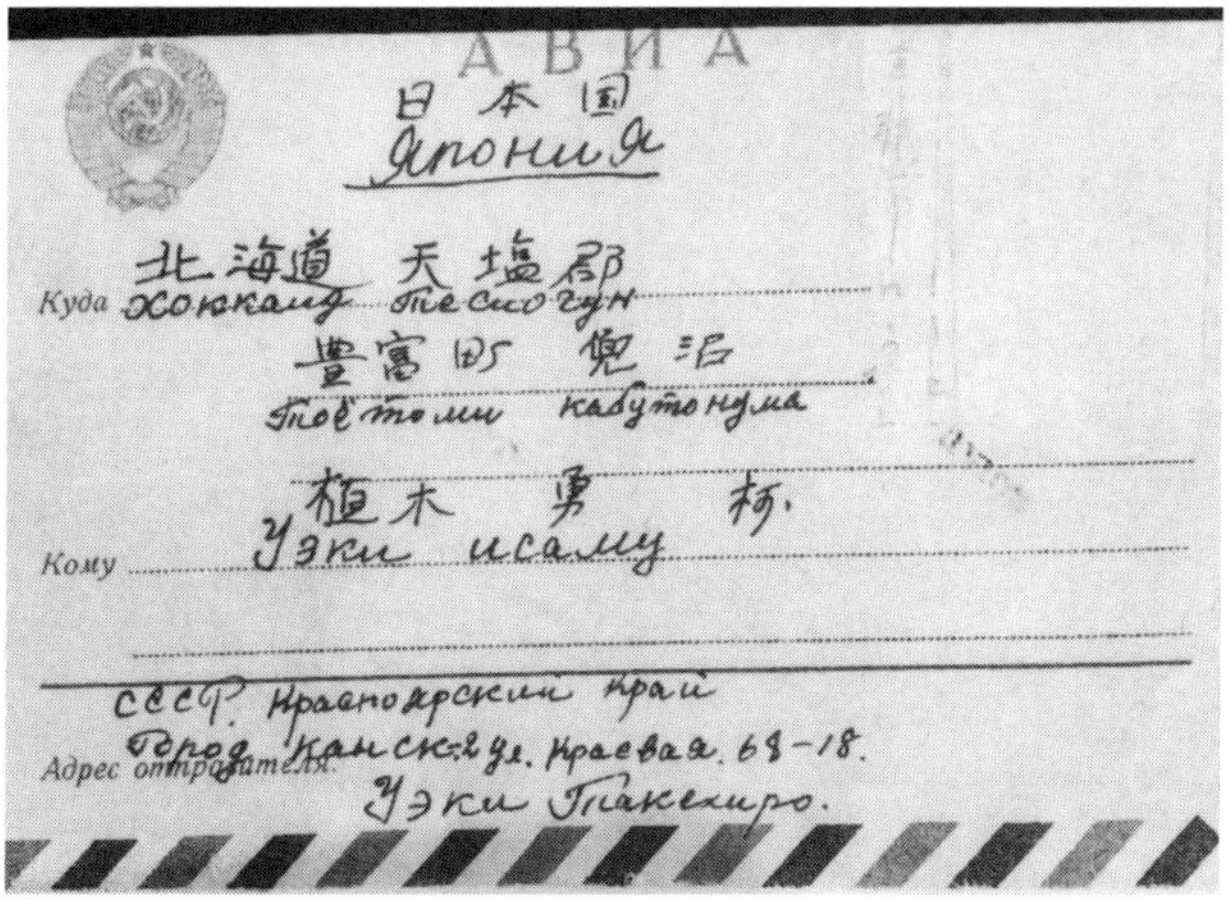

1967年に植木勇氏に届いた武廣氏の最初の手紙

したが返事がありません。私を非常にうらんで居る事と思います。もちろんそれが本当なのです。

今となって言いわけをしたところで本当にするものでもありませんが？　私のやり方がまちがって居りました。いまは只、由美子に感謝念でいっぱいです。くわしい事をと思いましたが、今では皆むなしく書く必要はなくなりました。由美子はきっと私の帰国をおそれて居るようです。私の考えでは由美子と一所にくらす事が出来なくとも兄弟姉妹と暮らせると思って居り、帰国の事を考えて居りましたが、それも止めます。かえって他国に居りました方がお互いに気がらくだからです。

勇様、私はもうみんなあきらめました。そして此の次に皆様に会える日は、あの世へ行ってからです。其の時に今迄のなりゆきをすっかりお話し致します。由美子にも其のむねお伝えください。私がみんな悪いのですから、だれもうらむことはありません。子どもを立派にそだてて下されました事を心から感謝して居りますと、くれぐれもお礼を申し上げておいてください。

……たまにはお便りください。雑誌のふるいのでよいですから、もし出来ましたらお送り下さい。むりな事は言えません。由美子にもお願い致しましたが、もらう事ができませんでした。……由美子の方は、私の考えでは女一人働き、大きい子どもがいるので出来ないことだと思って居ります。では、勇様家族の皆様、お身体に充分お気をつけてお過ごしください。……さようなら

武廣

勇様

あなた方に迷惑がかからなければちょいちょいお便り下さいね。

二伸　これは丁度由美子と別れて二〇年目、五月二二日、おれたちの居間でばあさんのしょうじん日〔精進日＝命日〕に写したものです。四五歳になりました」

帰ることを願っても許されることではないという自責の念が、初めから終わりまでこめられた手紙だ。

武廣氏からの手紙は由美子さんのところにも来た。「私が二〇歳ごろのときでした」と玲子さんが言うので同じ時期だったろう。「由美子には二本手紙を出しました」とあるが、届いた記憶はないのでおそらく途中で没収されたか紛失したのだろう。

「その手紙の中身は断片的にしか覚えていません。日本語を忘れてしまうので、何か雑誌を送ってほしいとありました。で、どんな雑誌がいいだろう、難しいのだときっと読めないだろうなどとあれこれ考え、週刊誌を送ることにしたんです」

由美子さんはセーターを編み、雑誌と一緒に送った。あとから知ったのだが、荷物は着払いとなっていて、受け取るために武廣氏はかなりの金額を払わなければならなかったという。

この手紙以降音信は途絶え、安否すらつかめなくなった。

日本語を忘れない

カンスク郊外の木工場で武廣氏は真面目に勤勉に働いた。それは功労者名簿にもしばしば載り、日本人として恥のないよう一生懸命働いた賜物《たまもの》なのだと誇りをもって伝えている。

「僕の組は日本、ロシア、ウクライナ、ラトビア、ドイツ、中国と六か国の人が集まって僕が班長になったんです。そしてイタリアに積みだす材料は、僕だけが扱った」「僕は学問はないしロシア語も知らない。もちろんお金はない。労働しかないでしょう。僕はどこにも行かないでここでと決めて、四五年間ずうっと働いたのです」（どちらも「シベリアに生きて」より）

五〇年間で七〇回以上もの表彰を受け、勲章もたくさんもらった。もらった勲章を両胸にいっぱいぶら下げた写真があるのだが、これが、遠く離れたシベリアの片田舎で「日本男児ここにあり」を示した証明であった。

その心境が意気軒昂と語られている勇氏への手紙。

「勇。私の姿を見てください。二〇〇〇年の記念に写したものです。〔様々な勲章を胸に飾った写真〕

「ロシヤ」に留まり、私は次のことを心にかたくちかいました。

日本の国は戦争に負けたが平和の時代になって、他国にのこった自分が仕事の上では決して負けてはならない、そして日本人として其の名をけがさずに一生を終わろうと決心し、年金まで三二年間仕事をしました。

其の内二四年間、私は組長をしていました。組は八人〜一〇人で、せんもんに「イタリヤ」に製材した板を貨車に手で持ってはこび車に積んだものです。一級〜二級品だけです。此の板を積むのは私の組だけです、一日に五台〜六台積みます。

組員は「ロシヤ」人、「ウクライナ」人、「ドイツ」人、「ベラロシヤ」人、「ラテイ」〔ラトビアのこと?〕……と、此の様な人種が集まった組で、組長は私で日本人です。

そうして三二年間働いた結果が、仕事上勝利を得た。その証拠が私の胸に付いています。此の外四五年間会社で働き、七三回にわたって表彰されています。金品、賞状と、色々なものをもらいました。此れは残念ながら日本の国の為ではなかったのですが、此のうらには私個人が「ロシヤ」人に勝った事をしめしています。「ロシヤ」のどこへいってもはずかしくない日本人です。

私の考えがまちがっているかもしれませんが他国で他国の人に勝った事で私は心をしずめています。これだけのものをもらうには大変な事でしたが、私はやりとげました。「ロシヤ」人でもこれだけもらっている人は少ないのです。

又、一九六〇年の大水にカンスクの街は水害に会い、其の時私は「カツヤク」をしてクラスノヤルスクから表彰状をもらっています」(二〇〇〇年末の手紙)

武廣氏はまた、日本語を忘れないよう努力を続けた。高価な短波放送受信用のラジオを持ち、日本の放送をできる限り聞き続けた。とくに歌番組を好んだ。日本に来たときには、三橋美智也《みはしみちや》の歌を最初から最後まで間違えずしっかりと披露したので、皆が仰天、拍手喝さいとなった。後で聞くと、木工場仲間のひとりに吉原俊雄《よしはらとしお》氏という日本人がいて、お互いに日本語を忘れないよう話す時は日本語を使ったのだという。

書く練習も、独り続けていたのだろう。手紙にひらがなは多いものの、誤字や妙な言葉づかいはそれほど見られない。いかに努力してきたか、読みながら胸が詰まるときもあった。

武廣氏と日本語の付き合いが続いたという吉原俊雄氏は一九一九年生まれ、豊原で農業を営んでいた。シベリアに連行された経緯は不明だが、カンスクで知り合った女性と結婚し、子どもは二人

植木武廣の勲章姿。孫娘エレーナと。1985年頃

との記録がある。年齢的に日本に妻子がいた可能性は高いと考えられる。大陸からの一時帰国事業が行われる前の一九九〇年一〇月九日にカンスクで死去。ロシアの娘はカンスクに在住し、日本の弟は旭川で医師をしていると武廣氏は勇氏に伝えている。

“発見”

一九六七年の手紙を最後にして、武廣氏の行方は杳として知れなくなった。

一九七一年に玲子さんは結婚し、由美子さんも同じ江別で一緒に暮らすことになった。

それから四半世紀ほどたった九二年末に、武廣氏は忽然《こつぜん》と姿を現すのだ。

その経緯が複雑なのだが、九一年のある時、見知らぬ人から佐藤弘氏（第三章）の消息を尋ねる手紙が武廣氏のもとに来た。手紙には「私の兄、佐藤弘がカンスクにいるなら住所を教えてほしい」とある。その名前に覚えはないが、同じ日本人らしいと住所をもとに捜してみると、何と自分と同じ木工場で働く労働者ではないか。木工場と言っても大きく、仕事の場は別々だし、住まいも離れた所にあるから同じ残留邦人と言っても全く初対面同士であった。弘氏はそのときは「戦時死亡宣告」を出されて、日本ではとっくに死んだ人になっていた。

自己意思残留者と戦時死亡宣告者――日本からは除外された二人の交流がこうして始まる。佐藤弘氏の家族と日本サハリン同胞交流協会とは連絡を取り合い、九二年九月には協会が捜し出したシベリア民間人抑留者第一号として一時帰国を果たす。このへんの経緯は佐藤弘氏の章に詳しく記している。

弘氏はこの時、武廣氏の生存を協会に報告。協会は武廣氏の家族捜しにかかり、北見市に勇氏、旭川市に勲氏がいることを突き止めて武廣氏の生存を報告した。九三年一月、勇氏からもう兄はこの世にいないと思っていたという、前掲の手紙が小川氏あてに送られた。

協会では武廣氏の一時帰国に向けての動きが始まっていた。それに対して勇氏は「思ってもみなかった一時帰国のこと、兄もきっと喜んでくれるものと私ども確信しております」と、はやる気持ちを隠さない。「身柄を拘束されて以降、所在不明になり以後どれくらい年月が経ったか定かではございません。……手紙は一回目は昭和二六年ごろ、二回目は昭和四二年とやり取りがありましたが、四二年を最後に音信不通となり現在に至っておりました」と経緯を説明しながら、〝いろいろな事情〟があることも早くに伝えている。

勇氏は一九四四年に甲飛予科練第一四期生として入隊し、終戦時には樺太を離れていた。

その勇氏あてに武廣氏からの手紙が二月一九日に到着する。二六年ぶりの手紙には、今の状況が短く報告されていた。

「私は七一ですが、まだ働いております。仕事は日本で言えば「ドーグ」番みたいな仕事です。家にいるよりは体の為に良いいし、又金はいつでも必要なものですからね。仕事はほとんどありません

〔暇な仕事ということだろう〕。ただ一日中佐藤さん〔佐藤弘氏のこと〕から借りてきた日本の本を読んでいます」

ところが肝心の一時帰国はできないと言っているのだ。「一時帰国の件ですが、勇、悪く思わないでください。勲にも手紙を書いてありますが、年を取っているので長旅はできないし、又由美子や玲子に会わす顔がありません。それに今はこの国では旅行の賃金が高くちょっと私には無理なのです。もちろん皆様と会いたいのはやまやまですが、これも皆諦めております。……一時帰国の事は諦めてください。お願いします。……何十年も過ぎた今は字もわすれたし、君にはよむのにくろうするかもしれませんががまんしてください」

これ以降、一時帰国を巡るやりとりが目まぐるしくかわされる。

妻ダーシャの一時帰国への固い拒絶

一時帰国ができないという理由は、妻ダーシャ（ダリヤ）の病と不安であった。ダーシャは重い病のためベッドに臥せる日が続き、日本を恋しがっている夫が日本に行けば二度と帰ってこない恐怖と不安にとりつかれているというのである。

「私一人を頼りにしている妻としてはただの一ヵ月とはいえども離れることはできません。一九四七年の年に樺太に妻をのこし今又、二度目のことがくりかえすことはできません。」（九三年三月、小川氏への手紙）

「みんなとはもちろん一回で良いから会いたいのですが、それもできません。……妻が私の事を心配するのでこれがいちばん危ないのです。仕事帰りでも、一時間くらい遅れると電話で私を探します」（九三年三月）

「〔妻とは〕四二年間二人で暮らしてきました。着物一枚で一緒になり、今までやってきました。……妻の病は〔心配事があると血圧が上がるので〕非常に危ない病です。……一時帰国のことですが、前にも知らせましたように諦めてもらいたいのです」（九三年四月九日）

そしてこんな歌を作る。

「世のなりゆきはままならず　さいかいできぬ　このわたし　わがみをうらむ　かなしさよ」

勇氏も一時は武廣氏との再会をあきらめかけたほどだった。九四年に入ると、ダーシャの具合はさらに悪くなる。ダーシャの年金は大半が薬代に消えてしまうこと、胃がんかもしれず、食べられないのですっかりやせてしまったことなどを連綿とつづる。それではと勇氏は、ダーシャに親族として一日も早い回復を願っていることを、何度か手紙で訴えた。その手紙に涙を流して感激したダーシャは、一時帰国をしてもいいと頷《うなず》くようになってきた。

ダーシャの心がまた変わらないうちにと、武廣氏はすぐに海外出国用パスポート取得の手続きに取り掛かる。九四年一〇月一八日には、最後の詰めの厚生大臣あての書面を提出。

「私が日本の肉新〔肉親〕と戦後初めて再会するために　ロシヤはけいざい的に生活にこんなんにあるので日本ほう問の費用の援助をお願ひ致します。（帰国旅費を支弁できない旨の申立書。原文のまま）」

「一年一年良くなるどころか、悪くなるようです」

一二月には海外出国用のパスポートを取得し、準備は完了、あとはいつ日本に行けるかを待つばかりになったとの知らせが来る。

勇氏と文通を始めた九三年初めから、一時帰国が決まった九四年末までの手紙にはダーシャの状態の他に、現在の暮らしのこと、ロシアの急激な変化のこと、カンスクの気候、そして由美子さんと玲子さんへの思いなど、一般の市民として生きてきた残留者の声が色濃く残されている。伝えたいことがいっぱいあったのだろう。ところどころ意味不明な箇所があり、漢字の送りなどもあいまいなので、〝普通の文〟に直したうえで、できるだけ忠実に紹介したい。

「今はロシヤ国は大変な不景気で品物は一〇〇～三〇〇％と高くなり国から下りる金は六五％ぐらいですが、まだ大丈夫です。私の所にも車があります。一九八一年の年に買いました。そして一九九〇年に売り、新しいのを買いました。これも皆私が会社でよく働いた為に買うことができたのです」(九三年四月)

「ダーシャの年金三万五〇〇〇ルーブレ、みんな薬代になりました。私は六万四〇〇〇ルーブレもらっております。二人で約一〇万ルーブレです。そのほか仕事でもらう金が約五万ルーブレ、大体一四～一五万ルーブレになります。品物は九〇年から見ると、一〇〇〇～二〇〇〇倍に高くなっております。いつになったら安くなるか分かりません」(九四年三月)

「今はカンスクの町には店がたくさん増えて店には何でもあります。果物は少ないです。シナ人、ベトナム人、ロスケ、チョーセン人などが集まって、品物を売っております。衣類、履物、帽子、その他いろいろなものがあります。金があれば何でも買えます。金額は昔の一〇〇〇倍から三〇〇〇倍ぐらいまで高くなっております。その反対に働き高は五〇〇倍くらいです。私たちは二人で一五万ルーブレをもらっております」(九四年六月)

猛烈なインフレのなかで、ロシアは九八年一月に一〇〇〇分の一のデノミネーションを行うのだが、それに関して九七年一二月の手紙で「ロシアは一月一日から新しい金に変わります。一年一年と良くなるどころか、反対に悪くなる様です」と伝えている。九三年の手紙に戻る。

「〔食料に関して〕イモ、カイベツ、トマト、漬物は自分で昨年支度したので買わなくてよい。肉や卵も買いません。娘の所でブタ、鶏、牛を飼っております。……五月六月は野菜ものやイモを植えます。畑も耕さねばなりません。シベリヤは夏は暑く冬は寒いのですから。そして夏は短く冬が長いのです。六月の中頃まで「シモ」が下りますので、それを防ぐためにいろいろ考えて……「シモ」を防ぐのです。そして冬の支度をするのです。

私の土地は幅一二メートル長さ五〇メートルの土地です。小さい家も建ててあります。水揚げポンプもあります。電気のポンプもあります。雨が少ないので水かけをするのです。夏は毎日のようにやります。畑には「カイベツ」「イモ」「トマト」「ナンバン」「キントキマメ」「カボチャ」その他「グスベリ」「バライチゴ」「セーヨーイチゴ」、花、「サクランボー」のような木で、実がたくさんなる木が三本あります」（九三年五月）

「五月二一日にイモを植えました。今日はカンスクも昼三〇度あたりまで温度が上がっておりますが、夜が一五度から一〇度くらいまで下がるのです。これがシベリヤの気候です。

昨日ブタが子を一二匹生みました。マリヤの所です。牛一、仔牛一、ブタ一〇〇キロ以上二匹、六〇キロ以上四匹おります。肉はいつでもあります。卵もあります。生活にはたいして困ることもありませんから心配はいりません」（九三年六月）

「マリヤは私達から約三キロ離れた所に、三人で暮らしております。〔マリヤの〕娘は「シハン」学校〔師範学校の意味〕に通っております。婿は会社で（私と同じ）ケンチク課の係長をしております。マリヤは学校で先生をしております。もう二二年にもなります。評判の良い先生です。〔マリヤの〕息子は軍隊で働いております。通信の方です。……マリヤのような娘はちょっとよそを探してもおりません。親思いのやさしい娘です。私はただマリヤを頼りにしております。ただ、婿が少々

怠け者で困っています」（九四年五月）

「今年は蒸し暑い日が多く、今日も三度、雷が鳴っても雨は降りません。

私は仕事に自転車で通っております。家から仕事場まで約五分くらいです。仕事から帰って（三時ごろ）すぐに畑へ行ってイモに水をかけてきました。約一時間半。仕事は朝八時、一一時にひるめしに家に帰り、午後一時に仕事場に行き、三時から三時半にはもう家に帰ってきます。……手紙を出すのには本局まで行かなければなりません。郵便局は私の家の一階にはありますが手紙を日本に出すことができません。本局までは約四キロあります。」（九三年八月）

由美子さん、玲子さんとの再会

一時帰国のカンスク出発は一九九五年四月一三日。そこから約七六時間をかけて急行列車でナホトカへ。そしてハバロフスクに行き、ハバロフスクから空路で新潟に向かう。新潟到着は二一日、旭川空港には二二日着という長旅である。

兄弟に会うこと以上に、日本行きの最大の目的は由美子さんと玲子さんに会うことである。カンスクを発《た》つまでの勇氏あての手紙の中で、由美子さんたちについて書いているのは数通しかない。

「由美子や玲子に会わす顔がありません」（九三年二月）

「昔の事とは言いながら／もっともつらいあの時代／一人で子どもを育て上げ／苦労も何もいとわずに／すごしたそなたのけなげなさ／そなたのくろう　いまとなり／花とさいて　みをむすび／いまみなゆめと　思いつつ／まごにこころをつかいつつ／このよをすごすみとなりて／くらすそなたのしあわせを／遠い他国のシベリヤで／神に祈りておりまする／許して下さい　由美子様」（九三年三月、勇氏への手紙に添えられた自作の歌）

「一時帰国のことですが私がそっちへ行って帰るまでお前たちに非常な迷惑をかけるのではないかと心配しております。由美子からの便りと写真を〔一時帰国から帰ってきた〕木村《きむら》さんからもらいましたが、いまだに返事は出していません。返事を書く勇気がありません。そのうちに返事を出すつもりです」（九四年一二月）

一時帰国が本決まりとなった九四年一一月、勇氏は由美子さんと電話で話を交わした。

その時由美子さんが発した「私のためでなく玲子のために一度会わせてやりたい、私は会わなくとも玲子は会わせてやりたい」との返答に、勇氏は返す言葉が見つからなかったという。

一時帰国中、いよいよ由美子さんと玲子さん一家が同居する江別市に武廣氏が向かう日には、勲氏が最初から同行した。五〇年ぶりの再会の感慨を、武廣氏に代わって勇氏が小川氏にこう伝えている。

「兄の一時帰国の最大の目的である妻と娘に対する言葉では言い尽くせない心からの謝罪も、他人を交えず短い時間でしたが、想いの万分の一にも満たない言葉でもよく理解してもらえ、五〇年ぶりに肩の荷が下りたと言葉少なに申しておりました。日本に近づくに従い、何と言おうかと思い悩んだそうで、五〇年の重みがずっしりと肩にのしかかってきたそうです。何と言って詫びようか、色々迷ってはみたが、ただだまって頭を下げるより道は見つからなかったとか」

再会の後で、玲子さんが勇氏に「一生父親の顔を見ずに終わるものとあきらめてはいたが、逢えてこんなにうれしいことはない」と涙を流しながら語ったことも書き添えていた。

「感動も感激も湧いてこないのです」

二〇一七年一〇月、私は娘の玲子さんに電話で話を聞いた。それによると――

「初めて会ったときは、今、一体何が起きているのだろうという、ぼんやりした感じでした。赤ん坊の時から離れていたので、いないのが当たり前で、姿を見ても感動も感激も湧いてこないのです。生きていることは分かっていましたが、会えるとは全然思っていませんでした。実際に会って、こんなこともあるんだと、不思議な感じの方が強かったです。

母親と三人だけになっても、何を話してよいかわからなくて、〝元気だった？〟というくらいで、深い話には至りませんでした。ロシアの家族の写真を見せてもらったりしましたね。

日本語は、ところどころ分からなくなる時もあったけれど、おおむねちゃんと通じました。日本語を忘れないよう努力していることがよくわかりました」

「感激も感動もしない私は冷たい人間なのだろうか？」と、何度か言ったが、同じような体験をした人もやはり感動はなかったと言っていたと伝えると、少し安心した様子だった。「向こうは向こうで生活してきたわけですし……」

武廣氏は玲子さんの家に一泊したが、武廣さんと二人きりになることを〝ばあちゃん〟（由美子さんのこと）が嫌がったので、二人でしみじみ対面する時間はなかったのかもしれないと玲子さんは言った。由美子さんの本当の気持ちはどうだったのだろう？　縁ある人として受け入れていたのだろうか。

約一ヶ月後の五月二二日、武廣氏はカンスクに戻るため旭川空港に到着した。たくさんの見送りのなかには由美子さんもいて、別れ際に「ロシアの奥さんに万一のことがあったら日本に来ればいいでしょう」と武廣さんを激励する言葉をかけた。一方の勇氏は、二人の様子を見ながら「シベリアの正式ではない妻のところに帰る夫のことをなぜ本妻が見送るのか？」と、割り切れなさを覚えていた。

それ以後、由美子さんと玲子さんは武廣氏の一時帰国の度に、会いに行った。

「せっかく来ているんだから逢わないわけにいかないっしょ」と、由美子さんは嫌なふうでも喜んでいるふうでもなく、淡々と一緒の時間を過ごした。残っている三人一緒の写真は、旅行の記念写真のように和やかだ。

ダーシャの死

初の一時帰国を終えて無事カンスクに戻ったのは、五月二六日である。帰る途中に立ち寄ったハバロフスクでダーシャに電報を打った。

この間、ダーシャは近所の人たちからあんたの旦那《だんな》はもう帰ってこないとさんざん言われ、おまけに何の連絡もなかったので卒倒せんばかりの日々を送っていたそうだ。

勇氏は、武廣氏が帰るとすぐに「夢を見たような気がします」との長い礼状を小川氏に送った。「生きていたからこそ、今回のように兄弟が逢うことができました。今ほど生きていてよかったと実感せずにはおれません」と。

武廣氏からは六月一七日に、無事着いた、皆にお金をたいへん使わせて申し訳ないとの手紙が届く。

その後、月に一度の定期便が勇氏と武廣氏との間で交わされ、几帳面な勇氏のおかげで武廣氏の手紙や写真はきちんと保存されることになる。ロシアでは便せんや封筒などの紙類が手に入りづらいのか、武廣氏はざら紙の裏表にびっしり文字を書き込んでくる。勇氏は便箋と自分の家の住所を書いた封筒約一〇枚を定期的に送り続けた。

七月の手紙には、皆からもらった餞別《せんべつ》でテレビ、ビデオ、電気カミソリなどを買ったことが報告された。家電のほか家の飾り物も三つほど買い、朝晩それを見るたび、皆のことを思い出すとうれしそうに伝えている。

一時帰国が叶《かな》い、きょうだい、妻子との再会を果たせたからだろう。手紙の調子はいささかのんびりした感じになり、畑仕事のことなどをつづっている。

ただダーシャの容態は衰弱する一方で、一九九五年一二月一九日、ついに帰らぬ人となった。四六年間苦楽を共にした妻である。彼女がいなかったら、祖国と離れたシベリアで生き抜くことはできなかったろう。

不可解なことだが、武廣氏の以降の手紙にはダーシャに関することはほとんど出てこない。丹念に探して、九六年七月の手紙に「一人生活もだんだん慣れてきましたが、いまだ少々物足りないものがあります。これも仕方ありません。……〔畑仕事をしながら〕どうやらダーシャのやっていたことを思い出しながらやっております」と、少しだけ心境を吐露している。その後は「今年の日本訪問もダーシャが夢に出てきました。私に病気の注意をしてくれたのです」（二〇〇〇年八月）、「一九九六年には直径二〇センチくらいのスイカを八月六日にとり、妻の墓場で食べたものです。あれからスイカは今年までに二、三年しかとれませんでした」（二〇〇三年八月）とあるだけだ。二人の生活がどんな様子だったのか、どんな女性だったのかも何もなく、少しかわいそうな気もする。

代わりに娘のマリヤが、ダーシャの墓は歩いて一時間ほどもある場所に建てられ、武廣氏は死去してしばらくは毎日墓に行って、妻のために祈りを捧《ささ》げていることを勇氏に手紙で伝えてきた。

募る〝故郷〟への思い

でも、一人になったさみしさは募っていたのだろう。

一九九六年一一月、思いもかけない行動にでる。今まで我慢を重ねてきたが、もう我慢はしたくない。皆のところに戻って人生を終わりたいという気持ちをぶつけてきたのである。

「今になってこんなことを書くのは心苦しいことですけれども、一応皆様にそのことを話し、この先のことを決めたいと思っています。

それは皆様のもとへ帰りたいことです。〔娘の〕マリヤが毎日私の面倒を見てくれますが、マリヤにはすまないけれど、この気持ちは私から離れません。どうぞ皆様のご意見をお伺いする次第です。皆様が苦労してお暮しのこと、私にはよくわかります。ですから何も遠慮することはありません。皆様のお気持ちをお知らせください。私の考えがまちがっておるかもしれませんが、皆のところへ行ってこの世を終わりたいと思っているのです」（一九九六年一一月）

空港での別れ際、「身ひとつになったら日本に来ればいい」と言ってくれた由美子さんの言葉に全部を委《ゆだ》ねたい、という気持ちが湧いて来たようだ。これは確かに甘えであった。由美子さんも勇氏も驚き慌て、それがいかに現実離れした考えであるか、懸命に武廣氏を諭した。五〇年近く離れていたという現実は何より重たいことを強く訴えると武廣氏はすっかり観念し、陳謝の手紙をすぐに書く。

「虫の良いことを考えたように思われますが、昨年由美子と別れた時の言葉が心の底に残っておりましたので、あのような手紙を書きました。皆様に気をつかわせて申し訳ありません。お許しください。これはみんな私が悪いのです。腹を立てたり又うらむなど、そんなことはひとつも思っておりません。ただ、皆様に大変な気をつかわせ申し訳ありません。心からおわび申し上げます。」（九七年一月）

そして手紙の最後の歌に、淋《さび》しさの消えない気持ちを表した。「雪が降る　冬が来た　しばれの

きびしい雪が来た　冷《つめ》たい心をまだ冷《ひ》やす　きびしいしばれの冬が来た」

老境に突如生じた日本への接近は、張りつめていた精神のどこかを溶かしてしまう副作用ももたらすことになった。それは武廣氏だけに限ったことではない。武廣氏は九七年四月に二度目の一時帰国を行う。以後、一年半から二年おきに日本を訪ねることが最大の生きがいになっていった。

九〇年代、ロシアは混乱が続いた

一九九七年は日本とロシアが最も接近した年のひとつである。

この年の一一月、エリツィン大統領と橋本龍太郎《はしもとりゅうたろう》首相の日露首脳会談がクラスノヤルスクで行われた様子が広く報道された。

会談の前、武廣氏のもとには、数々のメディアが取材に訪れた。日本のマスコミの他、クラスノヤルスクの新聞にも登場し、カンスクのテレビ局でも放映された。

「私の考えでは、ロシアに残った日本人がどういう暮らしをしているか興味があるのだと思います」（九七年一〇月）

会談では日露両国の経済関係の発展も打《ぶ》ち上げられたが、ロシアの状況は一向に好転しようとしない。九八年にカンスクを訪れたことのある商社マンは、町の雰囲気は殺伐として、立派な鉄道駅は電球が不足していて真っ暗だったと、社会主義から資本主義へ転換した混乱の情景を語ってくれた。

武廣氏の手紙も一般市民の厳しさを伝えるようになってくる。二〇〇〇年までの主な内容を見てみよう。

「貧之なロシアでは労働者は働いても満足に金はもらえず、品物は段々高くなる寂しい正月を迎え

なければなりません。孫息子も軍人ですが、満足に給料はもらえない状態です」(九八年一月)
「雪は昨年より半分少なく、労働者は働いても満足に金はもらえずストライキをしているところもあり、ウラジオストクなどは飲み水はなく困っているし、又部屋は暖房があっても五度から一〇度ぐらいで人民は非常な困難をしているようです」(九八年二月)
「私は今四人暮らしでです。私と孫息子と嫁とひ孫です。誰も今、働いていません。孫息子は昨年一二月いっぱいで軍隊を止めさせられ、嫁も三月いっぱいで会社がつぶれたので、仕事がなくなりました。孫息子は今仕事を探しています。警察官になるかもしれません。……ロシアは働いても金がもらえず、失業者が多くなりとくに若者たちが多いようです」(九八年六月)
「今ロシヤはいちばん悪い時期ではないかと思っています。学校の先生や病院の医者、看護婦たちは月給をもらえず、学校の先生たちはストライキをしています。断食をして死んだ先生もあります。炭鉱で石炭を掘っている人たちも給料をもらえずストライキ。あるところでは鉄道線路に座って汽車を通さなかったりしていたところもあります」(九九年二月)
「バルカン半島の戦争はもう少しで終わると私は思います。人がたくさん死んでいますがどうすることもできません」(九九年五月)
「バルカン半島の戦争はもう収まるようです。……今、ロシヤの国はまた内閣が変わりました。日本の国では憲法で軍人は政治にかかわることはできないようになっているでしょう。ロシアの国は今の内閣は軍人です。少しずつ悪くなってきています」(九九年七月)
「今はガソリン不足の為にタダのバスが無いので、郵便局まで往復四ルーブレ支払わなければなりません。……暴力団がモスクワの大きな家を爆発させたり、何十人と死者を出し一〇〇人以上もケガ人を出しています。こういう状態ですからモスクワはじめ、大きな町に住んでいる人たちは安心

して寝ることができないのです」（九九年一〇月）

「〔九九年〕一二月三一日にエリツィンが退職をし、その席に着いた人はプーチンという人です。軍人で大将です。この人が三月二六日の選挙の日までふたつの役目を務める事になっています」（〇〇年二月）

画期的だった軍人恩給の支給決定

武廣氏の手紙は、畑の作物の出来具合、ひ孫が「コンニチハ」と日本語で話した、ひまなときには唄《うた》を作っている……など身辺雑記的な内容が大半で、抑留体験に関しては緘黙《かんもく》状態というくらいに語っていない。一七九通の手紙のなかでそれについて触れたのは、先に挙げた、シベリアに送られた日のこと、タイガで働いている最中、人事不省になって倒れた日のことくらいである。

ところが、一九九九年二月の手紙には、非常に重要なことが伝えられてきた。

「昨年日本から帰った後、自分の一生を書いてみようと思って書き始めました」と言ってきたのだ。

「一九四三年、昭和一八年から今までに私がやってきたことを。今昭和二九年の九月迄書きました。私の思い出、字を書くのでなかなか思った通り書けません。でもこの続きも書くつもりです。これが全部書き終わったら、複写して送るつもりですが、ちょっとあてにならないと思います」

昭和二九年（一九五四年）九月は、日本への帰国を諦《あきら》め、ソ連の国籍を取得する手続きをしていた時期だ。その後も書き続けていたようで、永住帰国者の近藤孝子さん（序章）は一緒に北海道に行った時、「今、自分の人生を書いているんだ」と打ち明けられたという。それこそ、読みたい、読むべき原稿である。

しかし勇氏の所にそのような原稿は届いていなかった。一時帰国にも何度か同行した孫娘エレーナに頼んで家捜しをしてもらったが、日本語の紙の束は見つからなかったと言う。ロシアでは誰かが亡くなると、その人の所持品はあらかた燃やしてしまうのが慣習だ。シベリア民間人抑留者自身による貴重な読み物は、灰に帰してしまったのだろうか？　とてもとても残念だ。

二〇〇〇年、武廣氏の身に新たな動きが起きる。武廣氏は終戦前の二年間軍隊に所属していたのだが、軍歴を持つ武廣氏には軍人恩給を受け取る資格があると協会側が判断し、動き始めたのだ。この時期、小川氏たちは戦後処理の責務を明確にさせるべく、軍歴をもった残留者に対して国はきちんとした補償をすべき、との要求を打ち出すことに主眼を置いていた。

代理申請人を小川峡一氏としての軍人恩給請求の手続きは、猛烈に手間暇のかかるものだった。資料として手元に残っている書類だけでも現在戸籍、関連する除籍、戸籍附表、意見書、事件本人の旅券、身分証明書、身分関係登録書、写真、軍歴の証明、兵役関係を示す戦友の証明書、終戦後の履歴作成における根拠などの膨大さである。その内容に少しでも疑義があれば援護局から差し戻され再進達を要求された。

この作業の最中、武廣氏は自分が自己意思残留者と認定されていることを知った。同時に、ここで由美子さんが離婚せずに戸籍を残し、自分の戸籍は江別にあることも初めて知ったのである。それまでお互いはっきりしたことは聞かなかったし、言わなかったということなのだろうか。手紙にはこんなふうにある。

「私の国籍は江別にあったとのこと。由美子は私の籍を外すと言っていましたが、外さないでいてくれたのですね。これも又由美子のおかげだと心から感謝しております」（〇〇年八月）

これにより、軍人恩給支給の絶対条件である日本国籍を有していることは明確になった（もし除籍となっていたら、裁判所を通して就籍手続きをしなければならない)。ソ連国籍取得に関しては、社会活動をするためにはやむを得ない選択であって、到底任意の意思によるものであったとは言い難く、ソ連国籍の取得によって日本国籍を喪失しないとの審判を申し立てる準備が整えられたことになる。

約一年に及ぶ奔走の末、ついに支給が裁定され、二〇〇一年六月に総務省恩給局から「恩給証書」が発行された。「これは画期的な出来事だ!」と、小川氏たちは快哉《かいさい》を叫ぶ。支給される金額は一時金として四万ドルで、死去するまで毎年一〇〇万円以上が支払われるという、武廣氏にとっては今までにないほど大きな額である。

武廣氏は一時金の一部を由美子さんに渡すことにした。二月の手紙には由美子さんと玲子さんに対して少しでも責任を補うことができたので、心が少し穏やかになったとの記述がある。玲子さんはこのように教えてくれた。

「軍人恩給は一時金を分けてもらいました。勇さんが処理をして、一時金の中から振り込んでくれました」

その年の八月、協会から派遣されたシベリア担当者が一時金の半分(二万ドル)を持って武廣氏のもとを訪れ、一〇月に一時帰国をした折には残りの半分を手渡された。

「私たちは小川さんのおかげで着物、履物を始め、必要な物はみんな買い、車も新しいのを買いました」(〇二年一月)

「江別に対しては、私の責任は死んでもおぎないすることはできません。この度幸いにも少しでもおぎないすることが出来たので、少し心が穏やかになった次第です」(〇二年二月)

暮らしは楽になり、家も新しく建て替えることにした。由美子さんもこれまでの自分の労苦が少しは報われた安堵《あんど》感を覚えたのではないだろうか。

煩悶

二〇〇一年、〇三年、〇四年と、八〇歳を過ぎた武廣氏の生き甲斐《がい》は日本を訪れることであった。日本では勇氏たちが世話をしてくれる。カンスクでも娘や孫たちが大事にしてくれる。軍人恩給のおかげで、経済的な苦労はしなくてもすむようになった。それでも埋まらない淋しさが募ってくることを訴え始める。

「もし、もしですよ。私が日本に帰るとしたら、私の住むところがありますか？　この間八〇歳以上の人が永住帰国したという報告を読み、私も皆のそばに行きたい。みんなの所に行って一生を終わりたいという気持ちになったのです。私の気持ち、わかってもらえますか？」（〇五年二月）

「私はなに不自由なく暮らしておりますが、ただ一つ淋しい事です。これも仕方がありません」（〇五年三月）

当時、東京に住んでいた勇氏の長男・健一《けんいち》氏は、自分の住まいに武廣氏を泊めたことがある。「日本に帰りたいけれど、帰ったら皆に迷惑をかけるのでは……」という悶々とした思いを感じ取っていた。

「日本への郷愁は強いものがありました。でも樺太で生まれ育って一度も日本で暮らしたことがないのですから、日本らしい富士《ふじ》山などを見ても懐かしさは湧いてこないわけです。北見に行って私の父と話すことをいちばんの楽しみにしていましたが、北見そのものはなじみがない。だから行きたいところも別にないわけで、それは可哀そうだなと思いました」

今はみんな諦めてシベリアで一生を終えることに決めたと言うのだが、心のどこかは諦めきれていない。自分の本当の人生とは何だったのか、〝幽霊〟から〝生者〟に変わった瞬間から、手放してしまったもう一つの人生への未練と悔恨が生まれ、しばしば自分をさいなます。それを起こした戦禍に怒りを覚えるには、年をとりすぎてしまった。諦めるしかないと言う。

家の中では、武廣氏の恩給を当てにして仕事を辞めて、気ままにペンキ塗りなどをしているマリヤの夫が大きな顔をしている。それが不満でたまらないのだが、面と向かって文句を言う元気もなく、このままがまんして暮らすしかないとこぼすことも多くなってきた。マリヤも武廣氏を〝大事にして〟、仕事は何もさせてくれない。

「心から話し合う人がいないので、本当に淋しいものです。毎日自分でつくった歌をひまさえあれば歌っています。時には泣いているような時もありますがこれも仕方ありません」（〇六年一一月）

手紙の中身は畑の作物の出来具合やシベリアの気候のことが主になり、ほかに書くことがないのか、びんせん一枚だけというときも珍しくなくなった。

〇六年四月は最後の一時帰国になり、戻ってきてから日本でどこに行ったか皆忘れてしまったと嘆いている。持病の糖尿病のため毎日インシュリンの注射を打ち、文字も乱雑になってきた。そんななかで九月には、玲子さん宛てに親心のこもった手紙を送るのだ。

「お便り有難う、八月二六日発のお便り九月九日に受け取りました。今日は玲子の誕生日でもう六〇歳にもなったのだと心から驚いています。玲子と別れた時は玲子が八ヶ月でした。あれからもう六〇年もたったのだとちょっと考えられませんね、五月に由美子、玲子に手紙を出したのですが何の音沙汰もありません。何か変わったことがあったのではないかと心配しています。……もし変わったことがあったらお知らせくださいね、めんどうでも。」

最後の手紙

あるとき、武廣氏は父親が出てくる夢を見た。

「私が夢でお母さんを見、その後を私がついていこうと思って二、三歩行くと横の方からお父さんが出てきて、〝武、お前どこへ行くのか？〟とお父さんに止められました。そして夢は覚めました。お父さんはまた私を守って下さったと私は思っています」（二〇〇六年七月）

父親はこれまでもちょくちょく夢に現れて、自分を助けてくれたという。自分の取るべき道を教えてくれたというが、気になるのはこんな告白である。

「私のとった道が正しかったかどうかは私には分かりません。ただ、お父さんが夢で教えてくれた道であるので、その通りに取った道なのです。由美子、玲子たちには申し訳がないけれども、二人には心から私のとった道を深くおわびしています」（〇五年五月）

日本に帰るかシベリアに残るか、迷い悩んでいた時、夢に現れた父親が残る道を示したので、心を決めたということか。帰る、残るの選択のなかで身を引き裂かれる痛みに耐えねばならなかったのは、武廣氏だけではない。

その後は好不調の波が交互にやってきて、日本に行くことを支えに頑張り続けた。

「体の調子は前よりも良くなってきております。この調子でいけば、一年後にはまた日本に行くことが出来るかもしれません。できる事を祈って頑張るつもりです」（〇六年一〇月）

〇七年になると急性肺炎を起こし、セキの止まらない日がでてくるようになったが、秋の一時帰国に参加するため身体を整え続けていると、最後の力を振り絞る。

一七九通の最後の手紙は〇七年四月二三日に書かれ、五月四日に届いた。

「今年は一時帰国は九月頃になるようですが、今の所は書類は出してありますが、行けるかどうか今の所ははっきり言えません。あまり遠い道なのと毎日「インスリン」の注射等で、その外色々と体の具合がどうなるかわからないし、今の所帰国する自信がありません」

五月一九日朝、糖尿病悪化のため自宅で死亡。八五年に及ぶ日露の旅の終点は、シベリアの大地の上に建つ、妻ダーシャの墓の隣であった。

由美子さんの死、長い戦後の終わり

武廣氏の死去は日本サハリン協会に通達され、勇氏、勳氏などのきょうだいと由美子さんに知らされた。死亡届を受け取った玲子さんは「軍人恩給も出て、大きな家も建てたというし、よかったな」と淡々と受け止めた。玲子さんの夫が何度か厚労省に問い合わせを行い、六月二九日に由美子さんの届出により除籍となる。武廣氏の死去により、由美子さんには遺族年金が支払われることになった。

勇氏もその後死去したが、几帳面な人柄だったおかげで、一七九通の手紙は古い順に破損なく収められた。健一さんが送ってくれた段ボールを開けると、それまでだれも読み返さなかった手紙が息を吹き返し、武廣氏の実在が迫ってくるように感じられた。

武廣氏の妻・由美子さんは、生前武廣氏とのことをほとんど何も語っていない。家族以外に自分の経歴について知られることもかたくなに拒み続けた。

「だから申し訳ないけれど、これ以上の協力はできないんですよ」と、謄本などを取り寄せて送ってくれた玲子さんの夫は、私のさらなる要請に対して由美子さんの気持ちを代弁した。武廣氏は一時帰国の度に玲子さん宅を訪れ、みなで外で食事もした。武廣氏は謝り続けたが、由美子さんはそれをどう受け止めていたのだろう。写真に残る表情は静かで穏やかである。

最晩年、由美子さんは施設に入居したが、そこにかかる費用は武廣氏の遺族年金が大きな支えになったという。「それは感謝しています」と玲子さん。二〇二三年一月二九日、由美子さんは永眠した。

九六年という武廣氏以上の長い旅を経て、やっと自身の戦後を終えたのだった。

第二章

“再会”という苦悩、女たちの抑留

——木村鉄五郎（シベリア）

1960年頃の木村鉄五郎

木村鉄五郎　略年譜

1920年	9月1日	北海道亀田郡銭亀澤村に生まれる
		樺太白縫村真縫に移住　学校卒業後トラックの運転手
1945年	3月	阪口美代子と結婚
1946年	8月	美代子と共に密航を決行するがソ連警備艇により発見、逮捕
		2年の実刑を受け、シベリア・カンスク収容所へ
		美代子は豊原刑務所で長男哲郎を出産
1947年	10月	美代子釈放され、哲郎と函館に引き揚げる
1948年		鉄五郎釈放、カンスクの木工場で働く
1953年		鉄五郎、アンナと結婚、連れ子3人、1男1女を儲ける
1968年		アンナ病死
1975年	4月	エンマとの婚姻届提出
1993年	3月	消息判明
1994年	8月	一時帰国　日本の妻子と再会
		その後2003年まで一時帰国を6度重ねる
2009年	5月20日	死去、享年88

※妻・阪口美代子、長男・哲郎は仮名
また、ニーナの父称も匿名とする

「奥さんに会いたい」

木村鉄五郎《てつごろう》氏は甘いマスクの、なかなかダンディな男性である。

カンスク市内を何度か引っ越しているが、一九九五年テレビクルーが取材に来た時は、エレベーターなしのアパート八階の一DKの部屋に、妻のエンマと暮らしていた。

「日本サハリン協会」が保存している「同胞についての調査票」には、鉄五郎氏の概要はこう記録されている。

生年月日は日本の戸籍では「一九二〇年九月一日」。ロシアのパスポルトでは「一九一八年九月一日」。ロシアの方はどこかの時点の聞き取り調査で間違えてそう記されてしまったもので、この程度の間違いは珍しいことではない。

以下、「肉親と手紙のやり取りをしているか?」の問いには「ありません」

「戦後日本を訪問したことがあるか?」には「ありません」

「今まで日本への訪問希望をどこかに出したか?」「出しませんです」

「日本語の読み書きができるか?」「大変わすれました」

一九九四年、カンスクにいることが分かった翌年に行われた問いと答えである。

余白には「奥さんに会いたい」という聞き書きのメモが残っている。

鉄五郎氏については引揚者からの情報でシベリアにいることが伝わるくらいで、家族に宛てた手紙もなく、他の消息は一切分からないままだった。あるとき突然に現れて、日本の妻と子に再会できたのは奇跡と言える。戦争による断絶は、再会によって埋められるほど浅くもないし単純でもないものであることが、この後明らかになってくる。

「日本の妻と子どもに会うため、父が初めて日本に行くとき、母は父に自分の心の命じるままにしなさいと言いました。母は父が日本の妻と息子にずっと罪悪感を持っていて、彼らに会わなければならないことを知っていました」

そう語るのは、鉄五郎氏の義理の娘ニーナである。ニーナは鉄五郎氏の再婚相手エンマの娘で、鉄五郎氏と共に何度も日本を訪れ、日本の妻子とも交流した。日本の知り合いは皆「木村ニーナ」と彼女のことを呼んでいる。

敗戦後、北海道に密航の決意を固める

鉄五郎氏が生まれた亀田《かめだ》郡銭亀澤《ぐんぜにかめざわ》村は、現在の函館《はこだて》市東部の海岸に近い地域である。

生家は少し複雑な事情を持っていたようで、父親の吉五郎《きちごろう》氏と母親のキミさんは事実婚のなかで鉄五郎氏の姉に当たる娘をもうけた。正式に婚姻したのは鉄五郎氏が生まれて間もなくだった。きょうだいは、姉のほかに弟の鉄雄《てつお》氏（一九二一年生）と妹のキソさん（一九二三年生）の四人である。一九二六年一一月に母親キミさんが死去すると、子どもの鉄五郎氏たちは吉五郎氏の義妹・キネさんのところに預けられた。キネさんは自分の子どもと分け隔てなく、親身になって鉄五郎氏たちを育ててくれた。鉄五郎氏は周囲で評判になるくらい頭がよくて礼儀正しい子だったという。

吉五郎氏は別の女性と再婚。その再婚相手と鉄五郎氏たちを連れて、一九三一年頃に樺太に移住する。木村家でどのようなことが起きたか定かではないが、吉五郎氏は樺太に行くと言ったきり、その後は親族と一切連絡を絶ってしまった。渡樺後は、樺太中部の白縫《しらぬい》村真縫《まぬい》に居を定めると漁業を生業《なりわい》にして一家を養っていく。

鉄五郎氏は真縫高等小学校を卒業後、一六歳のとき恵須取《えすとる》に出て車の運転の仕事に就いた。恵須

取に出るまでは、家で父親の漁の手伝いをしていたのかもしれない。

四三年には召集され衛生兵として陸軍第七師団に入隊したが、戦地には行かないまま翌年樺太に帰ったようである。

四五年三月、阪口美代子《さかぐちみよこ》さんと結婚をする。鉄五郎氏二五歳、美代子さん一九歳だった。新婚と言っても外に出れば道の端と端で離れて歩くような時代で、新婚気分を味わうには遠慮が先に立って甘い思い出はないと美代子さんは述懐している。

八月にソ連侵攻、敗戦。その混乱が鎮まると、鉄五郎氏はソ連軍に接収されたコンビナートでの労働を命じられた。

四六年三月、継母が病死する。鉄五郎氏は病に臥した継母の世話をよくしたそうだ。

ソ連の工場は給料をまともに払おうとしなかった。ここにいてもこき使われるだけという気持ちが強まり、親族や知り合いと共に北海道への脱出計画を練り始める。四六年八月に、真縫の海岸から船を出すことに皆が合意した。

鉄五郎氏はシベリアへ、妻は刑務所で長男を出産

決行日の夜、父・吉五郎氏、鉄五郎氏、妻・美代子さん、妹・キソさんという当時家にいた家族全員が、発動機付きの木造漁船に乗り込んだ。弟の鉄雄氏は徴兵で海軍兵として横須賀《よこすか》に入団していたが戦地にはいかぬまま終戦を迎え、戦後は函館に住む叔母《おば》のところに寄宿していた。

木村家と隣家の家族、総勢一二人が深夜真縫の浜を出航。

以下は、鉄五郎氏が「日本サハリン同胞交流協会」関係者・田中辰巳《たなかたつみ》氏に語った密航体験である。

「仲間と北海道に密航を企てたんです。ようやく北海道がうっすらと見えてきた頃に、飛行機の爆

音が聞こえるんです。雲の多い空でした。何処の飛行機だろう、アメリカの飛行機だろうか？ロシヤのだろうか？　と言って見えない飛行機の影を、みんなで探していたんです。所が突然、機銃掃射をうけたんです。怖かったよ。そして、アッという間にロシヤの警備艇がきた。その船足の速いのには驚いた。今まで見た事もない速さなんです。一瞬の出来事のような気がした。全員が警備艇に移されて横に並べられる。

これで銃殺だなと、と一瞬思った。美代子さんに、済まないとも思った」（「シベリヤに残されて五十年」田中辰巳・私家版）

機銃掃射で攻撃された時は、弾が頰をかすめるという瞬間もあった。けがをした人も二人いた。捕まった時のことを、美代子さんはテレビ番組のインタビューの際にこう語っている。

「警備艇の中で、私は再婚しない、札幌《さっぽろ》で待ちますと言いました。星のきれいな晩で、何かあったらお互いに星を眺めましょうねと〔鉄五郎氏が〕言って、それが最後の言葉でした」

このとき美代子さんは妊娠しており、鉄五郎氏もそのことは知らされていた。

全員が逮捕され、鉄五郎氏と吉五郎氏は二年の刑を言い渡されて船でウラジオストクへ。鉄五郎氏はハバロフスクに送られ、シベリア鉄道によってカンスクの収容所へと運ばれる。吉五郎氏もハバロフスクからどこかの収容所に送られた。それきり父子は生き別れとなる。ずっと後になり、吉五郎氏はタシケントの収容所で死んだことを風の噂で耳にする。

同じように警備艇で拘置所に運ばれた美代子さんは、女性ということで量刑は一年となり、豊原《とよはら》の刑務所に収監された。キソさんは真縫に帰された。

豊原刑務所で服役中、美代子さんは男児を出産。哲郎《てつろう》と名前を付けた（生年月日については、調査票に昭和二一年生まれとだけ記載されている）。

一九四七年、美代子さんは釈放され、その年の一〇月三日、真岡《まおか》から徳寿丸《とくじゅまる》に乗って乳飲み子の哲郎さんと共に函館に引き揚げる。そのまま実家に身を寄せたが、実家はたくさんの弟や妹たちがいる家だ。赤ん坊の哲郎さんだけでなく、一〇人きょうだいの長女として、美代子さんは働かなければならなかった。建設現場、開拓農家、理髪店……、働ける場所があればどこへでも行って日銭を稼いだ。鉄五郎氏が帰ることを支えにしていたが、シベリアに連れていかれたとの情報が帰還者からの聞き取りをもとにして役所から伝えられるだけで、それ以上のことは分からない。

一九五六年に厚生省が全国的に行った「引揚者在外事実調査」の調査票には「木村美代子」と記して、調査票の備考欄には「父・木村吉五郎、夫・木村鉄五郎」と名前を載せて、「昭和二一年真縫沖よりみっこうし《ママ》て、未引揚。二一年一〇月頃シベリアへ送られた後不明に」とある。

たった一人の日本人の収容所

カンスクの収容所で、鉄五郎氏が入れられたところは、ロシア人とドイツ人の罪人ばかりの宿舎で、日本人は鉄五郎氏だけだった。「右を見ても左を見ても、何もわからないんです。一人ぼっちで寂しかった。悲しかった」と、その時の心境を語っている。

周りから聞こえる言葉で知っている言葉は一つもない。耐えがたい孤絶感のうえに、伐採した原木を担ぐという苛酷な労働がのしかかる。肩の皮は破れて血は流れ、足元は空腹のためふらつき続けた。

鉄五郎氏を救ったのは、その容貌《ようぼう》だった。収容所の事務職のアンナというロシア人女性が、ハンサムな鉄五郎氏に一目ぼれしたらしい。職場でかなりの権限を持っている女性だったので、鉄五郎氏を外のきつい労働から屋内の清掃の仕事に回すよう取り計らってくれた。他にもいろいろ親切にしてくれて、鉄五郎氏がラーゲリを生き延びることができたのは、その女性の〝恋心〟のおかげである。

一九四八年には出所となるが、収容所を一歩出れば全くの見ず知らずの土地である。行き場はどこにもなく「ここにおいて暮らさせてほしい」と所長に懇願したのだが、刑期を終えた者は収容所に置くことはできないと拒絶された。それからあとのことは、次のように田中辰巳氏に語っている。

「〔所長さんは〕〝出所したら街に行きなさい、駅の近くに警察署があるからそこに出頭すると身の振り方を教えてくれるから〟と言って地図を書いてくれたんです。パン一個、塩鰊一匹と二五〇ルーブルのお金を貰って出所したが全く分からない。日本人が一人もいないんです。心細かった。そこでじっと考えたんです。答えが出た。働く姿をしている人は、家路に。綺麗な姿をしている人は旅路に。私は綺麗な姿をしている人の後ろに付いていったら、駅も警察署もわかったんです。

早速警察署に出頭したら〝担当者がいないから明日来るように〟と言われたんです。又困った。泊る所がない。思案に暮れて駅の近くをぶらぶら歩いていたら機関車に給水をする建物があった。そおっと中を覗いて見ると誰もいない。そこで一夜を明かす事にしました。パンを食べて、塩鰊を食べたら喉が渇いて水が欲しくなった。あちこち探してようやく空のビンを見つけた。それをきれいに洗い、コップの替わりにして水を飲んだ。

少し経つと、建物の前を、日本人みたいな人が通る。思い切って声をかけると韓国人であったが日本語ができるんです。

嬉しかった。本当にうれしかった。二年振りに聞く日本語だもの。〝お腹が空いている〟と言うので、残っていたパンも塩鰊も、全部食べさせた。私と同じように刑を終えて、別の収容所から出所したと言うんだ。

お互い不幸な運命を、涙を流しながら語り合っているうちに夜が明けたんです。一緒に警察署に出頭したら、木工場に連れて行かれて、此処に就労が決まったんです。住む部屋を与えられたが、寝るふとんは袋だけ。これに干草を入れて使えと」（「シベリヤに残されて五十年」、ここで手記は「私たちは鉄五郎さんのお話をここまでしか聞けなかった。傍らにいるニーナさんが話しかけてくるんです」と、唐突に終わってしまう）

ロシアに残る

カンスクの木工場では、自動車、トラックの修繕工として働いた。この本に登場するカンスクの残留者は、皆木工場で働いている。当時木工場では労働力を必要としていた。大きな工場なので、所轄が違えば会うこともなく、日本人同士の交流は同じ部署や同じ寮では行われていたもののそれ以上は広がらなかったようだ。

ここで、鉄五郎氏は四歳年上のアンナ・ウラディコという女性と暮らし始めた。収容所でなにくれと世話をしてくれた、あのアンナである。「親切にほだされて結婚したんだ」と、一時帰国の時に従姉妹《いとこ》の賀川節子《かがわせつこ》さんに語っている。

アンナは夫を独ソ戦で亡くし、一人で三人の子どもを育てていた。アンナとの間には男の子と女の子が生まれ、鉄五郎氏は五人の子どもの父親になった。

もう帰れないと思っていた日本に帰れると役人に告げられたのは、一九五四年の二月頃である。日ソ両国赤十字による引き揚げ実施の日程が間近に迫っているなか、あなたは日本に帰ることができるが、帰る意思があるかどうかと、役人は確認に訪ねてきた。この時、鉄五郎氏は苦悶の末、残ることを決めるのだ。

〝発見〟されてから、鉄五郎氏はなぜ帰らなかったか、いろいろな場面で尋ねられるのだが、そのたびに自分を責めながら、こんなふうに語っている。

「何といったら……、ロシアの妻と子がかわいかった。日本の妻もかわいそうだった。でもシベリアに子どもたちを残すことは可哀そうでとてもできなかった。なんて馬鹿な心掛けだったのか……」

「女の人と子どもがかわいそうになり、帰ることができなかったのです。心は苦しいよ」

二人の実子は乳飲み子と二歳である。目の中に入れても痛くない存在だった。

木村ニーナはこの時のことを鉄五郎氏からこう聞いている。

「一九五四年、美代子さんからの手紙が来ました。でもアンナはその手紙をすぐには父〔鉄五郎氏のこと〕に見せなかった。アンナは彼が去ってしまうことを恐れたのです。父が手紙のことを知った時、アンナは自分一人で子どもたちを育てることはできないので離れないでくれと、泣きながら彼に懇願しました。彼は子どもたちと離れることができませんでした。そして彼は美代子さんのもとに帰れなかった自分を、一生許すことができなかったのです」


美代子さんが出した手紙は、哲郎さんが小学校に入学したことを知らせるものだった。引き揚げてきた人から鉄五郎氏の健在を知り、カンスクに手紙を出したことを、ある取材で語っている。鉄五郎氏は返事を書かなかった。書けなかった。

美代子さんは、幼い哲郎さんが「父さんが欲しい」と泣くたびに「いつかきっと帰って来るからね」と言って聞かせた。自分でもその思いは消えず、引き揚げ一〇年目に自分は人妻であることは間違いないからと、結婚指輪を購入する。手紙の返信はなく、その後の情報もないままに年月は過ぎていく。やがて〝父さん〟という言葉が哲郎さんと美代子さんの間で出てくることはなくなった。木村家でも皆が諦めの心境を深めていた。「兄貴はシベリアに行って死んだのだろう」と鉄雄氏が発しても、否定する人は誰もいなかった。

鉄五郎氏生存の最後の記録は、厚生省が五八年に作成したソ連本土の未帰還者名簿にある。記載事項は「一九五七年七月カンスク木工場、妻ソ連人子二、元樺太白縫村運転手」。「子二」とは実子のことを言っていると推測する。

その後、はっきりした年月日は不明だが、鉄五郎氏は自己意思残留者と認定された。留守家族である美代子さんにそのことが通知され、美代子さんが旧姓の阪口に戻ったのはこの後と思われる。

ヴォルガ・ドイツ人、迫害の歴史

日本に帰らないことを決めた鉄五郎氏は、ソ連国籍を取得した。

アンナのウラディコを自分の姓にして、婚姻届も「テツゴロ・ウラディコ」で提出。

その後、アンナとの家庭生活はうまくいかなかったようだ。別居をして、子どもたちとも疎遠になった。一九六八年、アンナが病死し、二人の実子は親戚のもとにいってしまう。アンナとの結婚生活について話すことを鉄五郎氏は嫌い、「二人の子どもも父親を邪険に扱いました」とニーナは言う。長男は二四歳で亡くなり、長女とも交流らしい交流はなかったようだ。

一九七〇年頃、鉄五郎氏はエンマ・ペドロヴナ・シュタング（一九二三年生）と一緒に暮らし始める。エンマは建築関係の仕事に就いていて、古くからの友人の一人だった。

一九七五年四月二九日、二人はカンスク市役所に婚姻届を提出して、正式の夫婦になる。そのエンマの連れ子がニーナで、少し東洋系の顔立ちをしている。ニーナの父親は、キムという朝鮮人である。

「話を明確にするために、私の母について少し説明します」と、ニーナは自分の両親の歴史について説明してくれた。

母親のエンマはヴォルガ地方サラトフ州ヤーゴドノエ村出身のドイツ人。若いころに生まれ育った村から追放され、クラスノヤルスク地方に抑留されたという体験を持つ。

ロシアの歴史に少しでも明るい人なら、これだけでエンマが一八世紀から一九世紀にかけてドイツからウクライナに移住してきたヴォルガ・ドイツ人と呼ばれる人々の末裔《まつえい》であり、スターリンによる迫害を受けた世代であることを把握するだろう。スターリン時代、ソ連領に住むドイツ系の人々はほぼ全員住まいを追われ、西シベリア及びカザフスタンに強制移住をさせられた。その際、虐殺、収容所への抑留などによって多数が命を奪われた歴史の傷を負っている。エンマの故郷、ヤーゴドノエ村もドイツ人入植地として一八八五年に誕生したが、四一年八月二八日、住民は全て移送させられ閉村となった。

追放されたエンマの一家は離散状態となり、兄姉たちの行方も知れなくなっていた。エンマは一九五〇年、クラスノヤルスク地方からカンスクに送られる。そこで出会ったのが、ニーナの実父キムだった。キムのことをニーナは日本の占領下にあった朝鮮からロシア沿海州に亡命してきた人物だと語っている。スターリン政権下の一九三七年、沿海州に住む朝鮮人も全てソ連各地に移住を強いられる迫害を受けていた。

自分の出生についてニーナはこう語った。

「一九五〇年から五二年にかけて、カンスクで母は私の実の父、キムと出会いました。彼はとてもよい人で、母はいつもそのことを話し、覚えていました。

一九五五年に釈放された時、キムはどこかの地に強制退去を命じられました。彼はエンマに自分と一緒に行くことを望みましたが、その時エンマは行方不明になっていた兄や姉の居場所を見つけて、連絡が取れるようになったばかりでした。再び肉親を失うことを恐れた彼女はキムの申し出を断るしかなかった。彼女はその時すでに私を妊娠していることを知りませんでした。そして私は五六年三月二〇日に生まれました。その年の四月、母と私は抑圧者の扱いから名誉回復をして社会復帰を果たしました」

ニーナの出生証明書の父親の欄は空白である。しかし、その父称はキムの名を継いだニーナという赤ん坊が、二つの迫害を越えた出生であることを証明している。

1980年頃。エンマと木村鉄五郎、松林で

その後、エンマは一人でニーナを育ててきた。鉄五郎氏と一緒に暮らし始めたのは、ニーナが一三歳のころ。婚姻届を出したとき、鉄五郎氏はニーナとの養子縁組の手続きを行わなかった。当時のニーナは一九歳で十分大きくなっていたので、養子にする必要を覚えなかったのだろう。ニーナと鉄五郎氏の間に親子の証明がないため、現在役所に保管されている鉄五郎氏の記録は取得すること

ができないままでいる。とても残念だ。

日本人のイワンと呼ばれる

ニーナと私はメールでやり取りをしたのだが、最初に来た返事は「私の父、木村鉄五郎の歴史に興味を持ってくださってうれしいです」という感謝のことばだった。そして、エンマとの暮らしが深い信頼で結ばれていたことを伝えてきた。

「鉄五郎は本当にやさしくて愛情深い夫であり、父親であり、後には私の子どもたちをとても愛する祖父になりました。彼とエンマは約四〇年間一緒に暮らし、お互いをとても愛し、尊敬していました。父〔鉄五郎〕は母〔エンマ〕をとても愛していました。彼は彼女なしでは生きていけませんでした」

いちばん詳しく語ったのは、鉄五郎氏がどれほど勤勉で、町の人から頼りにされていたかという、誇らしい父親の姿である。

「彼は何事も自分で勉強し、理解し、より良いものを造ろうと思っていました。彼が精通していたのは、自動車整備と油圧工学です。彼は木工場だけでなく、カンスク市の他の企業でも高く評価され、尊敬されていました。しばしば他の工場の技術者に招かれ、設備の設置を手伝わされました。機械や装置の修理のスペシャリストだった父は、専門家から〝カンスクにはどんな技術でも調整できる日本人のイワンがいる!〟と言われていました。職場の人や知人は彼をイワンやワーニャおじさんと呼んでいたのです。父は多くの合理化を提案し、それに対して賞状、記念品、金銭的報酬もたくさん受け取りました。

近所の人も電気ストーブ、アイロン、傘、洗濯機、ミシン……の修理を頼みに来ました。父はど

左より木村鉄五郎、ニーナ、エンマ。1971年頃。ニーナは15歳

んな家電製品でも直すことができたのです。そして近所のおばあちゃんのためにフェルトブーツの履き口の隙間を埋める布巻きの手伝いもしてあげました。人を助けるのが大好きで、自分の仕事に対して彼らからお金を取ることは決してありませんでした」

異国に生きる鉄五郎氏は、日本人として恥ずかしくないよう、周囲の人に役立つ存在になるよう、懸命に仕事に打ち込んだのだろう。帰れる道はないのだからと、この地で自分の居場所をつくるための努力の様子が伝わってくる。

成長したニーナは看護師となり、大きな病院の看護師長にまで上り詰めた。七〇歳に近い今も医療機関で働いている。

「私は木村の家内です」

美代子さんも哲郎さんを育てるため懸命に働き続けた。再婚の話はあったが受け入れず、いろいろな仕事を経た末、四〇歳を過ぎてから病院の看護助手の職に就く。やっと暮らしも安定し、札幌市内に哲郎さんと住む小さな家を持つことができた。

二〇年間勤めていた病院を退職し、庭の花づくりに丹精を込める暮らしに入ったのは六五歳の時。その翌年の一九九三年四月五日、鉄五郎氏が忽然と美代子さんの前に姿を現したのだ。

その日の新聞各紙には「シベリア残留三人の日本人」として、シベリア残留邦人四人の写真と記事が大きく載った。情報提供者の報道写真家・阿部剛《あべごう》氏に関しては、佐藤弘氏の章（第三章）で詳しく語るが、シベリア民間人抑留者の取材のためにカンスクへ入ったジャーナリスト第一号である。

シベリアの三人として、前に座って笑顔を見せているのが鉄五郎氏その人。後ろには、植木武廣氏と森岡馨《もりおかかおる》氏（「未帰還者名簿一覧」に記載あり）が並んでいる。佐藤弘氏はすでに前年に日本に一時帰国をし、これまでにカンスクに住む日本人三人を捜し当てたという内容であった。

その日の夕刻、美代子さんの家に鉄五郎氏の親族から電話がかかってきた。

「鉄五郎が生きていて、五月に帰ってくるというんだ！　今更と思うけど頼むよ」と突然切り出され、訳も分からないまま「はい」とだけ返事をした。美代子さんは当時新聞はとっていなかったし、テレビもほとんど見ない生活であった。

電話を切った後「息子と顔を見合わせて、声にもなりませんでした。とうに死んでいるものと思っていましたから」（美代子さんから協会あての手紙）

哲郎さんがすぐに新聞を買いに行き、その記事を確かめた。じっくり写真を見ながら、美代子さんは自分が鉄五郎氏の〝日本の妻〟であることを名乗り出るべきかどうか、一晩かけて悩み抜いた末、翌朝決心したことを実行に移す。

新聞社に自分が鉄五郎氏の妻であることを伝え、次に教えられた阿部氏のところにも電話をかけた。「私は木村の家内で阪口美代子と言います。再婚もせず、別れたままです。逮捕のとき妊娠していたのは事実です。刑務所の中で出産しました。息子は四六歳になります……」

阿部氏はカンスクで鉄五郎氏から「毎日（日本に）帰りたいと思いつつ暮らしたが、帰ることは不可能と思って再婚した。日本の妻には一目でいいから会いたい。身ごもっていた子どもは男の子か女の子か」という訴えを聞いている。

阿部氏は美代子さんの声を受けながら、「美代子さんはこの日を待ち続けてきた」と直感し、長い別離の歳月を越えたことに喜びと悲しみと憤りを覚えながら電話を切ったと述べている。

謝罪ばかりの手紙

新聞社に電話したあと、間もなく美代子さん宅に記者がやってきた。聞かれるままに答え、話したのはほんの少しだけのつもりだったが、翌七日の北海道新聞朝刊に「木村さんの妻が名乗り」と哲郎さんと二人の写真入りで大きく掲載される。

直後にテレビ局、新聞各社が大挙してやってきた。

「それはそれは大変でした。あっという間の出来事でした。否応なしでした。矢継ぎ早に聞かれ、母も叔母もみな、あぜんとしておりました。……次から次の電話で話すひまがありませんでした。次の日から二日ほど家を空けました（逃げました）。後からのテレビ局の時は、居留守を使いました」（美代子さんからの協会あての手紙）

四月半ば、道新記者がカンスクへと取材に飛ぶ。美代子さんと哲郎さんの写真が載った新聞記事を鉄五郎氏に手渡すと「ああ、ミヨコ。これが私の息子――」と鉄五郎氏は写真を見ながら「ハーッ」と大きく息をついた。

「〝会いたい、オーチン、オーチン〟―メガネを外し、ハンカチで目頭を何度もぬぐう。ロシア人の妻エンマ・シュタングさんも読めない紙面をジッと見つめ〝新しい家族が増えたわけね〟と言っ

た」（北海道新聞、九三年四月一九日）

この時の取材は協会に無断で行われたものだったので、協会は強く抗議する。

四月三〇日、美代子さんのもとに鉄五郎氏から手紙が届いた。まさかと思ったが、字は確かに鉄五郎氏のものである。長い間日本語から離れていたはずなのに、文字面は昔と同じく端正で柔らかい書きぶりだ。何回も何回も書き直したといい、時折妙な字体の漢字が現れる。

手紙の中身は最初から最後まで謝罪と自分を責める言葉で埋められていた。

美代子さんには「バカな私を許して下さい、今ではどうすることもできません。……」

哲郎さんには「あなたに一度でよいから会いたいと思います。会いたいと思いますが、恥ずかしいと思います……」

美代子さんはテレビ取材の際に語っている。

「あやまる手紙ばっかりなんです。私は、私の方より向こうの方を幸せにしてあげてください、と返事を出しました」

カンスクは冬は零下四〇度ほどにもなると聞いた美代子さんは、毛糸のチョッキと腹巻きを編んで、これから鉄五郎氏のもとを訪れるというテレビクルーのスタッフに渡した。テレビカメラは、妻のエンマがそのチョッキを手に取り、じっと見つめている光景を映している。

協会では、鉄五郎氏の一時帰国に向けて動き始めた。

弟の鉄雄氏からは「兄はすっかり死んだものと思っておりました。……恥も外聞もなく日本への一時帰国の手続きを取っていただければ本望でございます」という手紙が届いた。〝恥も外聞もなく〟という言葉に、複雑な経緯への言うに言われぬ感慨が込められているようである。

運命の一時帰国、父子の対面

一九九三年八月には三人の抑留者の一人で、やはり日本に妻子を残した森岡馨氏が一時帰国を果たし、日本の家族と再会した。

鉄五郎氏の一時帰国はスムーズにはいかなかった。

二人に合わせる顔がないと身動きが取れない状態が続き、美代子さん側もロシアの家族のことを思うと、会うことに戸惑いを覚えて一時は辞退も考えるほどだった。

「〔鉄五郎氏が自分たちに〕手紙を書くたびに苦しんでいることがひしひしと感じられました」と、美代子さんは協会のスタッフに語っている。

エンマは、〝来るべきものが来たこと〟をできるだけ静かに受け止めようとしていた。ニーナは、エンマの態度と自分を責める鉄五郎氏を見ながら、心が疼《うず》くのを感じていた。

「ママは鉄五郎と暮らし始めた時、日本の妻のことを知っていました。鉄五郎がそのことを考えるのがどれほどつらいかも知っていました。若い女性が子どもと二人きりで残されることがどれほどつらく傷つくことなのかを知っていたからです。ママは美代子さんにも申し訳ないと思っていた。そして鉄五郎が美代子さんに会って許しを請う機会がきたことを喜んでいたのです」

美代子さんは葛藤の末、鉄五郎氏を迎えようと気持ちを切り替え、私に遠慮はいらないから、姉妹、弟に安心して会いに来るようにとの手紙をしたためる。

九四年八月、鉄五郎氏はハバロフスク空港から新潟空港に着き、次いで二〇日に新千歳《しんちとせ》空港に降り立った。空港に出迎えたのは、美代子さん、哲郎さん、きょうだいたち……。七四歳の父親は、妻と別れた後に生まれた四七歳の息子と初めて対面する。息子の哲郎だと名乗り出た男性に、鉄五郎氏は肩に手をかけ何も言えず嗚咽《おえつ》するばかりだった。

北海道新聞の記事より――

「木村さんは〝子供と妻には大変心配かけた。何と言ったらいいかわからない。うれしい〟と言葉を詰まらせた。妻の美代子さんも〝元気で再会できるとは思わなかった。ゆっくり休んでもらいたい〟と、ほぼ半世紀の空白を埋めるように、静かに肩を抱き合った。

息子の哲郎さんは〝この年になって会えるとは夢のよう。胸がいっぱいで何も言えません〟と、父と顔を見つめ合った」（北海道新聞、九四年八月二二日）

このときのことを、美代子さんは小川氏あての手紙でこう書いている。

「申し訳なくて〔日本に〕来る気持ちにはなれなかったが、あやまりに来たといい、今はどうすることもできませんが許して下さいと言われた時、思わず私は、昔のことは何もなかったことにして、私も息子に対しては同罪です。謝るなら息子にと言い、笑いながら、今は他人、でも息子には二人とも親ですから遠慮しなくて良いですよと言った」

その夜は、鉄雄氏や妹と共に美代子さんの家に泊まった。

「（哲郎が）初めて逢う、叔父、父とはすぐ打ち解けて涙したり、みんなで笑ったり、アッという間の一夜でした」と美代子さん。

次の日からは、休暇を取った哲郎さんがつきっきりで鉄五郎氏を札幌や函館などに連れて行った。昔の友達も加わり宴会を開くと、鉄五郎氏は好きだった江差《えさし》追分を朗々と歌った。たどたどしかった日本語もどんどん出てくるようになった。

美代子さんもこう伝えている。「函館の鉄雄さん宅で、鉄五郎さんの幼なじみの姉妹が歌が上手で、息子や鉄五郎さん親子もつられ、泣きながら唄っている姿、そばで見ている人達も泣きながら手を叩いて……」

鉄五郎氏が帰国したら自分の車で北海道中を案内したいと張り切っていた哲郎さんは、道東、道北まで〝父親〟を連れて走り回った。

鉄五郎氏と同じ行程で一時帰国をした人たちとの歓迎会を、協会主催で行ったときの映像が残されている。皆の前で、少しおどけた格好で歌を歌った鉄五郎氏。壇上から自分の席に戻るとき、美代子さんの後ろを通りながら、美代子さんの肩に手をかけた。びっくりして顔を赤らめながら笑う美代子さん。映像は夫婦の情のやりとりを伝えている。

九月二六日、鉄五郎氏はカンスクに戻るため千歳空港から新潟空港へ飛び立った。

「千歳で別れるときも、お互い何も言わず、強い握手で終わりました」

「千歳空港では息子と一緒だったから、涙も出なくて助かった」と鉄五郎氏も語った。

心が二つに引き裂かれる

翌年の一九九五年には、佐藤弘氏の付き添いとして木村ニーナが一時帰国（在留邦人の付き添いも一時帰国と国から認定されている）をした。美代子さん、哲郎さんもニーナを歓迎して家にも泊めてくれた。

「美代子さんは私を娘として会ってくれました。彼女の温かく優しい手、私を抱きしめてくれたことを思い出します。お風呂《ふろ》で洗ってくれたことは忘れられません」

とても良い出会いだったはずだ。

だが、その後美代子さんが鉄五郎氏を自宅に招くことはなかった。

九七年三月、鉄五郎氏はニーナを連れて二度目の一時帰国をするのだが、事前に美代子さんから今回はホテルに泊まってほしい、との要請が来る。

「二度目の一時帰国から美代子さんは積極的に会おうとしなくなった」

鉄五郎氏の従姉妹の賀川節子さんは言う。協会の小川氏あての手紙もぴたりと止まる。

ここからは、鉄五郎氏の煩悶を近くで見てきた節子さんの話である。

節子さんは、実母が死んだ後の鉄五郎氏を母親代わりに育てたキネさんの娘で、三八年生まれ。埼玉県内に在住し、長年美容師として自分の店を持ち働いてきた（二〇一九年八月二二日他界）。

二〇〇〇年四月、四度目の一時帰国で初めて鉄五郎氏が東京に来たとき、宿泊先のホテルまで訪ねていくと鉄五郎氏は「セツコ！　キネおばさんの娘だ！」と、涙を流しながら抱きついてきた。老いてもダンディな感じが残っているのが印象的だった。

「日本語が十分でないようなので、通訳を介しながら話しましたよ」

〇一年、〇三年の一時帰国の際も会い、親密になるにつれ、鉄五郎氏の心がロシアと日本に引き裂かれている様子が伝わってきた。鉄五郎氏にとって節子さんは苦しさを打ち明けられる、心やすい身内だったのだろう。節子さんは言う。

「心が二つに引き裂かれると、言ってましたね。ロシアにいれば日本を想い、日本にいればロシアを想う。胸が痛んで身体が二つに裂かれてもどうすることもできない。

自分は罪を犯したという思いでいっぱいだと、自分を責めていました。美代子さんは再婚しただろうと思っていたから、帰らないことを決めた。再婚したと思い込んで確かめようとしなかった。どうしてあのとき日本と連絡を取らなかったのだろう。取る努力をしなかったのだろうと、そのことをとても後悔していました」

鉄五郎氏の日本への帰国はエンマも苦しめた。最初の一時帰国のとき、鉄五郎氏は美代子さんから手編みのセーター、マフラー、手袋を贈られていた。荷物のなかにそれを見たエンマは、取り出すと鉄五郎氏に返し、力いっぱい背中を押した。そして「あなたは日本に帰りなさい！　私たちのことはいいのよ！」と泣きじゃくったという。

女たちのシベリア民間人抑留の足跡

ニーナは両親の気持ちをできる限り推し量ろうとしていた。

「鉄五郎は美代子さんと哲郎さんのことをいつも心配していた。エンマは鉄五郎に、自分の気持ちの向く方に決めるようにと言いました。彼が日本に留《とど》まるか、ロシアに戻るか、どのような決断であれそれは正しい決断と考えていました。美代子さんからの贈り物を喜んで、みんなに見せていましたよ」

だが、美代子さんは食事くらいは一緒にするが、それ以上のことはできないと協会に伝えている。その通りになったようだ。節子さんは美代子さんの苦しい胸の内を少しだけ聞き及んでいた。

「もう自分の夫ではない、と言ったそうです。会えば鉄五郎さんを苦しめるだけと思ったのでしょう。自分は再婚もしないで独りで息子を育ててきた。向こうは苦楽を共にした妻と娘、孫もいる。つらいから日本に来ないでほしいとも言ったようです。戦争のために引き裂かれた夫婦ですね」

鉄五郎氏は六度の一時帰国を行った。主な滞在先は函館の鉄雄氏のところで、ウオッカを飲みすぎると、ニーナがそれをたしなめるという親子劇が繰り広げられた。

二〇〇三年三月が、〝シベリア日本人会の長老〟と呼ばれていた鉄五郎氏の最後の一時帰国になる。その後は、ニーナだけが佐藤弘氏の付き添いとして定期的に一時帰国をするようになった。鉄五郎氏の小川氏あての最後の手紙が残っている。「長い間御無沙汰致しまして申し訳有りません。……今はもう便りを書くのが大変です。いやだよ、……（ニーナが日本に）行く度に御世話になって、何とも申し訳有りません。何と御礼をして良いか私は思えば思うほど、涙で心がなんとなく悪くなるよ。ではもう書きませんですから、何時か又、元気の時に書きます。……身体に注意して元気で長生きする様に遠いシベリヤ、カンスク町で御祈りします」（〇六年と思われる）

ニーナは東京に来たときには、必ず節子さんと会い、「とても親しくなりましたよ」

節子さんが亡くなったのを知った時、温かな人だったと、とても悲しんだ。

一〇年一月、ニーナから協会あてに鉄五郎氏の最期の様子を書いた手紙が送られてきた。

「近年、父はあまり歩くことができませんでしたので、足の筋肉が萎縮し、結局壊疽になり、医者の診断で足を切断しなければとのことでしたが、本人は手術に耐えられないからと断りました。四月から五月一九日まで入院しましたが、父の状態も少し良く、父の強い希望で退院することにしました。家では血圧も安定し、落ち着いた様子になりましたのに。亡くなる少し前には、日本で皆さんと一緒に撮った写真をずっと眺めていました。静かに眠りについたのに、朝七時に父の状態が急変し、救急車が到着した時には息を引き取っていました」

〇九年五月二〇日、八八歳だった。

ニーナは現在クラスノヤルスクに住んでいる。ソ連崩壊時には給与も出ず、苦境に陥った時期も体験した。鉄五郎氏を始め、カンスク近辺の残留邦人の健康管理を引き受けて、必要があれば病院も紹介していった。鉄五郎氏が八〇歳を超えても訪日できたのは、ニーナの献身が大きいと皆が受け止めている。

エンマも長く生きて、二三年一月九九歳の天寿を全うした。

「美代子さんとママは日露の二人の女性が運命で結ばれたことを理解し、お互い憐《あわ》れみ、尊敬しあっていました」

エンマと美代子さんの二人の女性の労を、ニーナはそうねぎらう。ニーナと美代子さんが笑顔で食事をしている写真も残っている。哲郎さんとも会っていた。今回、哲郎さんの居所を捜したが、見つけることはできなかった。

ポートレートがはめ込まれた木村鉄五郎の墓

最初の一時帰国前、エンマは日本からの取材者に対してこう言った。

「私たちは日本とドイツという運命を背負って出会ったのです。お互いに支え合わなくては生きていけません。彼には一度日本に戻るよう勧めています」

シベリア民間人抑留の足跡は痛みと不屈と忍耐、それに慈しみを含んだ女たちの足跡でもあった。

第三章

母親は一三年間「戦時死亡宣告」を拒み続けた

――佐藤 弘（シベリア）

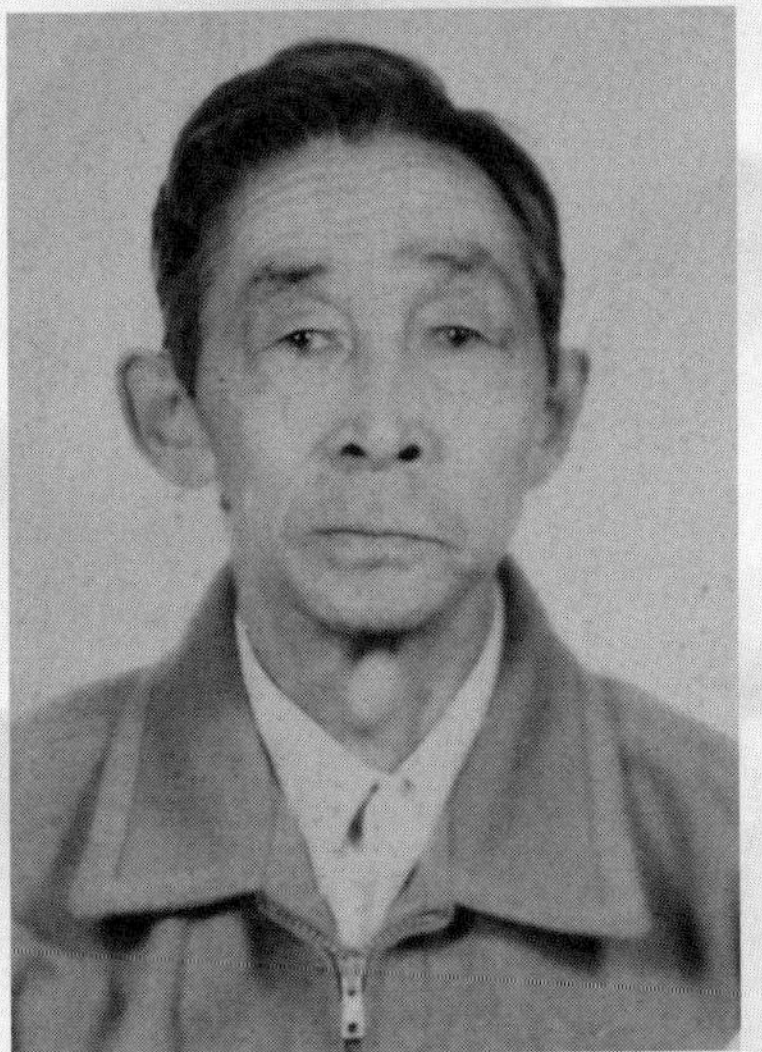

1992年9月、初めて一時帰国をしたときの佐藤弘

佐藤弘　略年譜

1927年	12月12日	北海道夕張郡由仁村に生まれる
1939年頃		一家で樺太に渡る、西内淵で食堂経営
1942年		落合商工学校卒業後、内淵炭鉱の保安係に就職
1945年	8月〜	敗戦、真岡の王子製紙の工場へ配属
		ソ連兵将校の車の運転手になる
1946年	5月1日	運転事故を起こし、将校の怒りを買う
		逮捕〜裁判〜トゥガチ収容所へ
1950年	5月	刑期を終え、カンスクへ
1953年		シューラと結婚、2歳になるナディアという連れ子と暮らす
1954年		ソ連国籍取得
1964年	7月14日	未帰還者に関する特措法により戦時死亡宣告がなされる
1977年頃		妻シューラ死去
	2月24日	戦時死亡宣告同意により除籍
1990年		カンスクでの生存・住所が判明
1992年	9月	初の一時帰国実現
1993年	3月	「カンスク日本人会」発足、会長に就任、後に「シベリア日本人会」
		シベリア各地に残留する同胞の消息調査に取り組む
2015年	6月6日	自宅前で転倒し頭部を強打したことが原因で死去、87歳

「シベリアのカンスク？　何だ、それは？」

ソ連本土のあちらこちらに戦後残留した日本人が生存していることは、関係者を始め多くの人が認識していた。一九七六年に厚生省はソ連本土の未帰還者数は四六人としている。だがこれは〝目に見えた〟数にすぎない。

はっきりしたことがわからないままソ連政府の非協力や情報量の減退もあり、国の責務としての未帰還者調査は、遅々として進まなくなっていく。そのうち彼らは、「何となく」生存しているだろう人になっていった。

当時「樺太（サハリン）同胞一時帰国促進の会」（日本サハリン協会の前々身）の事務局長だった小川峡一氏もシベリア残留邦人の情報に間接的に触れることはあったが、サハリン残留者の調査と帰国事業に手いっぱいで、遠く離れたシベリアに関心を寄せることはあまりなかった。

サハリンに集中し、九二年四月にはサハリンからの一時帰国者三〇〇人という当初の目標も達成。殺到していた捜索依頼も沈静化したまさにそのタイミングを計るかのように、それまでとは内容の違う手紙が四月初めに促進の会に送られてきた。「シベリアのクラスノヤルスク地方カンスクというところにいる義兄を一時帰国のメンバーに加えてほしい」というのである。

「シベリアのカンスク？　何だ、それは？」という戸惑いが最初の反応だった。カンスクという地名など聞いたこともない。手紙の送り主は佐藤寛一《かんいち》といい、これが小川氏に直接届いた、シベリア民間人抑留者に関する具体的な情報の第一号であった。

四月末、頼まれたからには応じなければと、小川氏は佐藤寛一氏の住む札幌に飛んで話を聞いた。すると前年から一時帰国の手続きを個人で行い、かなりの書類が準備できているという。個人でやるにはたいへんな作業であるのに、あと一歩のところまで来ている実態に家族の真剣さを知った小川氏は「わかった！　今年秋の第六次の集団一時帰国で帰れるように頑張ろう！」とその場で宣言。急遽《きゆうきよ》手続きを開始することにした。佐藤弘氏は、一九七七年に戦時死亡宣告に同意し除籍されて〝死者〟となっている民間人抑留者であった。

九二年九月、弘氏は四六年に及ぶシベリア生活を背負いながら、第六次の集団一時帰国の一員としてサハリンを経由し稚内《わつかない》の港に上陸する。サハリンで日本の料理を出された時、箸《はし》の持ち方が思い出せなくて、声をあげて泣いたという。

この弘氏の出現により、九三年の一年間は一時帰国事業を中断し、シベリア民間人抑留者の発掘に取り組んでいくことになる。捜し出した彼らは、国もほとんど把握していなかった人々である。

佐藤弘氏は、「カンスク日本人会」を立ち上げ、その会長として「シベリア日本人会」に発展させ、残留している民間人抑留者を求めてシベリア中を走り回ることになる。

敗戦一年前

初めての一時帰国をしたとき、弘氏はずいぶん前に夫人のシューラを亡くし、娘のナディアとも別居して一人暮らしをしていた。

弘氏がここに住むまでになった歴史を辿《たど》ってみよう。

一九二七年一二月に生まれた地は北海道夕張《ゆうばり》郡由仁《ゆに》村である。父親の東助《とうすけ》氏は由仁《ゆに》駅で車掌を務め、妻のマサさんとの間には五人の子どもを授かった。弘氏は最初の子どもで、唯一の男の子である。

一家が樺太に渡ったのは三九年頃で、弘氏は一二歳。東助氏が身体を悪くしたので転地療養のためと言っていたようだが、新天地で一旗揚げたいとの山気もあっただろう。

果たして、落合《おちあい》に近い西内淵《にしないぶち》で炭鉱夫相手の食堂を開くとそこが大当たりした。千客万来、あまりの忙しさに渡されたお金は数える暇もなく、足元には紙幣がまき散らかされていたという話半分的な逸話も残っている。

ともかく、東助氏は資金がたまったら札幌に移り、街の中心の今井百貨店（後の丸井今井）のそばに店を出すという大きな目標に邁進《まいしん》していた。妹たちは店の手伝いに連日駆り出されたが、唯一の男の子の弘氏は、大事に慎重に扱われ、店の喧騒《けんそう》とは無縁のなかで成長した。

高等小学校を終えると落合の商工学校（二年制）に進学、卒業後は内淵炭鉱の保安係の事務職についた。妹たちも優秀で、二番目の妹は樺太中の才女が集まる豊原《とよはら》高等女学校に合格した。

資金も順調に増えていき、来年はいよいよ札幌だと、東助氏とマサさんは夢の実現に向かって奮闘を続けた。終戦の一年前である。

空腹、寒さ、重労働の三重苦

一九四五年八月九日過ぎ、ソ連軍侵攻の情報を受け、マサさんと妹たちは緊急避難を決行する。八月一六日、婦女子のために準備された引揚船に乗って、真岡《まおか》から北海道へ。頼った先は、倶知安《くっちゃん》町に住むマサさんの妹のところだった。

終戦当時、弘氏は一七歳。男子残留命令のため、樺太にとどまった東助氏と弘氏父子は、引き揚げた家族の後を追おうと密航を試みる。しかし三度に及ぶ密航は、いずれも船の故障などで失敗し、ならばと密航のチャンスを得やすい真岡に移り住み、東助氏は鉄道工夫に、弘氏はソ連管理となった王子製紙で運転手として働くことになった。

弘氏の人生を決めた事故は、四六年五月一日の夜に起きた。その日はメーデーだったので、無礼講のような状態になり、仲間たちはどんちゃん騒ぎに突入する。弘氏はその後のことを座談会「シベリアに生きて」（『樺太・シベリアに生きる』）のなかでこう語っている。

「皆、飲んべえだから酒がなくなって、じゃ俺の家さ行くべしとなって小型トラックに乗ったんです。真岡の町はずれ、五キロくらいのところかな。日本の道は幅が狭い。左側は山で右は海です。車が落ちないように鉄柵があった。そのときに会社のロシア人の親方も乗っていたんですよ。ぼくが運転して、親方は立って屋根のところにつかまっていた。酔っぱらっているんだもの、その鉄柵にぶつかってひっくり返って、親方は海に落ちてしまった」

溺《おぼ》れかけた親方はカピタン（大尉）であった。無事救出されてけがはなかったのだが、カピタンは自分を殺すためわざと事故を起こしたに違いないと激怒。逮捕・糾弾される羽目になってしまった。取り調べを受け、一方的な裁判の末、反ソ罪で四年の刑を言い渡される。

真岡の拘置所に留置されると、八月初めには大泊《おおどまり》に連行された。そこで船に乗せられ、ウラジオストクに。それからイルクーツク、ハバロフスクと回されて、気がつくと日本人は自分の他誰もいなかった。義弟の寛一氏は代わりにこう証言する。

「ラーゲリの小屋のなかではたったひとりの日本人だったそうです。開拓作業に就いて、木を伐《き》り、畑を作ったりしたと言っていました。屋外の作業では日本人を見かけることもありましたが、話をすることは禁じられていたそうです」

その後トゥガチの収容所へ移転となるが、零下五〇度にもなる苛酷な土地で伐採の重労働を科せられた。トゥガチ収容所は、樺太から連行された民間人が集められたところである。しかし、ここでも弘氏は周囲に日本人を見ることはなかったという。空腹、寒さ、重労働の三重苦のなかで「どうにかして生きていかねばダメだ」だけを自分に言い聞かせて、耐え続けた。

四年ぶりに日本人と言葉を交わす

一九五〇年五月に釈放となり、カンスク市街に行くようにと指示された。そこがどこなのか全くわからないので、収容所に戻してほしいと懇願したが「ニエット」とすげなく追い払われる。

方角が分からず、村から村へと訪ね歩き、農家の手伝いなどをして食べさせてもらってとにかく進んだ。五〇日ほどかけて、ようやくカンスク行きの列車が出る駅に辿り着く。この道中で、弘氏は必要最小限のロシア語を覚えていった。貧しい農家ほど困っている人間に親切であることも身に染みて理解した。

やっとカンスクに着いたものの、住むところもなければ行く当てもない。ふらふらと歩いていると、道路工事をしているなかに東洋人らしい男がいるのが目に飛び込んできた。思い切って声をかけてみると、それは長い間見たことのない日本人だった！　日本人と言葉を交わすのは四年ぶりである。向こうも日本人と話すことはずっとなかったらしく、お互いロシア語でやりとりすることになった。その男性は、樺太知取《しりとり》町で馬車夫をしていた山田《やまだ》孝一《こういち》と名乗り、カンスクの工事現場で働いている人物だった。そして仕事を探す弘氏を、道路工事の担当者のところへ連れて行ってくれた。

弘氏はそのまま道路工事の仕事に就くことになる。日本に関する情報は何もなく、帰れる手段もないなかで、同じ職場でシューラという女性と知り合った。シューラは夫を独ソ戦で亡くした未亡人で、ナディアという幼い女の子を育てていた。五三年、二六歳の時にシューラと一緒になった。

五四年に民間人抑留者が日本に帰るチャンスが訪れたが、弘氏はシューラのために残ることを決めてソ連の国籍を取得する。その後、夏は道路のアスファルト作業、冬は発電所の雑役などについて一家の暮らしを支え続けた。シューラ夫人は七七年ごろ亡くなり、それからはしばらくナディアと一緒に暮らしたが、彼女が家を出た後は一人暮らしが続いている。

仕事を与えてくれた山田孝一氏もロシア人女性と結婚し、カンスクに残留する民間人抑留者の一人であった。ペレストロイカの始まる前の八五年、六二歳でカンスクで亡くなった。

母は戦時死亡宣告を一三年間拒み続けた

一方、父親の東助氏は一九四八年に北海道に引き揚げ、七年後の五五年に他界する。

その翌年の五六年末、弘氏からの手紙が倶知安に住む母親マサさんのところに届く。

その年の一〇月、日ソ共同宣言によって国交が回復したことが、手紙を書ける環境を与えたのだろう。手紙の中身は日本語だったが、住所はキリル文字で書かれていたので、ずいぶん配達に迷った末に届いたという貴重な手紙である。家族にとって弘氏がカンスクに生きていることが、これではっきり確認できた。

マサさんはその後、弘氏あてに手紙を書き続けた。だが途中で没収されるのか、弘氏から返事が来ることは一度もなかった。

六一年、寛一氏は佐藤家末子の千恵子《ちえこ》さんの入り婿として結婚する。寛一氏夫婦は新居の札幌に、高齢で一人暮らしのマサさんを倶知安から呼び寄せることにした。

同居してから寛一氏は、マサさんが弘氏宛てに手紙を書いている光景を時々目にするようになる。どんなことを書いているのか、一度覗《のぞ》いたことがあったが、〝早く帰ってきてほしい〟と切々とした訴えが何度も出てくるのが目に痛かった。生きているうちに会わせてやりたいものだと、寛一氏自身も手紙を出してみたが返事はない。届いていないと思わざるを得なかった。

札幌市にも問い合わせてみたが「分からない」だけである。道庁の援護局に訊いてみると、カンスクに生存していることだけは把握しているようだったが、それ以上はやはり「分からない」しか返ってこない。

マサさんや寛一氏がソ連に住む人間に手紙を出していることは公安に通じていたらしく、寛一氏が組合運動に携わるなか、逮捕されたことも一度ある。スパイとして動いているのではないかと疑われたのかもしれない。警察がマサさんを訪ねてきたこともあった。

一九六四年には未帰還者に関する特別措置法に基づき、マサさんに対して、同年七月一四日に死亡とみなす戦時死亡宣告に対する同意書の書式一式が届けられた。だが、マサさんは弘氏の生存に望みをかけていたので、これを受け入れようとしなかった。留守家族が同意を拒むと、未帰還者のままになり、戸籍も残り続ける。

その後何年かに一度、同意に関する確認が道庁から寄せられてきたが、それも断り続けた。長い間受け入れなかった戦時死亡宣告に同意したのは、七七年二月。倶知安にあるマサさんの土地の処分を行うにあたり、弘氏の遺産相続権放棄の認定が必要となったためである。

「不本意だったと思いますよ。でも買い手からは再三にわたって登記できるように早く処理してほしいと要求されて、これ以上迷惑をかけるわけにもいかないと、涙をのんでやりましたね」

一三年間拒否し続けた同意書にマサさんは署名し、北海道知事に提出。後日届いた謄本には「昭和参拾九年七月拾四日死亡とみなされる未帰還者に関する特別措置法に基づき昭和五拾弐年弐月壱日戦時死亡宣告確定昭和五拾弐年弐月弐拾四日北海道知事届出除籍」と記載され、名前には除籍のバツ印がつけられた。

戸籍上は死者になったが、マサさんを始め、家族は弘氏がどこかで生きているという思いをどうしても打ち消すことはできなかった。八〇年にマサさんが死去した後も、寛一氏たちは弘氏の行方を捜し続けた。

生存判明

一九九〇年ごろである。カンスクに住む弘氏のもとに、サハリン・ドーリンスク（落合）に住む「金田《かねだ》」という韓国人から手紙が届いた。封筒に入っていたのは日本の家族からのもので、もしカンスクに住んでいるならきちんとした住所を教えてほしいと書いてある。

この手紙は、実は間違えてカンスクの残留邦人の一人、植木武廣氏（第一章）のところに届いたものだった。植木氏と弘氏は住まいも離れており、それまで面識はなかったのだが、植木氏は弘氏の家を捜し当てて手紙を届けてくれた。それから二人の交流が始まった。

家族からの手紙をカンスクに送った「金田某」がどういう人物なのか寛一氏も分からないという。旧豊原で残留邦人の世話をしている人らしいが、妹たちがどこかで捜し当てた人物ではないかと推測している。

ともかく弘氏は日本の家族に返事を出し、それは無事、妹たちのもとに到着した。以後、弘氏と妹たちとの間での手紙のやり取りが行われるようになる。そのころの弘氏は主として年金で暮らし、足りない分は借りた土地で農業や養豚を行って生計を立てていた。

寛一氏たちは弘氏を一時帰国させようと、手続きに取り組み始めた。招待状作成、公証人役場、法務局、外務省領事移住部領事政策課証明班への書類……、大変な労力と費用が掛かる作業である。寛一氏の妻で弘氏の妹の千恵子さんが奔走した。

九二年一月中旬、揃えることのできた必要書類を弘氏に送付。招待状は無事届いたとの返信が来る。だが、弘氏にはモスクワまで行く旅費がないという。査証を得るには在モスクワ日本大使館まで本人が出向いて、その旨の手続きを行わなければならない。カンスクからモスクワに行くには鉄道でクラスノヤルスクまで出て、飛行機で五時間半。鉄道だと四日ほどもかかる。弘氏からの手紙には、懸命の日本文字でモスクワまで行けない状況が切々と書かれていた。

「いろいろお心配かけ、ありがとうございます。……年金暮らしで生活に大へん困って居ります。死ぬ前に一度で良いから父母の法要墓参し、皆様にお逢ひしたいのですが、旅費はとてもないのです」

招待状の有効期限は一年間。このままではカンスクから出られないと焦りが募っているなか、樺太（サハリン）同胞一時帰国促進の会という組織があることを知り、藁《わら》にもすがる思いで寛一氏が手紙を出した。これがシベリアの残留邦人に向けた協会の新事業を拓《ひら》くことになる。

四七年ぶりの兄妹の再会

「間に合えば六次に佐藤弘氏を」と寛一氏と約束した小川氏は、本当にその約束を実現させた。一九九二年九月一日、稚内港に入港した「第一〇宗谷丸《そうやまる》」から弘氏は姿を現した。

ここまでの行程は、カンスクから陸路でクラスノヤルスク。クラスノヤルスクから空路でモスクワ～ユジノサハリンスク。ユジノサハリンスクから陸路でホルムスク。ホルムスクから船に乗って稚内へという、陸海空すべてを使う大移動であった。

港では寛一氏と、弘氏の三番目の妹・洋子《ようこ》さんが船が着くのを今か今かと待っていた。洋子さんは四人の女きょうだいのなかで、弘氏のことをいちばん懐かしがり、再会するのを心待ちにしていた。タラップを下りる姿が見えると、一目で弘氏と認めて大きく手を振り「お兄さーん！」と叫んだ。四七年ぶりの兄妹の再会である。

弘氏の日本語は片言だったが、何とか会話ができることに寛一氏は少し安心する。

「兄貴が日本語を思い出すのは早かったですね。少し難しいことになると、すぐにロシア語になりましたが」

日本滞在中はできる限り寛一氏が帯同した。札幌市街、円山《まるやま》公園、藻岩山《もいわやま》などを案内し、道庁にも挨拶《あいさつ》に出向く。道庁で出てきた担当女性の態度はそっけなく、「ご苦労様でした」と事務的に頭を下げただけだった。その後、両親の墓参りで由仁《ゆに》町へ。墓の前に来ると弘氏は涙を流してぬかずき、そのまましばらく立ち上がろうとしなかった。

「かわいそうで何も声をかけられなかったです。親不孝をしたと謝っていたのではないでしょうか。母親はずっと兄貴のことを気にかけていましたから」

一〇日間の札幌滞在中、弘氏は協会の準備したホテルを使い、妹たちの家にはやっかいにならずに過ごした。ロシアは物資が不足しているというので、きょうだいでお金を出し合い、食料品や古い曲が収められているカセットテープなど、お土産をいっぱい持たせて帰した。

「初めての時は手に持てないくらいのお土産を渡してあげましたね。そうしたら次に来たときは、すごく大きなリュックを持ってきて（笑）」

以後、弘氏はひんぱんに日本を訪れることになる。一年半か二年ごとにという頻度で、亡くなるまでに一七回の来日は、一時帰国者の最高回数に近いと言える。日本になじむにつれ、弘氏の日本語は上達し、着るものは洗練されていくことに寛一氏は感慨を覚えずにいられなかった。

「カンスク日本人会」の結成

話は初めての一時帰国後の一九九二年に遡る。

大感激の一時帰国を果たしてカンスクに帰った弘氏は、カンスクには同じ境遇の日本人が植木氏以外にもいるのではと、早速捜索を開始した。カンスクは、ロシアのなかでも民間人抑留者が多くいる町のひとつである。五八年作成の未帰還者名簿を見ると、カンスクの未帰還者は四〇名。最多のハバロフスク四四名に次いで、二番目に多い町になっている。その大半が樺太から受刑者としてラーゲリに送られた民間人である。抑留前の職業を見ると「元樺太内幌馬車夫」「元樺太で左官職」「元豊原雑貨商」「元樺太落合鳶職」「元樺太恵須取土工」……と、さまざまだ。カンスクの残留邦人は五〇年代、二五〇人ほどもいたと語る帰還者もいたが、なぜこんな中央シベリアの地方都市に日本人が多く集められたのか、どこにも説明が見当たらないのでわからない。

弘氏は、人づてに情報を集め、木村鉄五郎氏（第二章）、森岡馨氏（民間人抑留未帰還者一覧）という二人の残留邦人を捜し出した。木村氏も森岡氏も、五〇年代後半以降は消息不明となっており、日本との交信は不通状態。加えて、二人ともカンスクに他に日本人が住んでいることをほとんど知らないままで生きてきた。

ここで小川氏がとった戦略は、シベリアの片隅に置き去りにされたままの日本人がいることを多くの人に訴え、国の支援を喚起するというものであった。組織替えした「日本サハリン同胞交流協会」の会員であるフォトジャーナリストの阿部剛氏に現地調査を要請。受けた阿部氏は、九三年三月二〇日、日本人取材者第一号として新潟空港から三日がかりでカンスク入りを敢行した。クラスノヤルスクから東へ鉄路で約二五〇キロ。クラスノヤルスク駅では警官に尋問され、あわや連行かという場面もあったと述べている。カンスクには木材、繊維などの西シベリア有数の工場があり、多くの労働力を求めていた。刑を終えたものを集めて働かせており、ここに日本人の釈放者を送り込んだ施策もうなずける。町の近郊には空軍基地があり、九二年まで外国人立ち入り禁止措置が採られていた。阿部氏は旅行者としてカンスクに初めて入った日本人だったのではないか。

弘氏を通して、木村鉄五郎氏、植木武廣氏、森岡馨氏の三人に会った阿部氏は、彼らから胸締めつけられるような望郷の念を聞かされる。帰国後にそれをマスコミに発信すると、四月五日、新聞各紙は写真入りの記事を一斉に掲載する。とりわけ大きく扱ったのは毎日新聞で「極寒の地に四八年　つのる望郷、日本に帰りたい」と写真掲載の上、三人の素性を発表し世間を驚かせた。三人の〝発見〟を受けて、厚生省は「日本の戸籍がある限り、永住帰国は可能。旅費を支給する措置を取る」との見解を打ち出した。弘氏は戦時死亡者。他の三人は自己意思残留者として認定されていた。

もうひとつ重要な発表は、カンスク市役所に保存されていた三五人の抑留者名簿の提示であった。これは弘氏が市役所で見つけ、日本語で書き写したものである。うち二〇人には名前の上に×印が記され、既に死亡していることを示していた。新聞発表が出たとたん、協会の電話は心あたりのある家族などからの問い合わせで、しばらくの間鳴り続けたという。北海道新聞は記者をカンスクへと向かわせた。

阿部氏はカンスクに滞在中、残留している民間人抑留者を捜し出し、一時帰国につなげていく運動体をつくることを弘氏と取り決めた。それが「カンスク日本人会」で、後に「シベリア日本人会」と改名し、残留の抑留者調査のため、シベリア中を巡る職務を請け負うことになった。小川氏は言う。

「誰か一人が見つかればね、道筋がそれで付けられる。佐藤弘さんが窓口になって広がっていったよ」

左より佐藤弘、森岡馨、植木武廣、木村鉄五郎。1993年カンスクにて

日本人捜索のためシベリア中を駆け回る

弘氏の日本人捜しは冬に行われた。シベリアは湿地帯が多いので、夏は泥濘《でいねい》に悩まされるからだ。地面が凍った時期に、日本人がいるという情報を得たところへ車で駆け付ける。残留邦人はバラバラに住んでいるので、一人を見つけ出すのはたやすいことではなかった。数百キロ離れたところを何度も往復したこともある。

協力者は木村鉄五郎氏（第二章）の娘、ニーナである。ニーナは小川氏が送ってきたリストをもとに、地区の行政に日本人がいるかどうかを問い合わせ、電話をかけ、交渉し、弘氏と共に村々を訪ね歩いた。車はニーナの夫が走らせることが多かった。

木村ニーナは言う。「佐藤弘さんは公的なロシア文を充分に書けず、書類づくりが難しかったので、代わりに私が行いました。記録資料が手に入らないため、小さな情報を得ることさえ困難でした。私たちは一年半ごとに書類を集めて整理し、発見された日本人と、一時帰国の際に同行する彼らの家族のグループを作りました」

その人たちが一時帰国をする際の様々な世話も、弘氏とニーナが請け負った。鉄五郎氏亡き後も、ニーナは弘氏の介添え者というかたちで一時帰国を続けた。新聞で取材を受けた時、弘氏は自分の役割についてこう語っている。

「日本に帰るたび、ロシアにいる肉親を知らないかと、私を頼って各地から人が来るんです。まだ帰国していない同胞のために余生を捧げたい。少しでも日本の役に立ちたい」

自宅にはシベリアに住む〝日本人の子どもたち〟もやってきたという。

写真家の橋口譲二《はしぐちじょうじ》氏が一九九八年に自宅に訪ねたときには、その子どもたちのことを話している。

「日本人の子どもたちが、お父さんのことを知りたいと、いろいろなところから訪ねてくるんだよ。遠いところからね。日本人の子は沢山いるよ。お父さんが帰国した人もいるし、ここで亡くなった人もいるし、あっちこっちの村にいるよ。その子どもが僕のところに度々くるさ。父さんの住んでいた、日本を見たいってね」（橋口譲二『ひとりの記憶』文藝春秋、二〇一六年）

壁一面には日本のカレンダーが貼られていた。

シベリアに残した〝自分の子ども〟を捜す親もいた。北海道に住むある父親の要請を受け、弘氏はカンスクに住む息子を捜索。見つけ出し九七年に、自分の一時帰国の付き添いとして日本訪問を実現させた。四三年ぶりに再会を果たした父子がどんな様子だったかは何の記録も残されていない。ただ一時帰国はそれきりで、息子は〇五年に精神病を患い自死したとの報告が弘氏から送られた。

「シベリアに生きて」のなかで弘氏は、写真家・阿部剛氏の訪問をきっかけに、後半生はそれまでとまったく違ったものになったと感慨深く語っている。

繰り返されたつぶやき

先にも言ったように、弘氏は頻繁に一時帰国を重ねた。けれど、弘氏を無条件で懐かしみ、歓迎したのは洋子さんだけで、他の妹たちは複雑な感情をもち、心からの歓迎とはならなかったと寛一氏は語る。

「帰れる機会があったはずなのに、弘兄さんは帰らなかった。結果的に親を捨てたことになった」と、あまり言葉を交わそうとしなかったという。

一九五三年秋ごろ警察から呼び出され、帰国するかどうかを照会された時、弘氏は帰ると表明した。ところがどうしたわけか、ナホトカまで行くための列車が出る時、カンスク駅に弘氏は現れなかったという（列車に乗ったが、ハバロフスクまで行ったところで引き返したとの話もある）。

寛一氏が「兄貴、なんで帰ってこなかったんだ？」と尋ねたことがあった。そのとき、弘氏は「いまさら合わせる顔がないと思ったから」くらいにしか答えなかった。同じ問いを何度か投げかけたが、いつも曖昧《あいまい》な返答で終わらせてそれ以上の追及にはひょいとかわすのが常だった。

寛一氏はこう推察する。「そのとき、妻や子を置き去りにして日本に帰った人がたくさんいたそうです。でも兄貴は奥さんや子どもを捨ててまで帰ろうという気にならなかったのだと思います。今さら日本に帰っても皆に迷惑をかけるだけだし、日本で仕事がうまく見つかるかどうかわからない。『だから俺は帰らない』、と決めたのでしょう」

それでも母親には迷惑をかけてすまないと悔いを残し、墓参りをするたび、帰らなくて申し訳ないと涙ながらに謝っていた。

「兄貴、今から日本に帰ってくればいいっしょ」と寛一氏が水を向けるとむにゃむにゃと「いや～、皆に迷惑かけるし、おふくろはいなくなったしね」

「日本は恋しかったと思いますよ。でもロシアは青春時代からずっと住んでいるので愛着を感じていたのでしょう」

写真家の橋口譲二氏には「あの時、帰ればよかった」と何度もつぶやいたという。そして「〈年を取って〉どんな顔で妹のところに行けるかい?」と畳みかけるように問いかけてきたそうだ(前掲『ひとりの記憶』)。

カンスクに住んで、時々日本に帰って来るというスタイルが弘氏にとっていちばん居心地がいいのだと、寛一氏は納得していた。日本人にはよく理解できないロシア人気質も根付いていた。

ロージナ(原郷)に眠る

協会と縁を持った寛一氏は「日本サハリン協会北海道事務所副会長」になり、一時帰国・永住帰国事業に深く携わることになる。ことに弘氏のいるシベリア関係には力を入れた。

二〇〇一年、ロシア各地に点在する、民間人抑留の歴史を持った残留邦人を調査・訪問するプロジェクトの一員として、ロシアに赴いた。メンバーの中心は、後述する齊藤精一《さいとうせいいち》氏である。

この時カンスクの弘氏宅にも宿泊した。クラスノヤルスク空港には弘氏の友人が迎えに来てくれて、カンスクまで舗装されていない砂利道を恐ろしいほどのスピードで走ること約四時間。途中、道端で用を足すと、目を開けていられないほどの蚊の大群に襲われたという。着いたカンスクはかつての工業地帯の隆盛は衰え、さびれた印象が漂う、どんよりした町だった。どこの家も泥棒対策のため二重窓になっているので、窓だけ見ると牢獄《ろうごく》のような雰囲気が漂っている。山際なので昔から水害が多いとも聞いた。

弘氏の住まいは、町の中心から外れた木造アパートの二階だった。間取りは八畳と六畳くらいの二部屋とキッチンで、ソ連時代のスチームの暖房が取り付けられていた。

部屋の中はきちんと整理されていて、棚には日本の曲が入ったカセットテープやＤＶＤがぎっしりと並んでいた。曲はほとんどが、ディック・ミネや藤山一郎《ふじやまいちろう》という懐メロである。

話しながら、弘氏は「自分は大変な人生だった」とよくつぶやいた。

「車の事故を起こしたくらいで四年も五年も重労働をやらせるなんてとんでもない」と、ロシアの悪口を言い始めると止まらない。日本人に向かってはロシアは嫌いだと言い放った。

妻や娘のことは触れたがらなかった。木村ニーナも「佐藤弘さんは家族についてはほとんど話さなかった」と言い、知っているのは妻のシューラは病弱で早くに亡くなったこと、連れ子のナディアはやさしい女性で、弘氏の面倒をよくみているということくらいである。ナディアは人前に出るのが苦手なのか、弘氏がどんなに誘っても日本に来ることはなかった。寛一氏たちが来ても挨拶には現れなかった。

「アパートにはベッドが一つしかなかったので、私がベッドで寝て兄貴は箱を並べた上に寝ましたね」

弘氏は酒はそれほど飲まなかった。酒を飲んで事故を起こし人生を狂わせてしまったので、苦い味になってしまったのだろう。ウオッカをちびちびやりながら、日本の演歌テープを流して、テープと一緒に口ずさむのがいちばんのくつろぎだと言った。近くには、〝日本人捜索隊〟の助っ人の木村ニーナが住み、頻繁に行き来をして、弘氏の様子を見守っていた。

弘氏は体がいうことを利く限り「シベリア日本人会」会長として活動を続けた。見捨てられた日本人を見つけ出し、一時帰国につなげる仕事を、自分でなければという使命感を持って取り組んだ。

時々それが、残留邦人にとって出過ぎた感を与えることもあったようだが。

八〇歳を過ぎて、「シベリア日本人会」の活動は休止状態になったが、一時帰国は重ね続けた。二〇一五年五月三日、自宅前で転倒して頭部を強打する。側頭部に血腫《けつしゅ》が認められたので入院治療を施していたのだが、六月六日夕刻に息を引き取った。享年八七。寛一氏は弘氏の人生をこんなふうに振り返る。

「ラーゲリでの孤独は厳しいものだったと思います。孤独と苛酷な労働のなかで大きな病気もしないで生き抜いてこられたのは、絶対生き抜くという強い精神力があったからじゃないでしょうか。異国の土になったことは仕方ないですね。訪ねて行ったときは寂しそうな様子はなく、すっかり向こうになじんでいるという感じでした」

日本に帰りたいとは寛一氏には一度も言ったことがなかった。樺太時代のことはほとんど話さないし、日本の家族のことを話題にすることもめったになかった。日本人であることは誇りにしていたが、心落ち着く自分のロージナ（原郷）が宿るのはシベリアで、ここで生を終えていくと思っていたのではないか。

墓石には富士山と五重塔を背景にして、弘氏のポートレートが大きく刻まれている。ほかの墓に比べると、段違いに大きくて鮮やかなポートレートだ。残留邦人を日本につなげる唯一の〝シベリア人〟として後半生を尽くしたのだから、表情は少し得意気である。

シベリア担当、齊藤精一氏の活動——三度に及ぶシベリア調査

ここからは、シベリア残留邦人の調査・発掘、一時帰国事業の活動に関してのレポートである。協会会員の齊藤精一氏は、シベリアに残された日本人に最も多く会ってきた人物といえる。

三度に及ぶシベリア調査において、実際に対面した残留邦人は二八人。調査地域は複数の日本人が生き抜いているカンスク、ハバロフスク、モスクワから、見つかったのはたった一人だけという辺地まで、広範囲に及んだ。

まず、齊藤精一氏と樺太との関わりについて――

齊藤氏は一九二四年生まれ。陸軍士官学校五八期として四五年六月に卒業すると、少尉として第八八師団工兵八八連隊第二中隊第一小隊長に配属を命じられる。樺太に入ったのは七月一七日、東南海岸沿いの富内《とんない》で陣地工築の作業に携わったのだが、戦時下とはとても思えない平穏な雰囲気に「南方では激戦というのに何でこんな暇なところに来たのだろう?」と自分の当たりくじを不可解に思うほどだった。

ポートレートが大きくはめ込まれた佐藤弘の墓

八月一〇日、齊藤氏はソ連軍侵攻を中隊長より伝えられる。工兵隊第二中隊は国境から豊原に至る重要な鉄橋、道路を徹底的に破壊し、ソ連軍の南下を阻止すべしとの師団命令に従い、一二日、武器弾薬を貨車に積み込み豊原駅から上敷香へ急行。国境近くの橋から橋へと移動して、遠隔操作で爆破工作を行っていった。作業は戦闘現場から離れたところで進められるので、一発の銃弾も撃たず撃たれぬうちに敗戦となる。敗戦の報に騒ぐ者はなく、皆静かに受け止め、豊原収容所に収容された。

　ここで一年間の収容所生活を送ったのだが、トラックで食料を運ぶなど、たいした労苦を味わわなくて済む街中での作業が中心だった。休みの日は部屋でごろごろするだけ。結局、シベリア送りにはならず、四六年一二月、最初の引揚船「白龍丸《はくりゅうまる》」で函館に上陸し、家族が集まっている東京に向かった。「シベリア送りを免れたのは、本当に幸運でした！」

　戦後は多忙に呑《の》まれて樺太のことは忘れていたのだが、ペレストロイカが起きた時期、ソ連侵攻時のことが甦《よみがえ》ってきた。上敷香に北上するなか南下する列車とすれ違った時、すし詰めになった避難民が「兵隊さん、頑張って！」と必死に叫んでいた情景が昨日のことのように浮かんできた。あの人たちは、その後どうなったのだろう。戦後、樺太に残された日本人が多くいることを知ると、自責の念も湧いてくる。

　九二年一二月、促進の会を解散し「日本サハリン同胞交流協会」として再発足という記事を新聞で目にすると、「これは自分も動かなければ……」と発足式に出席し、迷うことなくその場で入会を申し込んだ。樺太の収容所生活のなかで、多少のロシア語は身につけていたと言うと、シベリア担当を小川氏から依頼された。そのとき齊藤氏は六八歳。現役生活からしばらく遠ざかっていたが、「これが第二の人生の始まりでした」と心に奮起の火がともる。

　ちょうど、協会では九三年からシベリア捜索を本格的に開始することを決めていた。

「それで小川さんたちと一緒に厚生省や外務省に、シベリアにも残留している抑留者がいるとの説明や支援の申請に行くんですね。でも、最初のころは〝シベリアに日本人はいない〟と取り付く島もないような対応でした」

　生存者がいるところを赤い印で示したロシア地図を広げて「ここに〇〇さんがいる」と訴えるが、

「その担当は外務省です」と言われ、外務省に行くと、「そんなところに日本人？　ロシア政府が応じないから交渉のしようがない」と切り捨ての実態を目のあたりにする。「国は遺骨収集には熱心だけど、生きている人のことは調べようとしないんだ！」と小川氏たちは憤怒する。

業を煮やして、ならば自分たちでやろうと、齊藤氏が協会の意向を受けて現地の調査に赴いたのは九九年のこと。以後、二〇〇一年、〇四年とシベリア各地を歩き、民間人抑留者の一時帰国へとつなげていった。

「ダモイ」に「ニエット」と首を横に振った男たち

訪問した二八人のうち、縁の深い人の一人が泉政雄《いずみまさお》氏であった。

泉氏は南樺太大泊に母親と住み、木工場で働いていたが一九四五年三月に召集され、工兵八八連隊に転属された。齊藤氏の直属ではないが、部下の一人に属していたことに違いはない。武装解除後大泊に戻り一般人として暮らしていたが、いさかいがもとで密告され元軍人として逮捕。一〇年の強制労働の刑を受けて、四六年五月にクラスノヤルスク地方リショーティ収容所に送られた。五四年に釈放されると同地方イルシャに居住し、六一年に結婚し娘をもうけた。六二年には帰還者の証書のみで自己意思残留者と認定されて、日本との縁は途切れてしまう。

消息が判明して後、九五年から六回一時帰国をし、親族を捜し当てて再会も果たした。軍人恩給受給を目指した折は、齊藤氏がかつての上官として道庁に上申書を提出している。その功もあり、〇一年には受給が決定したが、三年後の一二月に八〇歳で永眠する。齊藤氏は〇一年、〇四年と続けて泉氏宅を訪れ、〇五年には泉氏墓参のためだけにロシアに飛んだ。ロシアの墓は通常ポートレートがはめ込まれるのだが、泉氏の場合は顔写真の場所に「泉」という筆文字が刻まれた日本的な墓碑となっている。

だが、シベリアで余儀なく生きることになった人たちみんなが日本を懐かしみ、帰りたいと願っているわけではなかった。

「ダモイ?」と確かめると「ニエット」と首を横に振る男たちとも齊藤氏は出会う。

その一人、藤本芳春《ふじもとよしはる》氏はカンスク郊外の、クラスノダリシュというたいへん辺鄙《へんぴ》な村で暮らしていた。道は未舗装で、周りに他の家は見当たらない淋しさである。そこに妻と娘の三人で暮らし、牛を飼って生計を立てていた。藤本氏に関しては一九一四年、高知県生まれ。クラスノヤルスク収容所を経てこの地で暮らしていること以外は、確たる情報のない残留者だ。わかっているだけの経緯は巻末の未帰還者一覧に掲載したが、日本語は全く話せなくなり、ロシア語も読み書きは自分の名前を書ける程度であった。日本とのつながりは皆無で、今は親や兄弟のことも思い出しもしないと語った。

カンスク近郊フィリノボに住む渋谷軍治《しぶやぐんじ》氏も、日本語をほとんど話せなくなっていた。残留邦人の多くは齊藤氏が訪ねてくると、「よく日本から」と家族も歓迎して家に入れてくれるのだが、ここでは渋谷氏しか姿を見せず、家の外で話を聞くことになった。夫人がいたのかどうかも不明である。渋谷氏の「ニエット」という返事だけは鮮明に聞き取ることができたと齊藤氏は語った。

渋谷氏に関して協会資料を確かめてみた。タイシェット収容所で刑期を終え、チジェリー村を経てヘルモイ村に一人で住む、とある。「九九年一〇月三一日、自殺/縊死《いし》、八二歳」という記述を見た時は息をのんだ。齊藤氏が訪問を終えてまもなくのことであった。日本からの訪問が、渋谷氏の心境に何らかの変化をもたらしたのだろうか?

奇妙な符合だが、サハリン、カザフスタンから永住帰国した人は何人もいるのだが、シベリアから帰ってきた人は菅原久男《すがわらひさお》氏一人だけ、それも八四歳になろうかという超高齢になってからである（終章）。齊藤氏は次のような感想を述べた。

「望郷の念は強いものがあるでしょうが、シベリアから日本はあまりに遠い。サハリンでは周りに日本人がいるし、短波ラジオをつければ日本の情報も入手できました。それに比べるとシベリアは日本人は誰もいないし、情報もほとんど入ってこない。孤独な状況です。何十年も日本と隔絶して暮らすと永住帰国は非現実的なことになるのでしょう」

日本と隔絶した環境というとカザフスタンもそうであるが、カザフスタンからは四人が永住帰国を果たしている。シベリアはさらに奥が深く、人と人生を取り込んでいく無窮の大地、ということなのだろうか。

第四章

六六年を経て 日露の家族がひとつになった日

——結城三好（シベリア）

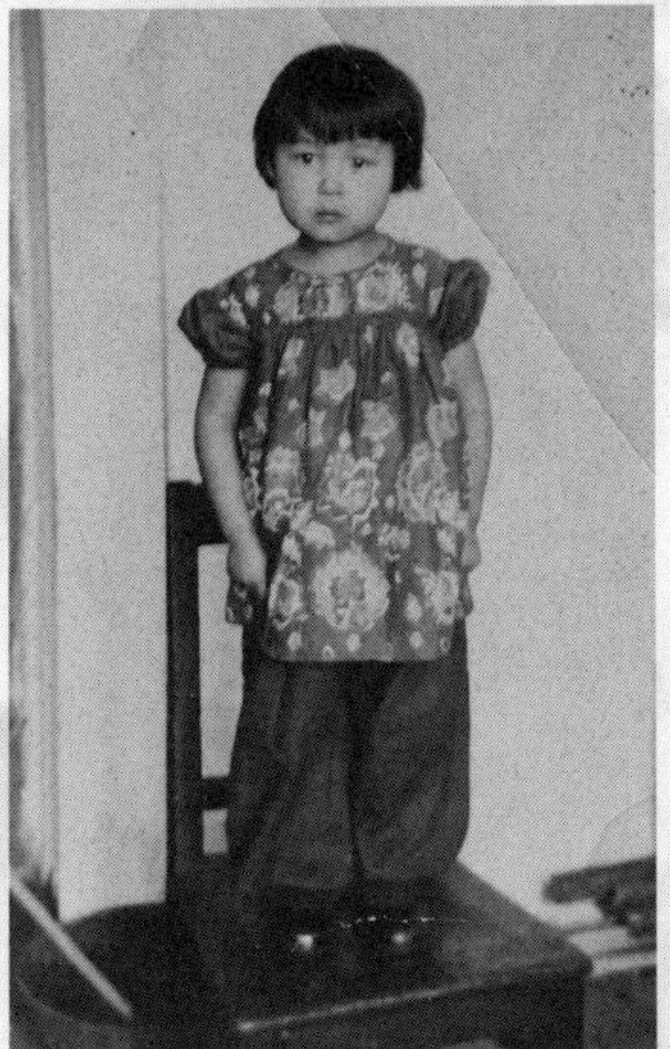

結城三好の娘リュドミラ（6歳。1957年）

結城三好　略年譜

1911年	8月8日	新潟県に生まれる
1940年		邦子と豊原に移住、結婚
1941年	12月19日	長女・佳子誕生
1943年	10月10日	長男・誠太郎誕生
1945年	8月17日	邦子、佳子、誠太郎の3人緊急引き揚げ、東北地方Z県へ
1946年	5月8日〜	サハリンに残った三好、密航を試みるが失敗
		内幌沖で逮捕され、刑法84条にて3年の刑を受ける
		クラスノヤルスク地方トゥガチ収容所へ、強制労働
1949年	2月5日	釈放、カンスクの木工場に勤める
	冬	カンスクの町の食堂でペラゲイアと知り合う
1951年	6月9日	リュドミラ誕生
1954年	3月20日	興安丸で引き揚げ、妻子の待つZ県へ
1956年〜		資源回収業始める
1964年		佳子結婚（男の子2人もうける）
1973年	10月18日	タチアナ誕生
1993年	5月23日	三好死去、81歳
1994年		ペラゲイア死去、81歳
2017年	10月	タチアナ、祖父の「ミヨシ」について日本側に問い合わせ
2018年		日本の家族の生存と居場所判明
2020年	2月16日	タチアナ来日して日本の家族と対面を果たす

※結城三好を含め、日本側登場人物は家族の希望により仮名

ドイツからのメール

結城三好《ゆうきみよし》氏は釈放後に住んだカンスクで親しくなった女性との間に女の子をもうけたが、残留を選ばず一九五四年三月、日本の家族のもとに帰ってきた。本書で称する「シベリア民間人抑留者」とは異なる経歴を持つ人物である。

日露の家族はその後接点なく生きていく。だが、ロシアの孫娘が自分の祖父を明らかにすることを強く望み、三年に及ぶ調査の結果、引き揚げ後六六年を経て日露の家族が対面を果たすことになった。シベリア抑留という歴史の傷を越えて、二つの家族が一体になった稀有《けう》な例だろう。

北海道サハリン事務所に、ドイツ在住のタチアナ・シーチク・ガイズレルというロシア女性からメールが届いたのは二〇一七年一〇月二四日だった。

当時の所長あてに、あなたは一九四六年から五四年にかけてクラスノヤルスク地方カンスクに住んでいた「ユウキミヨシ」と同じ名前をもっている。彼の親族と何かつながりがあるのではないか、知っていることがあれば返答してほしいという短い文面に、ユウキミヨシという男性の古い写真が添付されていた。

続く二度目のメールには、写真の人物は自分の祖父であること、戦前サハリンに住んでいたが捕虜になってクラスノヤルスクに行き、その後北海道に帰ったことが書かれていた。日本の親族に関する情報を切に望んでいるとも加えられていた。

北海道サハリン事務所はユジノサハリンスクに設置され、サハリンの情報収集や道民との交流を主な業務にしている。所長は姓は違うが、名前が「ユウキ」である。ちょうどその月のホームページにはユウキ氏による現地レポートが掲載された。それに目を留め、サハリンと「ユウキ」が一致しているのでメールを送ってきたのだと解釈した氏は、好意的な返事を送った。あなたの親族ではないけれど、同じ名前なので力になってあげたいと。

ユウキ氏の返答に手応《てごた》えを感じたのか、まもなくより具体的なメールが送られてきた。

「ユウキミヨシが生まれたのは一九一二年ごろ、札幌出身でサハリンに住んだ。サハリンには妻と二人の子ども（娘と息子）がいた。捕虜になった後、四七年〜四九年、カンスク市にある木材加工工場に移動させられ技師として勤務した。

四九年から自分の祖母であるステパノワ・ペラゲイア・ペトローヴィナと交流を始め、五一年六月九日に自分の母親であるリュドミラが生まれた。五四年か五五年にユウキミヨシは日本に引き揚げた」

リュドミラという名前を記した幼い女の子の写真も添付されていた。

サハリンのどこに住んでいたかもわからず、調べる手掛かりもないことに思案したユウキ氏は、日本サハリン協会会長の斎藤弘美《さいとうひろみ》さんに問い合わせをした。

受けた斎藤さんも返事に苦慮する。「最近こうした問い合わせがなぜか多くなりました。結局のところ、いつもほとんど見つけることはできないのですが……。非常に難しいが捜してみます」

どんな漢字かも分からない氏名、漠然とした居住地、生年も前歴も霧の中。これだけの情報で「ユウキミヨシ」なる人物を捕まえるのは、干し草の中から一本の針を見つけるようなものだろう。

その三年後、ユウキ氏は「私がユウキです。おじいさんと同じ名前で幸運でした」と、来日したタチアナと電話で挨拶と歓《よろこ》びを交わしあう。

敗戦前の樺太の暮らし

結城三好氏の足跡からひもといていこう。証言してくれたのは三好氏の長女・佳子《よしこ》さんと、三好氏には孫にあたる、佳子さんの二人の息子、史彦《ふみひこ》さんと靖夫《やすお》さんである。

三好氏は一九一一年八月八日、新潟県北部の村で、六人きょうだいの五番目、三男として生まれた。実家が何をしていたかは不明である。高等小学校を出るとすぐに働きに出たが、本当はもっと勉強がしたかったので、同世代が中学校に通う姿を目にする度「いいなあ」と眺めていたという。

結婚相手の邦子《くにこ》さんは一八年四月二七日、札幌に生まれた。

父親は北海道大学を卒業し、実家は士族の末裔という由緒ある家である。双子の妹だったが、事情があって邦子さんだけ生後間もなく東北地方の親戚の家に預けられる。県名は明らかにしない約束なのでZ県とする。邦子さんはZ県で成長し県内の女学校を卒業、その後、札幌の実家に戻ってタイピストとして働いていた。

ちょうどその折、三好氏が仕事で札幌にやってきた。自動車の整備関係と考えられる。邦子さんの父親がどこかで知り合った三好氏のことをおおいに気に入り、それが二人をむすびつける縁となった。札幌出身というのは、ここから来ていると思われる。

二人は四〇年に樺太に渡ると、豊原《とよはら》市長に婚姻届を提出する。

三好氏は樺太庁林野課に所属する自動車運転手の職を得る。当時の運転手は、車の整備や修理の技能も備えていて、これが後の三好氏を支えることになる。

住まいは住宅地の一角、豊原市西五条南三丁目。豊原《とよはら》駅に近く、線路を渡ってしばらく歩くと樺太庁という、徒歩通勤でも苦痛のない距離だった。

周囲は鉄道官舎が並び、小さな店舗も点在している落ち着いた環境だった。しばらく歩くと川が囲む北辰園《ほくしんえん》があり、二人はよくその川で釣りを楽しんだ。邦子さんは札幌の実家では遠慮があって身を小さくしながら暮らしていた。ややこしい係累のいない樺太の新天地で一から暮らしをつくる日々は解放感に充《み》ちて自由だったことだろう。四一年には長女の佳子さんが、四三年には長男の誠《せい》太郎《たろう》さんが誕生する。大きな犬も飼った。内地では戦禍が激しさを増していたが、樺太は空襲もないし食料も困窮していない。三好氏と邦子さんは新しい家を建て、引っ越しを間近に控えていた。その矢先、ソ連軍が国境線を突破して南樺太の侵攻が開始された。

終戦の混乱、引き揚げ、密航、逮捕

ソ連軍による侵攻開始及び国境戦闘の報を受けた樺太庁は、一〇日、緊急会議で老幼婦女子のための緊急疎開の方針を決定する。避難民は列車に押しよせ、たちまち大泊《おおどまり》、真岡《まおか》、本斗《ほんと》の三港は混乱の極みとなり桟橋は人波に埋められた。

婦女子優先のため、ここで生き別れとなった家族も多数ある。邦子さんも三好氏と別れ、佳子さんと誠太郎さんを連れて豊原を脱出した。そのとき邦子さんは三人目の子どもを宿していた。一七日の夜中、邦子さんたちを乗せた海防艦占守《しむしゅ》は大泊港から出港する。三歳だった佳子さんは麩《ふ》をいっぱい詰めたリュックを背負わされ、「食べていいの?」と邦子さんに尋ねたことを覚えている。

邦子さんたちが稚内港に着いたのは、一八日明け方である。子どもたちの手を引き、頼ったのは札幌の実家ではなく、Z県に住む親戚だった。難儀の末に辿り着いた親戚宅だったが、そこも混乱していたのだろう。子どもが二人もいてはと言われては、それ以上頼み込むことはできず、旅館暮らしを始めるしかなかった。

「それでしばらく旅館で暮らしました」と佳子さん。

邦子さんたちと別れた後、三好氏が密航を決行するまで、どこでどのように過ごしたかはわかっていない。四六年の年明けに樺太庁は閉鎖され、三好氏は職場を失ったほかの男たちと同様に、ソ連が収奪した日本の工場や漁場で労働に従事することになったと思われる。

当時、密航をビジネスにして北海道と樺太を往復している者も少なくなかった。知り合いを通して船の持ち主とつながり、乗船人員がそろったところで出航という運びになるケースが多かった。

三好氏が密航を企図したのはいつ頃か。西海岸の知根平《ちねひら》という漁村から帆掛け船に乗り込んで、北海道への脱出を実行したのは一九四六年五月の夜半であった。多少の危険は覚悟していたに違いないが、沖へと進むにつれて海は荒れ、船は制御不能となっていく。にっちもさっちもいかなくなって、一度海岸に戻るべく方向転換するなかで、ソ連国境警備隊が網を張っている区域に進入してしまう。

クラスノヤルスク地方総局のアーカイブには、結城三好氏の個人ファイルが保管されている。私たちは煩雑な手続きを経て、そのファイルを入手した。そこには密航行為から逮捕に至る次のような記録がある。

「南サハリンに住んでいた……（判読不能）、日本の北海道に行く意思を持っていた。この目的でエンジン付きの帆掛け船を準備し、一九四六年五月……（判読不能）、二一時にサハリン島チネハラ（知根平）村近辺を出発し、北海道へ向かう航路をとり、かくして自らソビエト連邦の国境を侵犯した。

進路を失い、海が嵐だったため、サハリン島内幌《ないほろ》近辺の海岸に近づかなければならなくなり、一九四六年五月八日、その海岸から沖八㎞の場所で国境警備隊に確保された」

国境警備隊によって確保された三好氏たちは、内幌海岸に上陸させられる。サハリン西海岸の内幌は内陸に炭鉱があり、日本人も多く住んでいた町である。

現在の内幌海岸の写真と動画を協力者が送ってくれた。丘陵に囲まれた北の海は、人の気配はまったくなく荒涼としている。漆黒の闇の中、この沖合で身柄を拘束された時の不安と絶望感は想像に余りある。

ここから真岡の検察による尋問を受け、五月一六日に逮捕許可の命令書が発布される。三好氏はユジノサハリンスクの刑務所に連行の身となった。

三年間の強制収容所送り

アーカイブには結城三好氏の「逮捕尋問書」もあった。乱雑な手書きの書類で、ネイティブのタチアナさんすら判読不能な箇所がいくつもあるという厄介なものだ。

質問事項は、姓・名前（父称）・出身地・逮捕前の居住地・専門・逮捕前の職業・民族・国籍・政党・社会的身分・教育一般に加え、詳細な家族構成などである。

このうち逮捕前の職業は「南サハリン、トブシの施設、役職・運転手」となっていた。トブシとは本斗近くの遠節《とおぶし》のことではないかと推測する。知根平と内幌の中間あたりに位置する町で、海岸線には漁場が続いていたというから、樺太庁閉鎖後はこの遠節の漁業施設の運転手をしていたのではないだろうか。文書の最後には、自筆のサインと右手人差し指の指紋が残されている。自署は達筆。指は太く、紋様は深い。写真はなぜか目から上だけのもので、険しい表情でにらみつけている。

刑務所での取り調べは連日深夜に及び、峻烈を極めたという実態が『南樺太地区未帰還者の全般資料』では語られている。三好氏も厳しい取り調べを受けたはずである。逮捕から約二ヶ月後の一九四六年七月一三日、ユジノサハリンスク軍事裁判所で判決を言い渡される。

判決の記録は、「ロシア社会主義連邦共和国（ＲＳＦＳＲ）刑法八四条に基づき、三年間の強制労働収容所に送り、自由を剝奪するものとする」とある。八四条は国境侵犯罪を示す。刑期満期は一九四九年七月一七日と規定された。

その後、他の受刑者と共に囚人としてウラジオストクに渡った。最初の収容所は、本土極北のノリリスクだったが、そこにいたのは短期間で、四六年一一月二九日にはクラスノヤルスク地方カンスク市にある収容施設№七に移送される。一二月一二日には同じクラスノヤルスク地方サヤン地区トゥガチ村にある収容所へと移され、ここで刑期終了まで厳しい労働に就いたのだった。

親戚から支援を断られ、行く当てのなかった邦子さんの引き揚げ後も厳しかった。しばらく旅館に身を置いていたが、臨月が迫るなかで狭いアパートに移らざるを得なかった。男の子を出産するが、母乳は出てくれず、近所の人にもらい乳をしながらしのいでいった。その子は生後どれくらい生きたのか、四五年一二月二五日に力尽きて息を引き取ってしまう。「潔《きよし》」という名前を付けたこの赤ん坊も、戦争の犠牲者といえるだろう。生年月日は墓石にも書かれておらず、戸籍に入れないままだったのかもしれない。

二人の子どもを抱えてすぐにお金になるものをと石けんの訪問販売を始めたが、元来接客は苦手なので全然売れない。近所のゲタ屋からニスを塗る仕事などを回してもらって、何とか糊口《ここう》をしのぐしかなかった。襲いかかる生活苦に、「このまま子どもと一緒に死んでしまおうか」と思いつめたことも一度や二度ではなかったという。四六年末から樺太の引揚事業が始まり、四九年七月まで次々住人が引き揚げてきたが、三好氏は帰らず、安否すら分からないままだった。

スターリン突貫工事

三好氏の送り込まれたトゥガチ収容所とは、どんなところか。クラスノヤルスクから南東に直線約一八〇キロの地点にある地域で、一九三五年、伐採のための集落がつくられた。三八年、約二〇〇人の政治犯が送り込まれたのを最初にして、ソ連各地から囚人や政治犯が次々とやってきて収容所の村となった。チェチェン人、エストニア人、ロシア系ドイツ人、イルクーツク人、中国人……様々な人種、様々な国籍の人が一万人以上集まり、過酷な寒さの中で重労働に従事した。たくさんの人が亡くなり、墓標もなく埋められた。日本人が初めて来たのは一九四六年一月で、樺太から送られてきた民間人抑留者が多く集められたところだ。

ひとつの兵舎には、人種も国籍もばらばらの四〇人から五〇人が収容されたので、たった一人の日本人ということも特殊な環境ではなかった。その時期の、主要な労働はダム建設の土木工事だった。短期間ではあるが、トゥガチ収容所で強制労働についた人の手記があったので引用しよう。

「トガ《ママ》チというラーゲリに移動を命ぜられ、ここで樺太出身の若者を主体にした日本人三十余名の班に入り、当時スターリン突貫工事と称するダムを作《ママ》りの土木作業に従事した。渇水した河にターチカと称する木製の一輪車に山を崩した土を運んで堰止めて水を溜め、上流で伐採した木材を貯木し、雨期に水門を開いてカンスク河迄流す計画である。……慣れない土木工作業の重労働は漸く健康を取り戻した私には二ヶ月とは続かず……」（木村孝三郎「ソ連抑留史資料」『朔北の道草』）

過酷な労働と食糧不足のため体力のない人は短期間で衰弱し、死んでいく人も少なくなかった。この手記の当人は作業中に打撲を負い、トゥガチの病院施設に入院した後、ほかの収容所に移されている。

日本では邦子さんは佳子さんが七歳の時（一九四八年頃）、進駐軍の家の住み込みメイドの職を見つけた。子どもは一人だけならオーケーという条件だったので、五歳の誠太郎さんだけを連れて行くことにした。佳子さんはZ県内の遠い親戚の家に預けられることになる。

一人でよその家で暮らす日々は幼心につらかった。雨の日、外で一人でままごと遊びをしていると、家庭訪問に来た教師に「なんでこんなところでままごとをしているの？」と訊かれ、返事のしようがなかったことを覚えている。

「お米を手に入れることはできないでしょうか？」

結城三好氏の次の記録が現れるのは、一九四九年二月五日である。

この日、三好氏は約三年におよぶ収容所生活から解放された。

刑の満期日は七月一七日であったが、「優良な生産指標を示した」という理由で、満刑日が早まったのである。気力も体力も、強かったに違いない。前掲の手記には「この作業工事には減刑の恩恵も付し、一〇〇％以上のノルマを果たした者には九五〇グラムの大きなパンを支給した」とある。その大きなパンで三好氏は命をつないでいったのだろう。

トゥガチ収容所を出所した三好氏は、カンスク市に行くことを指定される。困難な道のりを経てカンスクに着くと、市内の木工場で働くようになる。

町には各地の収容所から出所した樺太出身の日本人が多く住み、木工場にも数十人の日本人が働いていたという。

カンスクの町にさまざまな地から日本人が送られたときの光景を、当時一〇代だった少女は鮮明にこう記憶している。

「彼らは鉄道で運んで連れてこられました。カンスクにタライカという川があり、そこで体を洗っているのを見たのです。皆、真っ黒けでした。女性も一緒でした。怖くて私たちはしばらく川で泳ぐのを止めたくらいでした。その後、彼らは送られる場所が決められました。油圧工場に行く人、製材工場に行く人、という具合に」

工場近くに建ち並ぶ兵舎は日本人の宿舎にもなり、ロシア風の小さな家屋には一部屋に二～四人が同居した。ロシア人は日本人が清潔に暮らしていることに感服する。

木工場で働く三好氏たちは、一応は一般市民と同じようにふるまうことが許された。買い物に出たり、映画を見に行くことなどは自由にできたようだ。ただし保護観察中の身分なので、行動範囲は街中に限られ、身辺調査も定期的に行われた。

それでも、人には出会いがある。

ある日、三好氏は工場の仲間と一緒に兵舎近くの食堂にやってきた。翌日は一人で訪れ、そこでお菓子作りをしている背の高い女性に目を留めた。女性の名前はステパノワ・ペラゲイア・ペトローヴィナ。「君の名前はなんていうの？」と尋ねられると「ポリーナ（ペラゲイアの愛称）・ペトローヴィナです」とこたえた。ポリーナと名乗った女性は三好氏から思ってもみない頼みごとをされる。

「お願いがあるのですが、お米を手に入れることはできないでしょうか？　一キロでもいいのですが」

「どうして？」

「私たちは日本から来たんですけど、ずいぶん長い間、お米のご飯を食べていないのです。もし手に入れてもらえるなら……」

「どうにかしましょう」とペラゲイアは答えた。何日か後、三好氏が店に行くと三、四キロの米が用意されていた。店の上司にお願いしてどこからか手配してもらったのだという。

三好氏たちにとって、五年ぶりの白い米だった。

夫を独ソ戦で亡くし、奮闘する寡婦

米が欲しいという唐突な申し出をかなえてくれたペラゲイアに三好氏が感じたのは、感謝と親しみだったろう。何度も店に足を運び、間もなくペラゲイアの家で過ごすようになった。

ふたりの交流がどのようなものだったかを語るのは、ペラゲイアの長女、マリヤ・イヴァノーヴナである。マリヤは一九三五年生まれ。三好氏が自分の前に現れたのは一〇代半ばだったので、多くのことを覚えている。

以下に述べるのは二〇二一年、こちらが送った質問事項を基に、マリヤの娘スヴェトラーナがマリヤから聞き取った証言をまとめたものである。当時八六歳のマリヤは、驚くべき記憶力を発揮してできる限りを語ってくれた。先の、カンスクの川で真っ黒な体を洗っていた日本人を思い出してくれたのもマリヤである。マリヤは、三好氏のことを「ミーチャおじさん」と呼んだ。

「ミーチャおじさんの方からうちに来たのです。四九年冬のことです。私は一四歳でした。彼はとっても丁寧で、誰に対しても敬意をもって接する人でした。製材工場の車の機械工で、工場の誰もが彼のことを大事にしていました」

三好氏との交流の前に、ペラゲイアの経歴について語ろう。

ペラゲイアは一三年一〇月七日、クラスノヤルスク地方のチャルカ村のコルホーズに生まれた。一八〇センチ近い長身、青い目、亜麻色の髪をした聡明《そうめい》な女性である。夫ステパノワとの間に四人の子どもをもうけたが、下の二人は幼いころに死亡し、マリヤと弟のアレクサンドルが成長する。二人に物心がつく四一年、独ソ戦が始まり、ステパノワは大勢の男たちと共に戦場へと駆り出された。前線で負傷し、病院に入った夫からペラゲイアに最後の手紙が届いたのは四三年のこと。そこには「ポーリャ（ペラゲイアのもうひとつの愛称）、私の負った傷は深くて、もう命は長くない。間もなく死ぬだろう。お前が子どもたちをよい大人になるように育ててほしい」とあった。

二人の子どもを抱えて寡婦となったペラゲイアの奮闘は、邦子さんのそれと重なっている。

そのころペラゲイアは小さな村に住み、牛や子豚を飼い、野菜を作って暮らしていた。

「村は貧しく、私たちはパンというものを見たこともありませんでした。キャンディもリンゴもどんなものかも知りませんでした。飢え死にすることなく何とか生きていけたのは、ママがとても働いたからです」

四六年、ペラゲイアの妹ナターシャが住んでいるカンスクに一家は移住する。ペラゲイアは店の掃除婦として働いたが、住む家はペチカもなく、土間に置いたストーブで寒さをしのぐバラックだった。体をくるむ毛布も満足なものがないほどだったとマリヤは語る。

やがて一念発起すると、お菓子作りの学校に通って技術を習得。食堂のお菓子作り担当として働くことになった。とはいえ給料は安く、暮らしは困窮が続いたので、マリヤは家族のため七年で学校を辞めて工場で働かざるを得なかった（後に夜間学校に通って学業の不足分を補ったが）。

そんななか、結城三好氏は家族の前に現れたのだ。

清潔であたたかなミーチャおじさん

マリヤの三好氏への第一印象は、「とても清潔な感じの人」だった。服の着こなしも文化的なものを感じさせた。

「ミーチャおじさんは私たちのためにいろいろなものを買ってくれました」

ロシア人は親しくなった人には適当なロシア名を付けて呼ぶ習慣がある。三好氏は「ミ」が耳に響いたのか、職場のロシア人からは「ドミートリイ」と呼ばれていた。ミーチャはドミートリイの愛称である。そのミーチャおじさんが買ってくれたものは暖かな毛布、服、食料品や日用品……。サーシャ（マリアの弟アレクサンドル）には通学用のカバン、マリヤには欲しかったギターがプレゼントされた。

「あのときはとても嬉《うれ》しかったのを覚えています！　ミーチャおじさんが来てから暮らしがよくなってきました」

民間人の抑留者の生活状況は居住地によって異なり、家畜のような扱いを受けた人もいたのだが、カンスク木工場での日本人はよく働くというので、給料はソ連人並みだった。加えて車の整備や修理の技能を持つ三好氏は、バイクの修理などを方々から頼まれ重宝されていた。その技術のおかげで稼ぎは良く、高性能の短波ラジオを持って日本の放送も聞いていたほどだった。

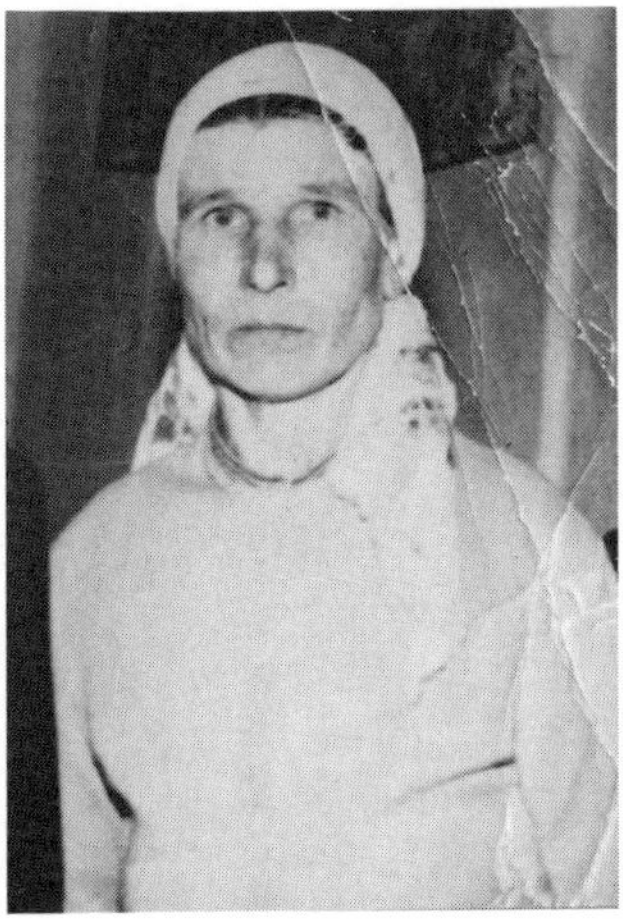
ペラゲイア。1968年頃

　三好氏のロシア語は決して流ちょうではないけれど、会話は十分成り立つくらい使うことができた。木工場の仕事が終わると、店で働くペラゲイアを迎えに行き、一緒に帰ると家の仕事を手伝った。酒もたばこもやらなかった。

「二人が愛し合っていたのかって？　そういう雰囲気を感じたことはありませんでした。でも二人はお互いに敬意をもって接していました。彼はあまりたくさん話をする人ではありませんでした。自分のことは多くを語らず、いつも微笑んでいました。家に帰ると〝スーリク、こんにちは〟〝マルーシャ、こんにちは〟と私たちに優しく声をかけてくれました。

私たちは父親なしで育てられていましたので、ミーチャおじさんとの生活になじみました。失った父の代わりにミーチャおじさんを慕っていたのでしょう」

家族の写真を抱き続けていた

三好氏がシベリアに送られたことを、邦子さんがどれほど知っていたかははっきりしない。多くの未帰還者の家族がそうだったように、早くにシベリアから帰還した人たちから、シベリアにいることを聞き及んでいたかもしれない。民間人抑留者は収容所も居住地もばらばらだったので、情報の網にはかからず、分からないままだった可能性もある。

邦子さん親子が離れた暮らしは二年間続いた。佳子さんが九歳の時、邦子さんはメイドの仕事を辞めて、町中の長屋の一室に移り住んだ。六畳一間の日の当たらない部屋だが、親子三人の暮らしがようやく始まった。

邦子さんが新たに見つけた仕事は、全国に広がりだした学校給食の調理である。間もなく、佳子さんが小学校五年生のとき（一九五二年頃）、引揚者住宅が当たる。一〇〇世帯ほどが住む大きな寮で、間取りは八畳間と廊下付きのキッチン。建物の端には共同風呂が設置されていた。寮に入り、毎月の収入も得られるようになり、やっと落ち着いた暮らしができるようになったと佳子さんは回想する。邦子さんもこれで親子で生きることができると、大きく息をついたに違いない。自分の力でやり抜いたという感慨も込められていた。

三好氏はペラゲイアたちとの暮らしを生きる糧にしながら、日本の家族のことを忘れることはなかった。ポケットには家族の写真を入れたカードが収められて、寝床に入るといつもそれを取り出しては見つめていた。絨毯《じゅうたん》の上に座っている妻と、着物を着た女の子と小さな男の子が写っている。「ポーリャ、気分を悪くしないでくれ」と三好氏はペラゲイアに何度もことわった。「君も亡くなった旦那のことを好きだろう。僕も自分の家族を愛しているんだよ。自分が日本や家族を思い出すことを許してほしい。この子たちと妻に会いたいんだ」

三好氏が家族写真を持っていたことに驚嘆する。その写真は家を出た時から、ずっと持ち続けていたということだ。密航の時も、拘置所に入れられた時も、ソ連本土に運ばれたときも、収容所で重労働にあえいでいた時も……、盗みや所持品検査などの危機をすりぬけ手放さずにいられたのは、よほどの用心深さと強運があってこそではないか。

送還打ち切り、そして手紙が届く

時間を少し戻す。ペラゲイアが妊娠していることに気がついたのは一九五〇年の終わりころだった。ペラゲイアは躊躇し、中絶するかどうか三好氏の気持ちを確かめた。「彼はペラゲイアの妊娠を喜びました。そして国籍が取れたらこのまま一緒に生きていこうと答えました」とマリヤは証言する。

五一年六月九日、産院でリュドミラが誕生した。自分の母親そっくりだ、と三好氏は赤ん坊をみつめた。「僕の母親はとても美人だった。リューダ、お前はぼくの幸せそのものだ」と言い、赤ん坊に必要なものは全部買いそろえた。マリヤは三好氏が「私のドッツァ、可愛い娘」と呼びかけていたことを懐かしく思い出す。

ソ連籍を持たない者は婚姻届ができないので、リュドミラの出生証明書の父親の欄は空白である。名前は「リュドミラ・ドミートリエヴナ・ステパーノヴァ」で、父称はドミートリイを使用している。それが唯一、結城三好氏との父娘関係を示してくれるものになった。

五〇年四月にソ連側は日本人俘虜《ふりょ》の送還が完了したことを、タス通信をもって公表していた。送還されない者は戦犯、およびその容疑者の二四六七名と発表している。そこには樺太から連行された民間人抑留者は入っていない。

送還打ち切りの情報は、三好氏たち民間人にどの程度届いたのか。三好氏といちばん親しく接していた仕事仲間が、ヴィクトルおじさんと呼ばれていた植木武廣氏（第一章）である。植木氏も日本に妻子を残しながら、親しくなった女性と暮らしていた。マリヤは三好氏が植木氏のところを訪ね、日本語で真剣に話し込んでいた光景をよく覚えている。

送還事業は打ち切りとなり、自分たちは置き去りのままである。日本政府が自分たちに気がつくことはあるのだろうか？　日本に帰れる見込みがないなか、二人はここでの家族のため、国籍の取得を考えていたようだったとマリヤは言う。

事態が急速に動き出したのは一九五三年からだった。四月ごろ、残留民間邦人に向けて日本の親元に手紙を出しても良いとの通達が突然もたらされた三月にスターリンが死去したことが影響しているのだろう。出してもどうせ届かないからと、無視する人も多かったが、三好氏は出した。そしてずいぶん時間をかけて、無事邦子さんのところに届けられる。

どこに住んでいるか分からないのでZ県の親戚宛てに出した手紙が、まわりまわって引揚者寮に住む邦子さんのもとに送られた。生きていたのだ！　「クラスノヤルスク」という地名を、誠太郎氏は記憶している。ちょうどよいことに、寮の隣には満洲から日本人の夫と引き揚げてきた白系ロシア人の女性が住んでいた。その人にキリル文字であて名を書いてもらい、邦子さんは返事を出した。生きているなら帰るまで待てばいい。いつか必ず帰ってくる。邦子さんの返事は、三好氏のところに届いたはずである。

帰国の通知書におびえる

一九五三年一一月、日ソ両国赤十字社代表による「邦人送還に関する共同コミュニケ」が調印され、後期集団引き揚げを開始することになった。捕虜、満刑者、及び民間人にも送還の道が開ける。カンスクから帰国した人の手記には、同年一〇月警察から呼び出しがあり、帰国を希望するかどうかの調査が行われたことが記されている。

「勿論、ダモイのサインをしました。ところが警察官は、いま日本は食糧難で餓死者が何万と出ているから、ソ連に残った方が良いと薦めるのです。でも私は強く帰国を希望しました。実はラジオを持っており、日本の復興の進んでいることやトンコ節などが流されていることを知っていたからです」（北海道・庄司忠「抑留体験記」『労苦体験手記・抑留編第九巻』／庄司氏は樺太の鉄道員だった当時、職場の事故で五年の刑を受けてリショーティなどの収容所に。釈放後はカンスクで石炭荷役の労働者となり、三好氏とは接点がなかったと思われる）。

帰国の通知書を受け取った時の三好氏の態度は、それまでのものと大きく異なっている。通知書を前に（それは命令書で、祖国に帰りなさいとあったとマリヤは言う）とても動揺し、「日本に帰るとぼくは殺される」と口走ったという。「ぼくはどうしていいか分からない。日本に帰れば裏切り者とみなされて射殺されてしまう」と何度も言い、脅えた様子を隠さなかった。自分は実は軍人捕虜だとも言った（佳子さんに調べてもらったが、軍歴の記録は存在しなかった）。この支離滅裂さは何なのだろう？　考えられるひとつは、ソ連側から何かの圧力があったということである。「帰りたいならソ連に協力せよ」とＫＧＢ（国家保安委員会）に脅迫された人の手記もある。帰国後、三好氏は徹底してソ連・ロシアを避け続けた。

帰国指令を知ったペラゲイアも動揺した。「私の最初の夫は戦死し、二人目は遠くに去ってしまう。私の人生はなぜこうなのだろう」

マリヤの前では自分の運命を嘆いた。だが、三好氏の前では涙も傷みも見せずに、いつも通り淡々とふるまっているのを、マリヤは黙って見つめていた。

三月六日、カンスク市内の小学校に帰国希望者全員が集結し、最終手続きが行われる。学校前には植木氏を始め、帰国せず残る者たち三〇人ほどが、仲間に最後の別れを告げるために集まっていた。見送る彼らの心境はいかばかりだったろう？

ペラゲイア、マリヤ、アレクサンドル、リュドミラは、カンスクの駅まで出向いた。列車に乗る前、三好氏はリュドミラを固く抱きしめ、お別れのキスをした。もう少しで三歳のリュドミラは、まるまるとした日本の女の子の顔で笑っていた。

「リューダはとても良い子に育っていました。別れの日は本当に悲しかったです。家族全員が悲しみにくれていました」

三好氏たちを乗せた列車は、発車する。マリヤはずっとミーチャおじさんと呼んでいたので、本名は知らないままでいることに気がついた。ペラゲイアも正確には分かっていなかったかもしれない。

三好氏がカンスクを離れて四日後に、国籍取得許可の知らせが来たとマリヤは語るが、その時の書類は残されていないので確かな記憶かどうかは分からない。

船に乗らずに現地の妻子のもとに戻った人もいた

ソ連各地から民間人の抑留者がナホトカに集結したのは三月一四日。一七日、船尾に日の丸の旗を翻した興安丸がナホトカの港に入ってきた。その姿を見た引揚者たちは、出された食事にも手をつけず、部屋の中を正気を失ったように駆け回った（前掲、庄司忠氏の手記より）。

彼らを乗せた興安丸は、一八日朝にナホトカを出航。一九日夜半には強い風に悩まされたが、二〇日午前七時二五分、晴れた空の舞鶴港に入港する。

乗船者は四二〇名。そのほとんどが、刑期を完了し一般人として生きてきた樺太関係者である（女性九名、子ども五名を含む）。

舞鶴で待つ報道陣は、彼らがこれまでの引揚者とは全く違っていることをこう伝える。

「着るものもまちまち、グリーンのソフトに背広、オーバー姿、短靴の人もあればラーゲル時代からの綿入服、防寒帽姿の人、帽子だけハンチングにかえてきたという人、服装こそまちまちだがその表情には肩のコリがとれた和やかさ、笑顔がみなぎっている」（毎日新聞、五四年三月二〇日）

「コバンカ（コサック帽）はレーニン帽に変わり、中には背広に緑のソフトという人々が目立つ。これは第一次の戦犯の極印をうたれて帰って来た人々と違い、刑を終えて〝市民〟として〝自由〟に暮らしてきた面影だろうか」（朝日新聞、五四年三月二〇日）

毎日新聞は九人の女性に関する情報も載せていた。

「この婦人たちの全部は一年か二年くらいの刑を終えたのち、シベリアのカンスク付近で放り出され、女手一つの生活にたえかねて日本人の男らの助けを求め現地で結婚した人ばかりなのだ。……しかもこの多くの場合、現地夫婦の両方ともが内地に妻や夫、子供を残しているという例が多い。……無事帰れたことは帰れた、だがこのあとこの難かしい愛情と生活の問題をどう解決してゆくか、……無心な子供に乳を飲ませながら故国の空を見る婦人たちの表情にはそういう悩みの影がありありと浮かんでいた」

大きな歓迎を受けながら、下船者の数は、帰国者名簿よりも四〇名以上も少なかった。それは名簿に名前を載せながら、途中で帰国を止めて残留を選んだ人々の数とほぼ同数で、かつほとんど現地に妻子のいる人であった。ナホトカまで着きながら、船に乗らずに現地の妻子の元に戻っていった人もいた。

ソ連本土からの引揚事業は一九五六年一二月二六日、いわゆる〝総ざらえ〟引き揚げで終了する。以後、五七年から五九年九月までは真岡経由で十数人という少数が帰還した。そして六〇年代に入ると戦時死亡宣告、自己意思残留者という〝戦後処理〟へと切り替わっていくのである。

「この人、本当に私のお父さんなの?」

舞鶴での調書作成などを終え、結城三好氏がZ県のターミナル駅に降り立ったのは、二四日早朝四時だった。前日の地元新聞には、三好氏帰国の一報を受けた邦子さんが「さっきラジオで聞いたばかり。うれしくてうれしくて——」と、笑みを満面に浮かべる写真が大きく載った。Z県に帰ってきた抑留者は一七名。早朝に拘《かか》わらず彼らを迎える人で、ホームはあふれかえった。汽車が着いたときの光景を新聞記事から——

「ついにきた。ダモイの春——この朝、列車がZ駅に着くとドッと出迎えの人波がゆらぎ車窓に駆けつけたが……服装だけでは普通旅行者と大して変わらずみんなちょっととまどった恰好……」

その日の夕食時を狙って記者が三好氏宅を訪ね、九年ぶりの日本酒を邦子さんから受ける様子を撮影した。「もう決して家族から離れません」と三好氏は取材に答え、こうも続けた。「ソ連は自分だけよければよいような義理も人情もない国です。終戦から間もなくのラーゲル生活は全くつらいものでした。食べ物も少なくこのため十勝収《ママ》容所時代餓死した人も三〇名もいたようです。……一般のソ連人も日本人はよく働くというので大事にしてくれソ連人並みのひと月六、七〇〇ルーブルの給与をもらって割に楽な生活をしました。

私はとくにウクライナのソ連人にかわいがられ、タイヤの焼付をやっ《ママ》て楽な仕事をやっていました。八球のラジオで日本の放送を聞くのが何よりの楽しみでした。この放送で私たちが帰れることを知ったわけです。

……これからはどんな生活でも決して文句を言いません。日本で生活できるということだけでも胸がいっぱいです。新しい気持ちで頑張ります」

このとき三好氏は四三歳。ナホトカからの船上でドミートリイは海の底に沈め、結城三好として生き直すことを誓ったに違いない。カンスクのミーチャおじさんは葬られ、ペラゲイアもマリヤもリュドミラも記憶の棺《ひつぎ》の中に封印されていった。厚生省援護庁によると、ソ連からの帰還者全体のなかでソ連婦人と結婚した者、またはソ連国籍を取得した者は、約四〇〇人いたという。

体調が悪くて駅まで迎えに行けなかった一二歳の佳子さんは、九年ぶりに帰ってきた父親に「この人、本当に私のお父さんなの？」と聞かずにいられなかった。新しい背広とはやりの太いズボン姿に「シベリアから帰ってきたのに、なんて立派な！」と目を丸くする。

「これが今の流《はや》行りなんだよ」と三好氏が言ったことを覚えている。

「アカという偏見」「就職難」

ちなみに厚生省援護局から取り寄せた三好氏の記録は、興安丸の乗船者名簿、レントゲン歯科検診カード、「引揚者在外事実調査票」だけで、ロシア連邦政府から提供された資料はないとの報告だった。歯の状態は奥に虫歯が三本あるだけでほかは健全。その検診カードを知り合いの歯科医に見せると「この人はいい歯をしているねえ」と感心していた。栄養失調で歯がボロボロになった体験記をしばしば見かけるが、三好氏は本質的に強靱《きようじん》な身体の持ち主だったようだ。「引揚者在外事実調査票」には、三好氏がナホトカから帰ってきた年月日、邦子さんと子どもたちが稚内に上陸した日が記されている。

親子四人の暮らしが再び始まった。邦子さんは学校給食調理の仕事を続けた。翌年、市営住宅が当たったのでそこに引っ越した。引揚者住宅より少し広く、六畳、三畳、台所という間取りである。

三好氏は仕事を求めて奮戦するが、「シベリア帰り」が重たい枷《かせ》になる。シベリア長期抑留者は「飢え」「厳寒」「重労働」の三重苦に加え、帰ってからは「アカという偏見」「就職難」を背負わされ、いわば五重苦に耐えなければならなかった。

技能を活かそうと自動車整備の会社に入っても、短期間で辞めざるを得なくなる事態が起きるのは、公安にマークされていたからかもしれない。職場を転々とした後、行きついたのが、資源回収業だった。在日コリアンが営む、近所の古鉄商に弟子入りをする。

「これでダメならいくところがないという感じで、仕事のえり好みはできませんでしたね。社長さんはいい人で、熱心に教えてくれました」と、佳子さんは語る。

一年ほどそこで修業をした後、五八年、個人事業「ユウキ商店」を立ち上げた。非金属、製鋼原料などの回収を行う、体力勝負の仕事である。

佳子さんは、父親がリヤカー一杯に銅線などを載せて町を練り歩いていた姿を思い出す。リヤカーを引く険しい背中には、理不尽な運命によって傷つけられ分断された人生を、自分の力で取り戻す意地と気迫が込められていた。

わき目を振る余裕もない日々のなか、それでも不意に熱いものが込み上げてくる瞬間はなかっただろうか？　坂の上から広がる光景が目を焼いた時、リューダの笑顔が浮かぶことはなかっただろうか？

やがて、高度経済成長の波とともに、寝る間もないほどの忙しさがやってくる。金属の値段も需要も高くなり、収入も右肩上がりを描いていった。トラックも買った。邦子さんも五七年には調理師免許を取得し、地方公務員となる。六八年には念願だった家を建てた。新しい住まいは、町の中心から少し離れた畑の広がる自然豊かな場所である。

「古い地域でしたが、頼まれれば気軽に自転車やパンクの修理などをしたので、地域の人に重宝がられました。近くの農家の人が毎日のように野菜を持ってきてくれて、買い物に行かなくていいくらいでしたね」

三好氏の仕事ぶりを、佳子さんの長男・史彦さんがこんなふうに語った。

「家の裏には電線や非金属など、これから処理しなくてはいけない銅線が山積みになっていました。電線は巨大な渦巻き状になっている。外側のゴムの部分をはがして、中の金属だけをダーッと取り出して束にしたのをトラックに積み込みます。集積所にいくと、はかりの上にトラックごと乗っかり重量を測定して、金属を下ろした後、今度はトラックの重さを量る。その差で金属の重量を決定して金額を査定するんです」

ロシア時代のことは一言も話さなかった

佳子さんは高校卒業後、地元の会社に就職し、二二歳の時に東京の男性と結婚した。結婚式は一九六四年一〇月一〇日、東京オリンピック開会式の日だった。

誠太郎氏は高校卒業後、東京の会社に就職したが、五年ほどして家に戻り、「ユウキ商店」の仕事を手伝うようになる。

結婚後、東京に暮らす佳子さんは六六年長男・史彦さんを、六八年次男靖夫さんを出産。三好氏にとって、二人の孫との触れ合いがいちばんの楽しみで生きがいになった。夏休みになると二人は三好氏のところでひと月近くを過ごし、田舎暮らしを満喫した。靖夫さんはこんな思い出を語る。

「おじいちゃんとは近くの川によく釣りに行きました。かわいがってくれましたね。でこぼこした平原を虫取りの網をもって、おじいちゃんと全力で走りました。疲れたら自生している梨を兄とおじいちゃんと三人で笑顔で食べた光景が今も浮かんできます」

時には、猫車に二人を乗せてスリル満点の猛スピードで走らせてみせる。がっしりした体つき、強い足腰。史彦さんは「パワフルでしたね」と懐かしむ。

几帳面な性分なので、整理整頓《せいとん》を欠かさない。ふすまや障子の張り替えは全部自分でやっていた。絵を描くのも好きだった。酒もたばこもやらなかった。

邦子さんは一九七八年に学校給食の仕事を定年で退職すると、ユウキ商店の経理に専念する。忙しくても人は入れず、親子三人で、仕事を切り盛りしていった。

ロシアのことを詳しく話すことはほとんどなかった。それでも時々、史彦さんと靖夫さんには昔話のようにして語った。

「ものすごく寒くてね、同僚の顔が寒さで凍ってしまったんだよ」

「ロシアでもバイクの修理をしていたから、一目置かれていたんだ」

「日本に帰るとき、途中下車してカニ缶を買ったんだけど、それが高いものだったから売る人がびっくりしてたよ」

「お金はだいぶためていたけど、船に乗る前に全部没収されちゃった」

靖夫さんが「おじいちゃん、これロシア語で何て言うの？」と訊くとわだかまりなく教えてくれた。「一、二、三、四……」は今でも言えると、ロシア語で数えてみせてくれた。

佳子さんの夫（二〇一四年他界）は歴史に興味を持っていたので、三好氏に会うたび抑留時代のことを聞いていたという。ペラゲイアやリュドミラの話は一切なかった。もしひとことでも言っていたら、佳子さんに伝えたはずである。ソ連時代の写真も一枚もなかった。

村で一人暮らすペラゲイア、自立するリュドミラ

ドミートリイが去った後の、ペラゲイアとリュドミラはどうしたか。

一九五四年、三好氏が帰国した後、ペラゲイアはカンスクから六〇キロほど離れたニコラエフカという、森のそばにある村の親戚のところに引っ越した。マリヤとリュドミラも一緒である。マリヤは間もなく結婚したので、ペラゲイアとリュドミラの二人だけの暮らしが始まる。家は居間がひとつだけ、居間にあるのはペチカと必要最小限の家具だけだった。

ペラゲイアは村の養鶏所で働いた。家では畑で野菜を作り、鶏やヤギなどの世話をした。畑にはジャガイモ、キャベツ、トマト、キュウリ……、たくさんの野菜が植えられた。季節になると森に

入って、キノコやイチゴ、ベリーなどを摘んで帰って来る。来るべく冬に備え、キノコは酢漬けに、ベリー類はジャムにして保存するのだ。毎朝パンを焼き、織機で布を織り、ペラゲイアはいつも働いていた。

リュドミラは母親の仕事をよく手伝う子だった。五歳の時にマリヤの長女が生まれ、幼いながらその子の面倒を見る役割を担った（マリヤは結局六人の子どもの母親になる）。

学齢期になると、村にある小学校へ通った。村の小さな学校では、四年生の終わりまでしか教える先生がいないので、五年、六年は一二キロ離れたチンスカヤ村の学校まで通わなければならなかった。夏は歩いて、冬はトラクターを動員して。雪の中、村の子どもたちを乗せた牽引車《けんいんしゃ》を連結すると、トラクターはそれを勇ましく引っ張り前に進んだ。七年生になるころニコラエフカ村の小学校に高学年を教える教師が来たので七年、八年は村の小学校に通い、無事卒業にまでこぎつける。

リュドミラは物心ついたころから、父親は日本人だとペラゲイアやマリヤから教えられていた。「お前が日本人そっくりなのは、お父さんが日本人だからだよ」と結城三好氏の写真を見せながら言った。この、ソ連時代の三好氏の写真は、いつだれがどんな目的で撮ったものなのか分からないという。ペラゲイアが持つようになった経緯も不明である。写真を見る度、リュドミラは日本人の父親の存在を感じた。

三好氏の痕跡《こんせき》はそここに残っていた。三好氏はカンスクではドミートリイと呼ばれていたので、リュドミラの父称はドミートリエヴナである。「トゥスン」という言葉も日本語として覚えていた。それが「父さん」を意味していたことはずっと後になって知るのだが。父親似なので、小さいころは「日本人だね」と周囲の人によく言われた。他民族国家のロシアでは人種の差別はないので、日本人を理由にいじめられたことはない。

ペラゲイアとマリヤは、ミーチャが心やさしく善良な人だったことを折に触れて語った。だからリュドミラは自分の父親のことを誇りに思って成長したのだ。

とくに写真の存在は大きかったに違いない。ドミートリイの写真を見る度、家族はそこに写る影を感じずにはいられなかった。

「私たちがいちばん心配したのは、ナホトカから日本に向かった船が遭難して沈んでしまったという噂でした。もしかすると日本に着く前に死んでしまったかもしれない。それなら帰さなければよかった。その懸念がずっとありました」

リュドミラは八年生を終えると、クラスノヤルスクにある単科大学の商業調理学校に進学した。独立心は旺盛《おうせい》で、父親がどこの人間であっても私は私だという気持ちのほうが強かった。二年間で調理師の資格を取得し（邦子さんと同じである）卒業すると、職業分配によって、カンスク市のレストランにシェフとして赴任。その後イルクーツク州イリムスク地区ジェレズノゴルスク市へ移転する。シェフとしての腕前は素晴らしく、とくにペリメニ（ロシア風餃子《ぎょうざ》）は最高だとタチアナは自慢する。

娘リュドミラ。19歳、1970年

　その後腕を痛めてしまったので調理師を辞めて勉強をし直し、歯科技工士に転職をした。四〇歳の時、優秀市民として共産党から表彰され、新聞にも写真入りで紹介された。

　結婚は二一歳の時である。相手はジェレズノゴルスクで出会ったエリハム・ガイズレルというドイツ系ロシア人で、カザフスタンに実家があった。七二年八月八日、そのカザフスタンで結婚式を挙げる。

七三年一〇月一八日、ジェレズノゴルスクでタチアナが生まれる。七八年九月五日、弟のエヴゲーニィが誕生。

タチアナは子ども時代、夏になるとニコラエフカ村に住むペラゲイアのところを訪れるのが楽しみだった。村にはマリヤも住んでいた。「ポーリャおばあさん」は厳しい人生を送ったからか、子どものしつけには厳しい人だった。「でも、謙虚で勤勉で、私たちが行くとおいしい料理をごちそうしてくれました。ポーリャおばあさんは、最良の祖母でした！」

ミーチャの思い出が残っていることがタチアナにも伝わったが、ペラゲイアは孫たちには多くを語らなかった。まだ小さくて理解できないと思ったのかもしれない。

三好氏、邦子さんの死

日本に帰った三好氏とペラゲイアの間で、一切の音信は行われなかった。

一九九〇年頃、リュドミラは父親のことを聞こうと、カンスクに住む植木武廣氏のところを訪れたことがある。そこで初めて、正しい日本名を知った。植木氏はノートの切れ端にキリル文字と、漢字とカタカナのまじった日本文字で「結城ミヨシ」と書き、それをリュドミラに渡してくれた。

覚えていた「トゥスン」の意味を訊くと「アチェッ（父さん）だろう」と答えた。幼いリュドミラに自分のことを「父さん」と呼ばせていたのだろう。

そのころは、植木氏自身が自己意思残留者という名目の消息不明者の一人だった。三好氏の居所などは全くわからないと言う。だからそれ以上のことを聞くことはできず、捜すのに力を貸してほ

左よりリュドミラ、タチアナ、エリハム。1974年

しいと頼むこともしなかった。

三好氏は七〇歳を過ぎても、現役でバリバリと働いた。七五歳を過ぎると仕事の多くを誠太郎氏に委ね、のんびりした日々を過ごすようになる。

そのころからソ連ではペレストロイカのうねりが広がり、九一年末にはついにソ連邦が崩壊する。一連のニュースが折々に流れても三好氏が関心を寄せるような感じはみられなかった。むしろ「ロシアは嫌いだ」と背中を向けていた。

八〇歳を過ぎると体調を崩し、要介護状態になってくる。家で介護を受ける生活を送っていたのだが、九二年一二月からは入院の身となった。邦子さんの消耗も気がかりなので、佳子さんは毎月一〇日間ほど、パート勤務を休んでは東京から通い続けた。五ヶ月間の入院の末、一九九三年五月二三日八一歳で永眠する。国を信じず、自分の力のみをたのみとして裸一貫で生きた人生だった。

三好氏死去の二年後の九五年五月五日、邦子さんも七七歳で後を追う。戦後の厳しい日々に力を合わせて暮らしをつくってきただけに、喪失感は大きなものがあっただろう。

史彦さんは「祖母は祖父のことが大好きだったので、一人になったら気力も体力も一気に衰えていきました」と言う。

佳子さんは「小説が好きでよく読んでいました。気位が高くてずっと文学少女のような感じでしたね」と母親を偲《しの》ぶ。

ペラゲイアの死、ドイツへの移住から物語は動き出す

ロシアでは、ペラゲイアも人生最後の時を迎えていた。一九九四年、ニコラエフカ村で八一年の生涯を閉じる。家事も仕事も完璧《かんぺき》にこなす美しい女性だったので求婚してくる男性は幾人かいたのだが、子どもたちを大事に育てたいからと誰とも再婚しなかった。

リュドミラは葬儀に行くことはできなかった。ペラゲイアが亡くなる直前、家族全員でドイツに移住したからである。

リュドミラ一家がなぜドイツに移住したかは、リュドミラの結婚相手が先に記したように、カザフスタンで生まれ育ったドイツ系ロシア人であったからである。木村鉄五郎氏の章（第二章）で記したように、ソ連領内に住むドイツ系ロシア人は、ほぼ全員が西シベリアやカザフスタンに強制移住をさせられた。リュドミラの夫・エリハムは母親の強制移住の証明書を残していた。三六年、ウクライナ・ジトミル州からカザフスタン・コクシェタウ州に、他の家族構成員と共に移住させられたことが記されている。

そうした背景を持った、リュドミラの夫のエリハムはソ連邦崩壊以降、ドイツで自分とルーツを同じくする親戚を捜し当てて、ドイツに〝戻る〟ことを決意した。見つかったドイツの親戚は、ガ

イズレル一家のドイツ移住を歓迎したという。

　両親と共にドイツに移った時、長女のタチアナは二〇歳。一からドイツ語を学ばなければならず、会話ができるようになるまで相当の奮闘を強いられた。そしてタチアナが恋して九五年に結婚した相手も、ドイツに移住したドイツ系ロシア人だった。タチアナの夫・エドワードはキルギスの生まれ。一族はソ連邦内で強制移住を体験し、キルギスやイルクーツク地方に追いやられた苦難の体験を持っている。父方の祖父はシベリアで苛酷な人生を送ったという。

「ですから、ユウキミヨシさんの人生もどれほど厳しかったか、よく分かります」

　ドイツに定着してからリュドミラは再び調理の仕事に就いて、二〇〇〇年まで働いた。

　タチアナはクラスノヤルスクの商業学校を出た後にロシアで税コンサルタントの仕事に就いていたのだが、それを活かすべく、ドイツ移住後三年かけてロシアと同じ税コンサルタントの資格を取得した。今は税務関連の事務所に勤務し、ドイツに移住したロシア人ビジネスマンをクライアントに忙しく働いている。エドワードはＩＴ関連の会社に勤務する技術者で、高いポストについているという。二人の間には二人の息子がいる。住んでいるのはビュンデという町で、デュッセルドルフからは車で約二時間半の距離である。リュドミラも同じ町に暮らしている。

　佳子さんの息子たち、史彦さんと靖夫さんは大学を卒業するとそれぞれ都内の企業に就職。二〇一四年に夫を亡くした佳子さんは、閑静な住宅地で穏やかな一人暮らしを送っている。Ｚ県の実家には、誠太郎氏が独身のまま暮らしている。

　物語はそれで終わりになるはずだった。

　だが、ドイツの親族が見つかったことで人生の変わったタチアナが、もうひとつのルーツ探しに関心を持ち始めた。ユウキミヨシ氏の写真と母親のリュドミラの若いころの写真を見る度、日本人の血が自分にも流れていることを感じて、祖父とのつながりを知りたいと思う気持ちが高まってきた。一度カンスクの役所に問い合わせをしてみたが「ユウキミヨシ」の記録は存在しないとの回答だった。

日本人の祖父は日本海で海の藻屑《もくず》となったのか？　生きているならどんな人生を送り、親族は今どこにいるのか？　あれこれ探索し、北海道サハリン事務所に「ユウキ」という名前の人物がいることに行き当たった。

「結城三好」を捜す

ここからは、タチアナファミリーと三好氏一家が邂逅し、パンドラの箱を開けるまでのもうひとつの物語になる。

「こういう人がいるのだけれど」と、協会会長の斎藤弘美さんから情報を渡されたのは、二〇一七年一一月の半ばだった。情報は「ユウキミヨシ」という名前と札幌出身ということしかない。生年月日も樺太のどこの町に住んでいたかもわからない。雲をつかむような話だが、実在していたならどこかに痕跡は残っているはずである。痕跡の多くは、その人の人生と歴史が交錯した時に発生する。歴史を探るためにもやってみようと返答した。

リュドミラに父親の名前を教えた植木武廣氏は、一九九五年以降、頻繁に一時帰国を行っていた（二〇〇七年死去）。だが三好氏の話が出たことは一度もないという。七〇歳を超えてからの一時帰国だったので、遠い昔の記憶は消え去っていても不思議ではなかった。

最初に行ったのは、樺太出身者が集団で引き揚げた一九五四年三月二〇日の乗船名簿を国会図書館で調べることである。札幌出身といわれていたので、北海道の関連者約三〇〇名を確かめたが、

「ユウキミヨシ」の名前は見つからない。乗船者名簿は上陸後に帰還する地域ごとに整理されている。二日がかりで、その直前の五三年一二月から、ナホトカからの最後の引き揚げ船になる五六年一二月二六日までの北海道帰還者を見ていったが該当者は現れない。同姓同名の乗船者（後で漢字が違うことが分かった）が札幌月寒《つきさむ》にいて期待を持ったのだが、すぐに別人であることが判明した。

タチアナさんからは、ソ連時代の三好氏の写真とリュドミラさんの数枚の写真が送られてきた。幼い頃のリュドミラさんは人形のように愛くるしい。娘時代のリュドミラさんは目鼻立ちが三好氏とよく似ていて、双方を見比べながらこれならDNA鑑定をする必要もないと、血のつながりの持つ投影力に感嘆した。

その後、私の方が忙しくなり、しばらく放置状態が続いたのだが、三好氏とリュドミラさんの写真を見ると、放っておくわけにもいかないと、数ヶ月後にまた国会図書館に足を向けた。

五四年三月二〇日の北海道帰還乗船者を再び捜し、しかし札幌出身とは事実なのかと、今度は東京から始まる名簿をなぞっていった。関係者の情報は思い込みや伝聞などにより、不正確な場合が意外に多いのだ。関東地方の各県から東北地方に移り、Z県に入ると、特別の存在感を持つ漢字の塊が目に飛び込んできた。「結城三好」が名簿の群れから浮かび上がっている。ここにいたのか！　結城三好はソ連から帰った実在の人だった。

では、帰国後の三好氏はどこに住んでいたのだろう？　頼りにしたのは古い電話帳である。昭和の電話帳は電話を持ったほとんどの人が載り、しかも住所まで記載されているまさに個人情報の宝庫である。ただし地区ごとに分冊され、ひとつの県内で何冊にも及んでいるので、〝その人〟を見つけるのは運と根気次第である。「結城三好」は昭和四〇年代、Z県の中心都市に住んでいたことが分かったのは、運が良かったと言う他ない。

次は電話帳の住所を頼りに住宅地図にあたってみる。そこに当該者の家族らしい名前の家がなければ、どこかに引っ越したということなので、先ほどよりもう少し新しい電話帳に当たってみる……、という繰り返しで、住んでいたところを絞り込んでいくのだが、到達する最後のツメは運や粘りの他に〝その人〟が自分を見つけてほしいと思っているかどうかにかかっている。人捜しとは、結局〝その人〟の意思が決めるのだと思わざるを得ないところがある。

あれこれと探りまわり、ついに世帯主が「結城誠太郎」と記されている家が最新の地図上に載っているのを見つけた。地方の古くからあるような一軒家の印象だ。結城三好氏の息子さんが家を継いで住んでいるに違いない。

二〇一八年四月、誠太郎氏あてに手紙を出した。ロシア女性のタチアナという人が、祖父である「ユウキミヨシ」氏を捜している、いろいろ調べた結果、あなたのお父様と推察するに至った、どうぞご検証いただきたいとの文書に、ソ連時代の三好氏の写真を同封して投函《とうかん》。祈るようにして結果を待った。

一週間後、誠太郎氏に電話をかけた。固定電話の数回のコールの後に男性が出て「私の父親です」と答える。ビンゴ！　と心臓が音を立てる。

拒絶の感がなかったので、少し質問をした。誠太郎氏は質問に対して淡々と短く答えてくれた。樺太・豊原で暮らしていたこと、終戦後すぐ母親と自分たちは引き揚げたが、父親は樺太に残ったこと、母親の実家は北海道だったこと、シベリアから引き揚げ後は資源回収業についたこと……。「ロシアに女の子がいることは知っていましたか？」「いや、シベリアのことは一切話さなかった、誰にも何も言わなかったと思う。この手紙でそんなことがあったのかと初めて知った」「これを契機にロシアの家族と交流するおつもりはありませんか？」と投げかけてみる。「いや、そんな気はありません」。これ以上話す気はないという答えぶりに、突然の失礼を詫《わ》び、電話を打ち切るしかなかった。受け入れてくれればZ県まで訪ねて行って、と思っていたのだが、それは無理な要望であることは確かめる必要のない雰囲気だった。

戦争が起こした分断がもたらした二度目の拒絶

とりつく島のない拒絶はショックだったが、何も知らない家族にとって、受け入れがたいものがあることは容易に想像できた。事実を伝えるということは、穏やかに暮らしている家の戸を突如こじあけて、乱暴にかき乱す侵入者のようなものである。だが、一旦知ってしまったら再び放置することは許されないのではないか。

誠太郎氏の返答をタチアナさんに伝えるのはつらかったが、彼の言葉をそのまま述べていくしかなかった。タチアナさんはここで初めて、祖父の生年と死亡年を知ることになった。間もなく、結城三好氏の息子のところまでたどり着いたことのお礼と「私たちはユウキミヨシの息子さんの意見を尊重します。七五歳という息子さんの年齢を考えると、気持ちは理解できます」という返事が来た。

だが、日本の親族との対面を熱望するタチアナさんは、次のメールで自分たち家族の歴史の写真を誠太郎氏に見せてほしいとの希望を言ってきた。自分たちのことをもう少し知れば、気持ちも変わってくるかもしれないと、一縷《いちる》の望みをかける心情はよくわかった。

写真だけでなく情報は多い方がよいと、「あなたの家族の歴史を詳しく教えてほしい」と私は要望し、たくさんの質問を提出した。ならばと、その年の夏休み、タチアナさんは「ポーリャおばあさん」の人生を知るために、次男のリオン君とカンスクへの旅を決行する。一九九八年生まれのリオン君は日本のアニメが大好きで、曾祖父《そう》が日本人であることに〝縁〟を感じている若者である。

カンスクに二週間滞在したタチアナさんは、役所などあちこちで三好氏に関する公文書を探索したが、記録はどこにも存在しなかった。カンスクでの三好氏はソ連からも日本からも放置された存在だったということになる。

タチアナさんはカンスク近くに住む前述の伯母《おば》マリヤさんに会い、三好氏とペラゲイアに関する記憶を思い出してもらった。そこでのミーチャは、前述の通り活き活きとした温かな存在だった。

帰宅後、二時間かけて書いたというタチアナさんの報告のメールをもとに、私はもう一度誠太郎氏に手紙を書いた。新たな負担をかけるかもしれないことを恐れながら、温かな記憶をロシアの家族に残した三好氏の足跡を慎重に伝えた。リュドミラさんの若いころの写真も同封した。そして、来日を考えているタチアナさんのお墓参りを許してもらえないかと、こうお願いをした。

「苦しい暮らしをしていた祖母のペラゲイアさんとその子どもたちを励まし、あたたかく支えてくれた〝おじいさん〟に感謝の気持ちを捧げ、お花を手向けることを許していただくことはできませんでしょうか？」

一〇月末、確認の電話を入れた。

「ソ連時代は労働ばかりと思っていたから、そんな自由な時間があったなんて驚いた。子ども〔リュドミラ〕を育ててもらってありがたいと思ってます。でもお墓参りは遠慮してほしい、母親も入っているからまずい。父親は何もしゃべらないで死んでいった。だからロシアの家族のことを知りたいとは思わない。こちらの写真を送る気はないし、向こうの写真ももらう気はないです。父親は何もしゃべらなかったんだからね」

拒絶の壁は前より厚いと感じざるを得なかった。誠太郎氏の拒絶は、親子の枠を取っ払って、戦争が引き起こした分断をそのまま突きつけていた。

タチアナさんからの返答。

「彼のお気持ちはよく理解できます。ご子息もすでにお年を召されており、今更家族の中で、あるいは人生で何らかの変化が起こることは受け入れがたいことであろうと存じます。人生は単純なものではありません。戦時であればなおさらのことです。私たち家族も、母も、彼の希望を尊重したいと思います。彼にこれ以上のご迷惑をかけるつもりはありません。間もなくクリスマスの祝日が始まります」

クリスマスの後、タチアナさんと初めてスカイプで話を交わした。リビングにはソ連時代の三好氏の写真が飾られている。通訳を介し、いろいろ語った後「こんなことになるなら調べるのをやめればよかったね」と夫から言われたと、寂しそうに笑った。

結城三好氏は私たちが捜しに来るのを待っていた

これで調査は打ち切るしかないと、私は誠太郎氏に平穏な後半生の日々に混乱と負担をかけたことへのお詫びと、心の片隅にでもペラゲイアの家族がいることを留めておいてほしいという手紙を出した。

二〇一九年三月、タチアナさんから日本語教室に通い始めたという報告のメールと、リュドミラさんを含めた家族全員（犬も一緒）の写真が送られてきた。

日本の親族に会えないならせめてお墓参りだけでも、との気持ちは続いていた。それでは、結城三好氏の墓を捜してみようと提案してくれたのは、最初から協力し続けてくれた協会会長の斎藤弘美さんである。斎藤さんは民俗学の研究者でもあり、墓捜しに関しては経験と勘をもっている。

とにかくやってみようと、四月後半、私たちはZ県に向かった。見つからなかったら、それは三好氏が私たちにもタチアナさんにも会いたくないということだ。死者は近づこうとする生者に何らかのメッセージを送る存在である。

駅の観光案内所で尋ねると、町には二ヵ所の墓地があり、町民用の共同墓地が多くを受け入れているという。その共同墓地に向かった。満開の桜と広がる青空の素晴らしい日である。共同墓地は、国道わきのだだっぴろい敷地にびっしりと墓石が並ぶ殺風景な光景である。数百基はあるような数の多さに一瞬めまいが起きた。果たして見つけられるのか？　ここで見つからなければ、夕方までかけてもう一ヵ所の墓地にいくつもりであった。

あてずっぽうに車が止まった地点の小路に入り、墓石に刻まれた文字を確認しながら歩き始めて数十秒。「結城家之墓」の文字が目に飛び込んできた。これか。法名碑には、はっきり三好とある。小路に入ってわずか一〇基目。「やっぱり見つけてもらいたかったんだ！」と斎藤弘美さんが声を上げた。

法名碑をよく確認すると、潔、三好、邦子の三人の名前が刻まれていた。生後まもなく亡くなった「潔」には「徳潔孩児《がいじ》」とあった。

何という偶然の働きだろう。最初の小路で車が止まってくれたのが最大の幸運で、もう少し進むと正門があったのだが、ここから入ると見つけることは難しかったかもしれない。

手を合わせた後、ここから結城誠太郎氏の住まいまではそう遠くないことに気が付く。墓がすぐに見つかったことに推されて、私たちは結城家に向かった。これから伺いたいと、ことわりの電話をしようにも、携帯に電話番号は登録されておらず、それを記したメモも持参していなかった。もし、電話をしていたら断られていただろう。

笑顔の遺影

築五〇年ほどの二階建ての家の出入り口は、引き戸であった。奥のガレージ前には古いトラックが止まっていて、渦巻き状になっている銅線らしきものが置かれていた。応答機能のないブザーを押すと、ガタガタと戸を開けて、足音が近づいてくる。

「突然で申し訳ありません。何度か手紙を出したものですが、どうしてもお話ししたいことがあり、見せたいものがあるので伺いました」

一気呵成《かせい》に話すと、引き戸が開き、三好氏に似た感じの小柄な老人が現れた。「ああ、あの手紙の……」と、拒絶的ではなく、驚いた風もない。こちらが突然の来訪の意図を話し続けると、神妙な感じで聞いてくれて「じゃあ、入ってみますか」と言ってくれるではないか。まさか家に入れてもらえるとは。

誠太郎氏はソファに座り、表情はほとんど変わらず、相槌《あいづち》を打つこともなく、かといって敵対的でもなく、ただじっとこちらの言うことを聞いていた。リュドミラさんの赤ん坊の頃から今に至るまでの写真を並べたが、感想は何も語らない。突然〝妹〟の写真を見せられても、どう反応してよいか分からないのは当然だろう。それでも質問したことには必要最小限のことを語ってくれた。ここで私たちは、引き揚げ後の三好氏の歩みをある程度知ることになる。

思いきって、斎藤さんが三好さんの写真を見せてもらえないかと頼むと、遺影ならばと仏間に通された。立派な仏壇。これは非常にありがたいことだった。初めて見る日本帰還後の三好氏の姿は、喪服の合成写真である。ソ連時代と変わらない端整な顔立ちを早くタチアナさんに見せたいと思う。隣には、妻の邦子さんの笑顔の遺影があった。

誠太郎氏にお姉さんがいることは分かっていた（着物を着ていた女の子である）。お姉さんには二人の息子がいて、父は孫が来るのをいちばんの楽しみにしていたと誠太郎氏はさきほどの話の中で語った。

そのお孫さんの連絡先を教えてほしいと言ってみると、ためらっている様子だったが、年賀状を持ってきてくれた。ここで断られていたら、二つの家族がつながることは永久になかったろう。誠太郎氏は決して拒絶的な人間ではなく、この〝神対応〟をしてくれたのだ。二人の住所はありがたいことに、都内近郊であった。

最後にタチアナさんとの対面の可否を尋ねたが、やはり会うつもりはないとの答えだった。後に、誠太郎氏はずっと独身で、両親が亡くなった後は一人暮らしを続けていることを知る。父親の体験が信じられなかったことに加え、親戚と名乗る見も知らぬ人と会うことは苦痛だったのだろう。何も言わずに人生を終えた父親と、父親を信じ続けた母親の絆《きずな》を傷つけたくなかったこともあると思う。母親を守ろうとの気持ちが前に出ているようだった。

お墓と三好氏の遺影の写真を見たタチアナさんからは、高揚した返事がすぐに届いた。

「昨日私は感動して、言葉も出ませんでした。この写真は私たち家族にとってとても重要です。この写真を見て、ミヨシさんの一生を感じます」

分断から融和へ、戦争の傷跡を越えた家族の肖像

ここからの展開は速かった。孫にあたる史彦さんと靖夫さんに、これまでのいきさつを書いた手紙と、三好氏とリュドミラさん〝父娘〟の写真を送った。手紙には祈念と期待を込めて訴えた。

「戦争の傷跡は深く、それを修復し、癒やすには長い時間が必要です。一代では不可能でも世代を

超えて努力することで、傷を希望に変えることができるかもしれません。結城三好さんご自身がそれを望んでいるように感じました」

間もなく、「非常に驚いている」との感想と共に「ぜひ母親も含めてお会いして詳しい話を聞きたい」との返事が史彦さんから送られてきた。

佳子さんのご自宅に斎藤さんと共にお邪魔したのは、二〇一九年五月二五日である。一家の前で詳しい経緯を説明し、佳子さんたちからは結城家の戦後について語ってもらった。率直な話し合いだった。一家の写真をタチアナさんに送ることも快く受け入れ、トトロファンだというリオン君に向け、たまたま靖夫さんが持っていたジブリのイラスト入りのハンカチを、スマホの前に掲げてくれた。その家族写真と、三好氏の生前の写真を数枚転送した。

タチアナさんからの返信には「親愛なる親戚の皆様」とあり、「こう呼ぶことをお許しください」との言葉が添えられていた。

「ユウキミヨシの写真を見た時、リュドミラは何だか心がすっと軽くなったと言います。彼が自分の近しい人と生き抜いたこと、孫ができるまで生きたこと、そのうえ、孫にロシア語まで教えたこと……、自分の父親の人生を知ることはリュドミラにとって、とても大事なことだったのです。彼の捧げた人生の一部はいつも温かな思い出になっています」

ロシアと日本の親族がつながった。

捜す側のタチアナさんは、自分の家族の深い穴を埋めるため懸命だった。だが捜し当てられた家族の方は、どうだったろう。「ショックだった」と佳子さんは言った。「恥ずかしい」とも言った。しばらくの時間を置き、父親のもう一つの人生を受け入れることを決めた佳子さんは、リュドミラさんに感謝を伝える。

「父は美しくて優しいペラゲイアさんにお会いしてほっとした気持ちになったのでしょう。お米をいただき、どんなにありがたかったことでしょう。本当にお世話になり、感謝しております」

タチアナさんからの返信。

「リュドミラが佳子さんの手紙を泣いて読んでいました。とても感動的な心に響く手紙でした」

二〇年二月一〇日、タチアナさんとリオン君とその友達の三人が来日した。リュドミラさんは夫の具合がよくないので、何日も家を空けることができないという。若者二人の旅の主目的は、アキバとスタジオジブリである。この直後に世界中でコロナ対策が始まり、来日はまさに〝そこしかない〟タイミングだった。

一五日にはZ県でお墓参りをして、三好氏の家をタクシーの窓から眺めた。羽田《はねだ》到着からこの日のお墓参りまで通訳を務めてくれたのは、協会会員の金氏香織《かねうじかおり》さんである。一六日には佳子さんの家に皆が集まり、双方の家族が初めての対面となった。タチアナさんは前の日よく眠れなかったという。佳子さんも緊張の様子が見えて、やはり眠れなかったと見える。玄関口で抱き合うにはお互い余裕がなさ過ぎて、リビングに案内するのが精一杯だった。

結城三好氏を真ん中に、日本とロシアの家族が向かい合って座る。伯母と姪《めい》、いとこ同士……、ここにいる五人は、結城三好氏から始まった。靖夫さんの奥さんも同席している。

家族以外の同席者は斎藤弘美さん、タチアナさんとのおびただしい交信の翻訳を心意気だけで引き受けてくれた宮川琢《みやがわおさむ》氏（前・ウラジオストク日本センター所長）と私である。

たくさんのお土産の交換、結城家の歴史を語るアルバムの鑑賞。佳子さんが招待したレストランでワインの乾杯……。リュドミラさんからの伝言をタチアナさんが話す。

「心から皆さんによろしくと言っていました。あなたたちが私たちの家族のことをよく思っていないかもしれないと思っていましたので、今回子どもがお会いできてうれしいです」

スカイプでリュドミラさんが佳子さんに挨拶をする。「どうぞよろしく。私のお姉さんになる人」。佳子さんは小さく手を振りながら「お会いできるとは信じられない」と、遠慮深げに呟《つぶや》いた。

タチアナさんは言った。

「日本に来たこと自体、信じられません。祖父のお墓参りをして悲しみを感じました。人生の巡りあわせを感じました」

その人の人生が終わっても、生きた痕跡は新しいつながりを生んでいく。祖父を捜し出すという熱意が、忘れられた日露の家族の歴史を蘇《よみがえ》らせた。

タチアナさんたちの帰国後、佳子さんはガラケーをスマホに替え、ワッツアップ（海外版ライン）の使い方を習い利用し始めた。グーグル翻訳を使ってタチアナさんたちとやりとりをし、カードやプレゼントを贈りあっている。「世界が広がりました。ドイツやロシアのことを調べようという気になりますね」。細く長い交流をと、史彦さんも靖夫さんもつながりを大事にしている。誠太郎氏も佳子さん経由で送られたタチアナさんからのお土産品を、仏壇に置き手を合わせているという。

日本の家族に会う前、タチアナさんは夫のエドワード氏から「ついに君はパンドラの箱を開けたんだね」と言われたという。パンドラが好奇心から蓋《ふた》を開けると、中からは憎悪、飢餓、病気、盗み、迫害……、あらゆる災厄が飛び出し、世界に広がった。最後に残った「希望」が、人間をさまざまな苦悩に立ち向かわせることになった。

シベリア民間人抑留という苦悩の出来事の末に、ユウキミヨシは「希望」を遺《のこ》してくれたのだった。

第五章
一三歳の密航者、カザフスタンで「サムライ」となる
——三浦正雄（カザフスタン）

壮年期の三浦正雄（1960年代後半か）

三浦正雄　略年譜

1932年	8月1日	樺太留多加郡能登呂村大字大吠に生まれる
1945年	8月	終戦、父の友人と共にボートで稚内に脱出
1946年	7月末	樺太に逆密航、ソ連の巡視船に捕まり逮捕
1947年	10月頃	国境侵犯罪で1年半の懲役刑。その後大陸へ連行されマリインスク収容所に
1948年	8月	刑期が終わり釈放、1ヶ月かけて指令されたカザフスタン・イリまでたどり着く
	9月〜	朝鮮人ソンの家の世話になる、コルホーズで働く
1950年〜		独立した漁師として働く
1958年		トラクターオペレーターの資格を取る
1964年		ニーナと結婚、その後1男1女を授かる
1970年〜		ウシュジャルマ村で猟師を生業に
1982年		カザフスタンで第一の猟師の称号と「サムライ・ミウラ」の異名を持つ
1987年	7月	観光ツアーで日本に。兄の義雄と20分だけの再会
1995年	6月	最初の一時帰国
2001年	1月	2度目の一時帰国
2002年	2月	永住帰国、ニーナ心臓手術
2022年	1月19日	肺炎のため死去、89歳

※野村幸子は仮名

少年の冒険物語

三浦正雄《みうらまさお》氏の急速回転の人生は一三歳から始まった。それも、〝敵国〟の軍人によって捕らえられ、訳も分からぬうちにシベリアの収容所に送られるという、悪い冗談のような始まり方である。正雄氏はその運命を受けて立ち、自分の道を切り拓《ひら》いていく。家族はいない、言葉も通じぬ、帰るべき日本はあまりに遠い――途方に暮れて打ちひしがれ、いつ消え去ってもおかしくない境遇だったが、それらを撥《は》ねのける〝少年力〟と機智を持っていた。

逞しく成長し、カザフスタンの片田舎で第一級の猟師となって「サムライ・ミウラ」の異名をとるまでの足跡は、人との奇縁と情に満ちている。

日本に永住帰国した正雄氏に、多くの人が話を聞きに来た。私も何度か自宅にお邪魔して、その度に夫人のニーナさんの絶品の手料理をご馳走《ちそう》になった。正雄氏とその関係者を含めた証言記録は戦争の苛酷さを背景にしているが、生き抜く意思を燃やし続けた〝少年の冒険物語〟の感もある。

なお、本章では少年時代は「正雄」、一人前に稼げるようになってからは「正雄氏」と区別して表記している。

墓の前の花

正雄は樺太留多加《るうたか》郡能登呂《のとろ》村大字大吠《おおぼえ》という亜庭《あにわ》湾に面したところで一九三二年、三浦家の四男として生まれた。家族構成は次の通りだ。

父／寅次《とらじ》　牧畜業の手伝い　母／早くに死去したため名前分からず

長兄／寅雄《とらお》、徴兵で陸軍へ、沖縄戦で戦死
次兄／義雄《よしお》、日本に引き揚げ後、正雄氏と再会
三兄／幸雄《さちお》、徴兵で陸軍へ、その後のことは分からず
姉／タケ子《こ》
弟／光雄《みつお》、五歳ごろ死去

父親・寅次は、同じ村で牧畜を営むホシミさんという人のところで働いていた。母親は正雄が五歳のころ病死する。どんな病気だったかは知らないが、家で長いこと寝たきりだった様子は記憶に残っている。病院までは遠く、たとえ近くにあってもお金の面で入院させることはできなかったろう。母親との触れ合いの思い出は淡くて、時々膝《ひざ》に乗って髪を櫛《くし》でとかしてあげたことくらいしか思い浮かばない。

亡くなったときは、木を組んで作ったやぐらの真ん中に棺を安置し、荼毘《だび》に付した。「焼いた後、弟と一緒に箸で骨を拾って箱に入れました。それも思い出のひとつです」

その三年ほど後、三歳下の光雄も突然のように亡くなった。

五月頃、ニシンをとるため光雄を連れて正雄は海岸に出かけた。ニシンの大群が産卵のため海岸に群来《くき》るシーズンで、子どもでもいくらでも手ですくい獲れる。正雄たちはバケツ一杯のニシンを家に持ち帰った。「頭が痛い」と光雄が訴え始めたのは、帰って間もなくだ。頭痛は次第にひどくなって、出始めた咳《せき》も止まらなくなる。兄の寅雄が呼んできた医者は脳髄炎と診断して（細菌性髄膜炎であろう）、注射をすれば苦痛はとれるが治すことはできないと告げた。注射を打たれた光雄はすぐに眠り、その後高熱が出て翌朝息を引き取った。

母親と同じような火葬を施すと、遺骨は母親の隣に埋めてあげた。一年後、二人の墓に行ってみると墓の前に花が咲いている。誰も植えていないのにどうしてだろうと思って見つめていると、近づいてきた老人が「鳥がここに種を持ってきたんだろう」と教えてくれた。

綺麗《きれい》なピンク色の花で、二人が一緒にいて喜んでいることを知らせているのかなと思った。

一人ぼっちの正雄に最後の挨拶をしたフクロウ

光雄の死の前後と思うが、牧場の経営者のホシミさんが牛の角で突かれ不慮の死を遂げて、牧場は他の人に渡ってしまった。寅次が炭焼きを生業にするようになったのは、仕事場を失った苦肉の策だったかもしれない。

太平洋《たいへいよう》戦争が始まったころ、寅次は再婚をするのだが、女性は子どもたちに対してやさしくなかった。厳しくしつけようとしてか、箸の持ち方ひとつにも文句を言ってつらくあたった。兄姉と寅次との間は決裂し、寅次は再婚相手と一緒に家を出てしまう。残った家には子どもたちが暮らし、正雄の世話は兄や姉たちがしてくれるようになった。小学生の正雄は、授業が面白くなく、学校に行くのが好きではない子どもだった。学校まではずいぶん遠く、冬、雪が多くて家から出られない日が続くと自然に行かなくなってしまった。結局、学校通いは三年くらいで終わってしまう。

「だから、日本語の漢字はあまりできません（笑）」

学校よりも狩りをする三歳上の幸雄兄にくっついて山に入って行くのが好きだった。狩りのまねごとで小石を投げるうち、鳥を仕留められるようになって兄からもほめられた。

ある日、幸雄兄が子どものフクロウを山から持ち帰ってきた。弱ったフクロウはかわいそうだったので、皆で鳥かごに入れて飼うことにした。正雄はきょうだいのなかでいちばんフクロウをかわいがった。エサになるネズミを毎日のように捕まえては食べさせてあげたので、気持ちが通い合うような感じがした。

そうこうするうちに姉のタケ子が豊原《とよはら》在住の男性に嫁いで家を出てしまう。義雄も幸雄も召集されて軍隊に入り、一人ぼっちになった正雄は、父親の友人の窪田《くぼた》重雄《しげお》氏の家で暮らすよう手はずを整えられた。幸いにも窪田夫妻は快く正雄を受け入れ、自分の子どもたちと分け隔てなく面倒を見てくれる人たちだった。

窪田宅に移った正雄が気がかりだったのは、自分の家の鳥かごに入ったままのフクロウのことである。窪田氏の家から自宅までは四キロほどもあったが、二、三日に一度は帰り、フクロウのためにネズミをとってはかごに入れてあげた。あるとき、エサのネズミに襲われて、フクロウは片目をかみちぎられてしまう。片目になってしまったかわいそうなフクロウ。


数ヶ月後、ソ連の軍隊が北から攻めてくるという情報が飛び込んできて、みながパニック状態に陥った。どこに逃げよう、山の中に身を潜めようか。大人たちが慌てふためくなか、正雄はフクロウのことが頭に浮かんだ。逃げたらフクロウにエサをあげることはできなくなってしまう。急いで自分の家に戻った正雄はフクロウのそばで暗くなるのを待った。あたりが真っ暗になると、鳥かごの扉を開けてあげた。異変を感じたフクロウは扉から体を出すと、ふわりと飛んで窓の前の枝にとまり、まもなく夜空のかなたに飛び立っていった。

ああ、森に帰っていったんだ。そう思いながら眠ってしまうと、深夜二時ごろ「コロコロコロ……」という鳴き声が聞こえてきた。目を開けると、いなくなったはずのフクロウが窓の前の枝にとまっている。自分に別れの挨拶をするため戻ってきたのだろうか。見つめていると、どこかに飛んで消えていった。

「それで、早朝、眠ったままでいるとマサオー、マサオーと、誰かが私を呼ぶ声が聞こえてきたんです。びっくりして起きてあたりを見回しましたが、誰もいないんですよ」

あのフクロウが遠くから呼んだのかもしれない。

一三歳の密航者

敗戦の混乱が続くソ連軍占領下、窪田一家は北海道への脱出を決意した。正雄も一緒に窪田氏所有の「カワサキ」というモーターボートに乗り込んで、宗谷《そうや》海峡を渡り稚内の大岬《おおみさき》（現・宗谷岬）に無事上陸。密航成功である。

稚内市宗谷村大岬で、窪田氏は昆布漁師として働き始めた。正雄も全面的に手伝った。

「そのとき私は一三歳でした。でも大きな重たい昆布をひっぱったり、夜はイカ取りに出たり、よく働いたんですよ」

中学校に通う暇もないし、また通う気もなかった。

稚内の浜には樺太からの船がよく上陸した。どれも、命からがらで逃げてきた樺太住人を乗せた密航船である。船は小さな磯船や発動機船が主だったが、時には二〇〇トン級のものもあった。船がついたという連絡がある度、正雄は浜に走った。父や兄姉が乗っていたらと思うと、いてもたってもいられなかった。今日か明日かと待ち続けたが、翌年になっても現れないし、消息も全くつかめない。実は、兄の義雄は終戦時にソ連軍に捕まり、捕虜となってシベリアの収容所に連行されていた。三年後に帰還する。

四六年七月末、何人かの大人が窪田氏のところに「船を貸してほしい」とやってきた。親族の安否がずっと分からず、どうしても樺太に行って確かめたいのだと窪田氏に訴える。横でそれを聞いていた正雄は、父や兄の無事を確かめるため樺太に行きたいとの気持ちが強く込み上げてきた。自分も加えてほしいと頼んでみたが、ソ連軍に捕まるかもしれないし子どもは危ないと即座にはねのけられる。けれども、その気持ちはどんどん強くなっていった。

「もう抑えることができなくて、どうしても、どうしても行くと泣いて頼みました。あんまり真剣だったので、最後に行ってもいいと窪田さんは言ってくれたんです。奥さんの久子《ひさこ》さんがかわいそうに思って窪田さんに頼んだのかもしれません」

「それがお父さんを見た最後でした」

七月末のある夜、一三歳の正雄は窪田氏の持っているモーターボートで稚内の浜を出た。一緒に乗るのは、若い夫婦、知らない男性数名の合計七人くらい。夫婦の奥さんは、樺太の小学校の先生だったという。

音を消すためエンジンはかけずに、みなで力をあわせてオールで漕《こ》いだ。風もなく波も静かで、密航には絶好の気象である。順調に進んでいたのだが、国境線を越えたあたりから、天候が急変し始めた。強い風が吹きだし、波の高さも増してくる、高波がかぶさる度に船体は激しく傾いで、船内は水浸しになった。正雄と女先生は懸命にバケツで水をすくい出し、男たちは濡《ぬ》れネズミで漕ぎ続けた。

夜が明ける頃、海はようやく穏やかさを取り戻し、樺太の入り江も見えてきた。樺太最南端の西能登呂岬《にしのとろみさき》と思われ、手を伸ばせば届くほどの近さである。だが、皆疲労困憊《こんぱい》で起き上がる力もなく、船の中でぐったりと倒れ込んでいた。遠くからエンジン音が聞こえて、次第に大きくなってくる。

頭を上げて目を凝らすとソ連の船がこちらをめがけて一直線に近づいてくる。国境警備隊だ！　と誰かが叫んだ。たちまち横付けされると正雄たちの船は岸まで曳航《えいこう》され、そこで皆が拘束された。

ソ連兵のなかに少しだけ日本語を話せるものがいて「どこに行く？」と正雄に尋ねた。「ぼくはお父さんのところに行く。お父さんが待っているから」。ソ連兵は「お前たちは逮捕された」と威圧的に脅すと皆を再び小舟に乗せて、ナイセという場所まで連行した（内砂浜《ないしゃ》と思われる）。上陸すると、そこに用意されていた半地下の壕舎《ごうしゃ》に放り込まれた。壕舎は捕まえた密航者を一時的に拘禁しておく場所なのだろう、前に誰かが入った痕跡が壁のあちこちについていた。

穴はひどく狭く、数人入れば窮屈に座ってすごすくらいの余裕しかなかった。水は一日にバケツ一杯だけが支給され、それをみなで順番に飲んだ。食べ物は一日に二〇〇グラムのパン一個だけ。隅に置かれた樽《たる》がトイレ代わりで、一週間くらい辛抱しただろうか。

穴から出ると、ポートルカ（ポルカ）というロシアの小さなトラックがやってきて、その荷台に皆乗せられた。留多加に向かって北上していることがわかった。途中、大吠の小さい橋のたもとに父親・寅次の住む家があるので、そこに自分の父親がいることを通訳に伝えた。その橋に差し掛かった時、正雄は寅次が橋のたもとに立っているのを見つける。通訳が、寅次にあんたの息子を乗せた車が通ると父親に教えたらしい。

「止まって下さい！　止まって下さい！」

正雄の叫びを聞きつけ、車は停まった。飛び降りようとする正雄を「（父親の）近くに行っちゃだめだ！」と、ソ連兵は捕まえた。

寅次は橋のたもとに立ったまま叫んだ。

「マサオ！　どうしてここに来たんだ！　今、ここはソ連だよ！」

正雄は窪田氏から預かった、タバコや薬の入った袋を、荷台の上から父親目掛けて投げた。キャッチする寅次。車はすぐに発進し、寅次の姿は見えなくなった。

「それがお父さんを見た最後でした」

寅次は一九四八年滝川《たきかわ》に引き揚げ、その後は滝川でパチンコ屋を営んだ。店はけっこう繁盛したそうで、一九六八年に他界する。

二〇一八年、正雄氏は滝川まで行って、父親の墓に手を合わせた。

一四歳を刑務所で迎える

トラックで皆が連れていかれたのは留多加《るうたか》刑務所である。

刑務所内には日本人、朝鮮人、ロシア人など、四〇人くらいが入れられて、正雄はそこでパンを焼くための薪運びを手伝わされた。三ヶ月近い拘置の末、日本語のほとんど通じない通訳をあてがわれて形式的な裁判が行われる。そこで機械的に、八四条国境侵犯罪により一年六ヶ月の懲役刑が言い渡された。大人は三年なのだが、正雄は一四歳になったばかりだったので刑期は半分ということだった。

ある夜、列車に乗せられ真岡《まおか》港まで運ばれる。同じ車両には、稚内から一緒に船に乗った女先生とその夫もいた。港には船が待機していて、その船倉に詰め込まれた。船倉は家畜を運んでいたのか、床には草が敷かれて臭いもきつい。その草の上で雑魚寝《ざこね》である。船倉で女性は女先生を含めて四人、うち一人はロシア人女性だった。

船の中で、人々には水以外に何も与えられなかった。水の入ったバケツが上から降りて来るのだが、五〇人ほどもいるので一人分は缶詰の缶で一口ずつくらいなものだった。二日もすると、皆ぐったりと座り込むだけになる。これは、船の中で暴動を起こさせないための方策だったと、後に正雄は推測する。

三日後に着いた港はウラジオストクである。皆空腹で、甲板に上がる縄梯子《なわばしご》を上る元気もない。子どもの正雄だけが身軽にすいすい上っていき、泥人形みたいになった大人たちを紐《ひも》で引き上げる手伝いをやってのけた。

ウラジオストクに着いたのは一一月頃だった。みんな捕まった時のままの薄着で、多くの人がいっぺんに体調を崩してしまった。入れられた刑務所は、指定された収容所に向かうまでの待機場所だったので、労働は科せられなかった。週に一度、五分ほど外に出るのを許されたのだが、寒さのため正雄は足の指と耳が凍傷にかかってしまう。懸命に雪で患部をこすると、はがれた足の指の爪は新しいのが生えてきた。左耳の耳たぶの裏は、今も固くなっている。

しばらく後、収容所に向かうとの指令が出た。約五〇名の人間が、割り振られた収容所に機械的に送り込まれる。そこで女先生とその夫は違う収容所に振り分けられてしまった。夫と別の車両に乗るよう指示されると、女先生は「私も一緒に行く！」と叫びながら夫にしがみついた。夫も力いっぱい抱きしめたが、監視兵が女先生をけとばし無理やり引きはがしにかかった。つき飛ばされた衝撃で女先生は床に倒れ、メガネが床に飛ばされる。床に落ちたメガネを蹴《け》り飛ばす監視兵、必死で這《は》ってそれを捜す女先生。

「恐ろしい光景でした。今でも覚えています。目に焼き付いています」

正雄と女先生は同じ車両に乗せられたが、夫はどこに行ったか分からない。

マリインスク収容所で糸をつむぐ作業に就く

正雄と女先生を乗せた鉄格子付きの列車は、チタに向かった。

チタから次にイルクーツクへ。イルクーツクに着く前、一人の日本人が列車の中で亡くなった。遺体は、線路のそばを流れるアンガラ川に投げ捨てられた。隣に座っていた人が「おーい、見てみろ、今、人間が川に放り投げられたぞ」と叫んだことを覚えている。

イルクーツクの刑務所は一部屋に一〇〇人ほども入る大きなところだった。夜九時ごろにパンを載っけた台車が運ばれてくると、皆、一斉に台車に突進し、パンの獲得を巡る怒号が響き渡った。正雄は小さな体を器用に使い、ネズミのように床を這って目の前に落っこちてくるパンを素早く拾っていく。

「それを掴《つか》むと急いで自分のベッドにもぐって食べましたよ」

正雄たちが運ばれた収容所は、マリインスク駅から四キロほど離れたマリインスク収容所であった。女先生も一緒である。ここで初めて毛皮のコートなどの防寒具を渡された。

マリインスク収容所には、日本人の他、朝鮮人、クルド人、チェチェン人、ドイツ人……などたくさんの人間が詰め込まれていた。ロシア人は日本人のことを「サムライ」と呼んでいた。

大人の男は森に入って伐採に駆り出された。苛酷な労働で毎日のように誰かが命を落とした。誰かが亡くなる度、遺体を運ぶ馬車が収容所内を通って行く。馬車が通ると日本人もロシア人もみな立ち止まり、帽子をとって黙礼し、死者に最後の挨拶を送っていた。

一四歳の正雄にあてがわれたのは、糸をつむぐ作業である。

「プリヤルカー」という糸繰り作業に関して、マリインスク収容所について記録した『シベリアの

夕映え　終戦と抑留』という本に次のように紹介されている。

「私たちは民警に伴われて四キロほど離れた、ペレスイルカ（移動要員収容所）に収容されることになった。……いよいよ強制収容所の生活が始まり、私達は政治犯のみを収容するバラックに入れられた。この収容所は政治犯とその他に区別されて、バラックも別棟になっていた」

そこに樺太・恵須取《えすとる》から来た木材店の長男だったという青年が訪ねてくる。

「何時来たとも言わなかったが、既に柵内にある工場でプリヤルカーという糸繰り作業をやっていた。……プリヤルカーという糸繰り車は片足でペダルを踏んで回転させ、綿から細い木綿糸をつくる仕事だが、撚りがかかりすぎると針金のように堅くなって、不合格品にされるばかりか、ノールマから除外されて食糧も減給される。又合格品の綿糸は弱体者によって、靴下や手袋に編まれる。……ある日（一九四七年）八〇名近い男性ばかりの日本人が樺太から送り込まれてきたが、その中には知人も軍関係者もおらなかった」（著者は元樺太陸軍特務機関通訳生中川芳夫《なかがわよしお》氏、一九五六年八月、瀬島龍三《せじまりゅうぞう》らとともに帰還した）

この糸繰り作業は糸を一キログラムつむいだら、七〇〇グラムのパンがもらえることになっていた。最初は四苦八苦したのだが、慣れるとノルマ以上をつむぐようになったので、正雄はいつもプラス三〇〇グラムのパンにありつくことができた。

ある日、命じられた掃除をしていると、「お前は日本人か、朝鮮人か？」と看守が問いかけてきた。「日本人です」と答えると、その看守は突然銃口で正雄の腹の後ろを強く突いた。激痛に頽《くずお》れたまましばらく息もできない。近くには朝鮮人もいたが、看守は朝鮮人には手荒なことはしようとしない。日本人だから襲われたとしか思えなかった。傷跡は大人になっても残り、日本に帰ってからそこに細菌が入ったので手術で摘出したという。「傷跡、見ますか？」とシャツを上げて背中を見せてくれた。確かに薄くその跡が残っていた。

女先生の死

収容所は男性棟と女性棟に分かれていた。前掲の本には「収容所では男囚と女囚は有刺鉄線と板塀で仕切られているが、作業に出るときは一緒なものだから」とある。正雄は収容所の様子を思い返す。

「日曜日には男女が一時間くらい話すことが許されていたので、私も女先生と話しました。私は女先生の弟みたいでした」

稚内からずっと一緒だったこの女先生の名前は村上一子《むらかみかずこ》というのだが、その名前を知るのは、日本に永住帰国してしばらく後のことである。収容所では番号のついた帽子をかぶせられ、名前ではなく番号で呼ばれた。正雄は七番、女先生は一四番だった。

女先生は収容所に入ってから、めっきり元気をなくしている様子だった。配給の食糧は少ないのに、「私は全部食べることができないから、正雄さん、これを食べてください」と時々自分のパンを差し出した。そして「私は病気になってしまったので日本に帰ることはできないと思います。でも、正雄さんは若いから帰ることができます」と言い、自分の夫は今どこで何をしているかわからないと、寂しそうな顔を見せた。一子さんの体は、その時既に結核に侵されていて、顔も手も腫《は》れあがり、見るのがつらいほどになっていた。

春になると正雄はビーツの耕作など畑仕事に駆り出された。畑は収容所から四～五キロほど離れた場所にある。道中は監視兵と軍用犬に見張られ、ちょっとでも列からはみ出れば威嚇射撃の弾が飛んでくるという物騒なものだった。

五月末頃、収容所に帰る途中、正雄たちは遺体を運ぶ馬車とすれ違う。御者はロシア人で、馬車の後ろには日本人が立っている。道ではいつものようにロシア人が帽子をとり、首を垂れて死者に弔いの挨拶をしていた。

「誰か死んだの？」

訊くと、そのロシア人は気の毒そうに答えた。

「あなたのズナコーマヤ（知人女性）が今、亡くなりました」

「……本当に⁉」

あまりのことに、正雄は立っていられなくなる。

「私、その場に倒れてしまいました、泣いて、泣いて、泣いて。収容所に戻ったらまた泣いて」

女先生は息を引き取る前「正雄さんを呼んでください。私の小さなきょうだいを呼んでくださ い」とそばの人に頼んだという。正雄に伝えたいことがあったはずだ。

カザフスタンへ。お金は盗まれ、上着を売る

一九四八年八月のある朝、通訳の人（ロシア人と日本人がいた）が「刑期が終わった、今日で自由だよ」と正雄に告げた。自由だ、帰れる！　と喜んだが、「ただしあと二年、ソ連で働かなければ日本に帰すことはできない。カザフスタンに行けとの指示が出ている」と付け加えられた。カザフスタン？　聞いたこともない。

「いやだ！　どこにも行きたくない。ここで働かせてください」と泣きながら懇願したが、聞き入れてくれるわけはない。塩漬けの魚と四キロの乾パン、砂糖の塊が入った小さな袋を持たされ、マリインスク駅まで連れていかれた。駅で一枚の書類を渡されると、ノボシビルスク行きの列車に有

無を言わせず乗せられた。その紙には「三浦正雄は一年六ヶ月の刑に服した。これからカザフスタン・イリに向かう」と書かれていたのだが、一六歳の正雄には読めるはずもない。

何も分からないまま列車に揺られてどれくらいか、大きな駅に着くと、乗客全員が降りていく。それが終点ノボシビルスク駅だった。皆のあとに付いていき、窓口を見つけると、そこにいる女の人に書類を見せた。「こんな小さな子が？」とでもいいたげな顔を女の人はすると、何かを説明し始めた。ロシア語は「パンをください」と「水をください」しか言えない正雄だから、何を言っているかわからない。身振り手振りで分からないということを伝えると、相手もジェスチャーと表情で一生懸命教えてくれた。結果、明日の晩と「アルマアタ」ということだけは何とか理解できた。明日の晩にアルマアタ行きの汽車が出るから、それに乗れということだろう。発車前にラジオ（構内放送のことだろう）で発車が告げられることも理解できた（アルマアタは現在はアルマティと改称されている）。

その夜の寝床になった駅構内には、負傷兵と思われる手や足を失った人などがたくさん寝転んでいた。収容所から持ってきた靴下のようなもの（ポルチャンキという布と思われる）をコンクリートの床の上にシーツ代わりに敷き、冷たさを我慢しながら横たわる。パンは絶対盗まれないよう、枕代わりに頭の下に置いた。身を固くしてしばらく起きていたのだが、三時を過ぎたころには睡魔に吸い込まれていき、そこで、頭に衝撃が走った。やられた、パンを盗まれた！

「助けて！　助けて！」と大声を出したが、まわりの人々は、子どもが訳の分からない言葉で叫んでいる様子をぼうっと見つめるだけだ。

「食べ物もない、お金もない、言葉も分からない。朝まですごく怖かったです」

朝になった。どうしたものかと思っていると、駅近くでバザールが開かれていて、ずいぶんな賑《にぎ》わいである。人ごみのなかに、兵士のズボンを両手で広げて立っている男がいた。だれかが近づきお金を払うと、そのズボンを自分の小脇に抱えて立ち去って行った。

「あ、これはいいぞ、ぼくもやろう」

さっそくバザールに突入すると、上着を脱いで目につくように広げて見せてみる。これがないと寒さに震えることは百も承知だが、背に腹は代えられない。最初の客は、手を振って通り過ぎてしまったが、次に来た人が三〇ルーブルで買ってくれた。

パンを買い、少しだけ食べると残りはポケットに突っ込んだ。次に落っこちている缶詰の缶を拾って、給水場で水を汲《く》み腹いっぱいになるまで飲んだ。あとは床に座って列車を待ち続けるだけである。

暗闇の貨車の中で

夜、「アルマアタ、アルマアタ……」という放送が駅構内に響き渡った。座っていた人々が一斉に立ち上がり走り始める。正雄も飛び起き、走った。駅構内は真っ暗で、皆あっちこっちにてんでんばらばらに走っている。訳が分からないまま、どこかのグループの後をついていくと、そのグループが貨物列車に飛び乗った。正雄も迷わず後に続いた。家畜用の大きな車両のようだが、確かめる間もなく、列車が動き出すとすぐに眠り込んでしまった。

誰かがマッチをともして自分の顔を確かめていることに気がついて、意識が戻る。「誰だ、この子は！」と、大人が騒いでいる。どうも五、六人の家族連れのようで、その車両に乗っているのは自分たちだけだと思っていたのに、見知らぬ少年がいることに困惑しているようだった。正雄はすぐに書類を取り出し、かざして見せた。マッチの灯《あか》りを書類にかざしながら、「ヤポン、ヤポン」

とまた騒ぎ始めた。

少し混乱が落ちつくと、一九歳くらいの女の子が、興味深そうに自分を見つめていることに気が付いた。女の子は自分の胸に手を当てると「ニーナ」と言った。そして「クトー」と言って正雄を指さす。「あなた誰？」と訊かれていることがわかったので「マサオ」と答えた。女の子は頷き、指で正雄と自分を往復し「マサオ。ヤー、ニーナ」と繰り返した。

貨物列車は一旦駅に着くと、長い時間停車した。ニーナの家族は駅の売店でトウモロコシやジャガイモを買って来ると、正雄にも渡してくれた。ありがたくいただく。上着を売ってしまって薄着の正雄に、ニーナは古い毛布をかぶせてくれた。こうして見知らぬ家族に世話されながら、九日後に正雄はアルマアタに辿り着いた。ニーナの家族はここからタシケントへ向かうという。「元気で、またいつか」という感じでニーナは振り返りながら手を振ってくれた。

最終目的地のイリは、このアルマアタから約七〇キロも先にあるという。どうやって行けばいいのか、見当もつかない。線路に腰かけてぼうっとしていると、信号旗をもって近づいてきた女の人に「汽車が来るから危ない。どこかに行きなさい！」と一喝された。そして「私についてきなさい」という合図をしたようなので、後をついて行くことにした。

一九四八年九月の真夜中

女の人は管理小屋と思《おぼ》しき建物に正雄を入れると、「あなたは誰」と誰何《すいか》を始めた。例のごとく書類を見せると、了解したとばかりどこかに電話をかけ始める。そして、煮えたトウモロコシとトマトを持ってきて「食べなさい」と差しだしてくれた。おいしそうだが、この後何が起こるか不安がいっぱいで、とても手をつける気にはならなかった。

しばらくしてやってきたのは、ソ連の軍人と、サーベルを腰に下げた将校と思われる日本人だった。正雄を見て、その人も驚いた顔を浮かべた。

「君、名前は？」ちゃんとした日本語である。「三浦正雄です」

駅の女性は日本軍人捕虜が収容されているラーゲリの担当者に連絡をしたらしい。書類をその将校に見せると、彼はしげしげと眺め、そして言った。

「私たちは今、捕虜としてここで働いている。今はどうすることもできないが、二～三年後には日本に帰国できると言われている。そのときは君も一緒に連れて帰ってあげるから真面目に働きなさい」

将校はトマトやナンなどをたくさん正雄に与えてくれた。一緒に帰れるという言葉に一気に元気が湧いてきた。

夜八時ごろに来た列車に乗り込み、終点のイリ駅に着いたのは深夜である。あたりは真っ暗で、灯りを求めてうろうろしていると、長い木のベンチが見つかった。そこに腰を下ろし、ニーナがくれた古い毛布を身にまとっていると、疲れがどっと出て来て動けない。不安で涙も湧いてくる。一九四八年九月の真夜中である。

寝入っていると、カザフ人が近づいてきて何か話しかけてきた。書類を見せると、古着を与えてくれてどこかに行ってしまった。二〇分ほどするとゆでたトウモロコシをもって戻って来た。自分と一緒に行こうと言ってくれたのだが、怖さが先に立ったので、その人の誘いは断った。

朝になると鉄道警察がやって来て、「誰だ？」。書類を見せると「あ～、そうか、ついておいで」また刑務所か？　と身構えたが連れて行かれたのは詰め所で、温かなお茶も出してくれた。

一時間ほどすると、別の警官がやってきて、またついてくるようにという。三キロほど歩いたろうか。警察署に入ると、上官と思しき人がどこかに電話をかけた。

「この時の上官とは、三、四年後に友達になりましたよ」

やがて、日本人のような風貌をした人が入ってきて、「私はハバロフスクで日本語を勉強したソンと言います」と自己紹介をする。流ちょうな日本語だったので、これまでの不安が溶けていくような安心感を覚えた。男性は「5月1日」というコルホーズの副所長のソン・ニコライ・イワノビッチといい、沿海州から強制移住をさせられた朝鮮人の一人だった。

これまでのことを話すと、「よくわかった。一人で可哀そうに」とソンは同情し、「しばらく私のところで暮らしなさい」と自分の家まで連れて行ってくれた。

家には朝鮮人の奥さんと、息子と娘が住んでいて、息子は正雄とほとんど年が同じだった。ソンはまず、正雄のために軍隊のおさがりの靴を買い与えてくれた。喜ぶ正雄。それまではいていた靴はボロボロになっていたのだ。家の人はみんな正雄の境遇に同情してやさしくしてくれた。ようやく人心地付いた正雄は、一生懸命働き始める。

「私は井戸で水を汲んだり、木を切ったりしてソンさん家族のために働きました」

真面目に働けば、いつか日本に帰れるはずだ。

ところが、とんでもないことが起きる。

ソンは普段はとてもいい人なのだが、大酒飲みで酒を飲むと人が変わり、夫婦は毎晩のように大喧嘩を繰り広げていた。奥さんがどれほど止めても、酒を止めようとしない。三ヶ月ほどしたある朝である。なかなか起きてこないソンを揺さぶると、ベッドの中で冷たくなっていた。

「大きな悲劇でした」

洞窟のような自分の家を造る

ソンの死後、正雄は「5月1日」の責任者のところに連れていかれた。責任者はイワン・ソロビヨフ・ミハイロビッチといった。「この人がとてもいい人で、私の第二のお父さんと思っています。イワンさんがいなかったら、私は今ここにいない」と懐かしむ。

集団農場では畑と共に漁場も営み、正雄は季節に応じて畑も漁の仕事もすることになった。「5月1日」で働いているのは、ドイツ人、チェチェン人、トルコ人……、さまざまな民族で、日本人は正雄だけだった。大半が故郷を追われた強制移住の犠牲者である。

畑にはトマトやジャガイモ、スイカ、メロンなどが豊富に実り、イワンが「ミーシャ（正雄につけられた愛称）、いっぱい野菜を食べなさい！」とたっぷり与えてくれたので、三ヶ月もすると見違えるほど太ってしまった。

農場で正雄に与えられた仕事は食糧の運搬係である。馬の世話をしながら、馬車でパンや魚をコルホーズまで運んでいく。それほど重労働ではないから、つらくはなかった。馬の世話の他に頼まれたもうひとつの仕事が、畑泥棒の見張り役だった。日本人はまじめだし、正雄には養う人もいないので畑のものを盗むということはないと見込まれたのだ。

正雄はしばらくの間イワンの掘っ立て小屋で寝泊まりしていたが、いつまでもそうしてはいられないと自分の住まいをつくることにした。ここでは多くの労働者は、洞窟《どうくつ》のようなものを勝手に掘ってそこを自分の住まいにしていた。自分も居候から卒業すべきだと思った。

家づくりには小高い丘が適している。この辺と思ったところに、借りた大きなスコップで横穴を掘っていった。掘った場所の地面をならすと、そこが住居のスペースである。地面にはまず、木の板をはめ込んで床づくりをする。頭の上にも木を組みこむと、天井の出来上がりだ。次に木の枝を集めてベッドを作った。ふとんはコルホーズの人からもらった古い毛布で間に合わせた。部屋の隅にはレンガのかまどを設《しつら》えて、煙を出す煙突もちゃんと作った。

「食器は鍋《なべ》ひとつだけです。スプーンもひとつ。鍋から直接食べました」

イワンは正雄に古い鍋や食器類など、暮らしに必要な物を次々もってきてくれた。

「ちゃんとしたドアもないんです。冬になったら大変でしたよ（笑）」

あるとき正雄は高熱を出してベッドから起き上がれなくなった。「マラリアと思います」。医者もいないし薬もない。近くに住むロシア人女性が心配して、マリンカの塩漬けを毎日届けに来てくれた。マリンカの塩漬けはマラリアに効くと言われている。本当にしばらくすると回復し、元気を取り戻した。

正雄はみんなに好かれる〝愛されキャラ〟の少年だったのだろう。素直だし、元気よく働くので大人がこぞって世話を焼いてくれた。独りぼっちの夜に寂しくて泣いていると、クルド人のおばさんがパンを持ってきて一緒にいてくれたことを思い出す。ロシア語を教える役は、イワンの娘が買って出てくれた。皆、故郷を追われ深い傷を負っていることが、って出てくれた。

それでも、日本のことを思い出さない日はなかった。どうすれば帰れるのだろうと考える度、胸がきゅんと締め付けられた。日本の夢もよく見て、ぐっすりと眠れた日もあまりなかったと振り返る。

牛を引き連れ冬の湖に猟に行く

パンの運搬係として一年ほど過ぎたころ、イワンから「君は漁師の助手になりなさい」と言われ、リッカワイという漁師のもとにいくことになった。リッカワイはバルハシ湖という大きな湖の腕利きの漁師だった。さっそく、助手としての修業が始まる。主な獲物はマラリアになった時に世話になったマリンカで、中央アジアの河川や湖沼に生息するコイ科の魚である。

漁の方法は、ボートの上から七〇メートルほどもある長い網を川に投げ入れ、水の流れに沿ってボートを漕いで川を下る。イリ川は流れが速いので、モーターではなくオールのついた木造船を使う。そうしてあるポイントまで行き、一気に網を引っ張り上げると四〇〇〜五〇〇匹ものマリンカが網の中でもんどりうっているという豪快さだ。

「魚一トンで、日本円にして六〇〇〇円くらいになったと思います」

正雄の報酬は売り上げの三〇％くらいだった。漁は技術があれば良い稼ぎになることを見抜いた正雄は、短期間で相応の技術を身につけ、漁師として独立することを決めた。一九五〇年頃（一八歳）から一人前の男として人生を拓くことになったのである（ここから正雄氏と表記する）。

漁の季節は四月から九月までなので、冬場は畑の番人として働いた。たくさんの人が盗みにやってきて、何人も捕まえたが、どこにも通報せずに皆を解放した。通報しないからこれ以上盗みをしないよう諭すと、「ありがとう、ミーシャ、二度としません」と感謝しながら帰って行くのがほとんどだった。

やがて冬も漁を行うようになる。凍った湖に穴を掘って地引き網を仕掛ける冬の漁は、良い稼ぎになったのだ。この、厳しい冬の漁について正雄氏は詳しく語った。

漁場の湖は三〇〇キロも遠くにあり、そこに行くまでの動力は牛である。漁の道具を載せた牛車の歩みはとても鈍《のろ》くて、目的地に着くまでは一二日間ほどもかかってしまう。メンバーは正雄氏とクルド人や朝鮮人のごく少数。見渡す限りの雪原で、時折、ぽつねんと建っている穀物の貯蔵庫のような小屋と出くわすことがある。小屋は窓もドアもなく、わらだけがうずたかく積まれているのだが、地獄に仏とはこのことで、小屋に入ると焚火《たきび》をして体を温めた。やがて煙に燻《いぶ》され、わらの中で寝ていた鳥たちが一斉に飛び出してくる。それを棒で叩き落としては、落っこちてきた鳥を焼いて食べた。不気味なオオカミの鳴き声が近づいてくると、正雄氏はそいつらを退散させるため外に出て空中に銃を撃ち放った。

この冬の漁について、正雄氏はある取材でこんなふうに語っている。

「カザフスタンでは、途中に木が一本もないんです。夜は雪をどかして、草を敷いて寝てました。牛は二頭いましたが、途中で疲れると倒れるので、それをまた立たせて一二日の間、何度もそれを繰り返して行きました。他のソ連人一〇人は小さい車で行きましたが、私たち二人はパンだけを食べて、暖かい服がなかったので、とにかく寒くて、これが一番大変でした。この湖では、鯉を四〇トン捕りました」（藤沼敏子『不条理を生き貫いて　34人の中国残留婦人たち』津成書院、二〇一九年）

凍った湖に穴をくりぬき、水面下に入れた網を引っ張り上げるという漁法は、寒冷地に共通したものだ。凍った湖と格闘する冬の漁は、一二月から二月の氷が溶けるころまで続けられた。

魚を売ってためたお金でオートバイを買った。「ずいぶん儲《もう》かりましたよ」。このころにはロシア語はそう不自由なく話せるようになり、カザフ語も理解できるようになっていた。

「君は軍人じゃないからこの汽車には乗れない」

一九五五年頃のことだった。友人たちと昼食をしようとオートバイでイリ駅まで出かけた。駅前には屋台がたくさん並んでいる。

「うどんでも食べようかっていう感じでしたよ」

行くと駅の様子は普通ではなく、鉄路には日本の日の丸が掲げられた特別列車が止まっていた。

その汽車にはたくさんの日本人兵士が乗り、「ダスビダーニャ、ダスビダーニャ」と座席から身を乗り出すようにして、外に向かって大きく手を振っていた。見送る人はいないのだが、いよいよ日本に帰る日が来た、この地に別れの言葉を言わずにはいられないというれしさがびんびんと伝わってきた。正雄氏は偉そうな人に近づき「日本に帰るんですか？」と尋ねた。

「そうだ」

今こそ、あの日本軍人が言っていた〝君も一緒に連れて帰る〟という時が来たに違いない。

「私は日本人だから、この汽車で一緒に帰ることができますか？」

息が詰まる思いで偉そうな人に尋ねたが、それはできないと、言下に撥ねつけられた。

「君は軍人じゃない。この汽車に乗れるのは軍人だけだ。君を乗せることはできない」

「私はダメですか？」さらに詰め寄る。

「ダメだ、名簿に載っていない者は乗せられない」

いや、絶対に乗せてほしいと、その人物にすがりつく正雄氏。ダメだとふりほどく日本軍人。近くにいた友人たちが見かねて、力づくで止めにかかった。

「ミーシャ、この汽車は軍人だけなんだよ。君は軍人じゃないから乗れないんだ！」

力が抜けて座り込むと、涙がどっとあふれた。

「もし、乗ることを許してくれたなら、その場でオートバイを捨てて、汽車に飛び乗っていました」

去っていく列車に向かい大声で泣く正雄氏に覆いかぶさるようにして、クルド人やトルコ人、ドイツ人の友人たちが口々に慰めた。

「私たちもミーシャと同じだ。故郷に住んでいたのに、遠い場所のここに来た。もう自分の家に帰ることはできないんだよ」

それでも涙は止まらない。

どうしてこんなことになったのだろうと正雄氏は自問する。どうしてカザフスタンなんかに来ることになったのだろう？　なぜこんな運命にあるのだろう？　刑務所を出たら二、三年で帰れると思ったのに、もう八年もたっている。

昼間は仕事で忙しくて何も考える暇はないけれど、夜になると帰れぬ運命を想って一人で泣いた。朝鮮人の抑留者は刑務所を出るとすぐサハリンに帰ったと聞かされていた。ドイツ人も帰っていった。自分はなぜ帰してもらえない、その無念さは消えることはなかった。

トラクターオペレーター時代

漁師生活を続けているなか、あるときクルド人の友人に「ミーシャ、漁師は大変だからトラクターオペレーターになる勉強をしに行こう」と誘われた。勉強ができるというので、行くことにした。「5月1日」を辞めて「日の出」というコルホーズに移る。そこにナベーツキィ・ムシナという若いエンジニアがいた。彼に「私は日本人だが、それでも資格が取れるんだろうか？」と尋ねると、「日本人でもだれでも受け入れるよ」との答えが返ってきて、だったら頑張ろうと決めた。

夜の学校に通いながら、昼間はトラクターの修理工として働いた。六ヶ月間の集中講義と訓練を経て、正雄氏は優秀な成績で資格を取得した。ロシア語の読み書きは、このときの勉強で習得したという。

「それまではたいてい一人で勉強していました。ノートも鉛筆も持っていない。新聞の裏に、その日に覚えたロシア語を書いていきました。そのころ新聞の裏は白紙だったんです。鉛筆？　誰かから借りたものです」

ロシア語を教えてくれた所長の娘は、ある時所長と一緒に逮捕され収容所に送られた。後にそこで亡くなったという。

資格を取るとすぐに、土を掘るコンボイのような重機を与えられた。

一九五八〜六二年はトラクターオペレーター時代である。農地にするため荒れ地を耕す、主な仕事は小麦の刈り取りだが、有能でよく働くというのでボーナスも支給された。

ある区域の土地整備のため、イワンという男とコンビを組んで指定の場所に出張したことがある。一二平方キロメートルほどもある荒れ地を畑にするため、トラクターをらせん状にグルグルまわして土を掘り進めていった。すると、土の中に隠れていたカメがわらわらと出てきた。

「一〇〇〇匹はいましたよ」

トラクターのホイールは潰《つぶ》したカメの血で真っ赤に染まり、「怖くなりました」。

日本からの手紙、父の死を知る

無国籍の正雄氏は毎月、地域のKGBに出頭しなければならなかった。

KGBの前に出るのはいつも恐怖があった。店を持っていた無国籍の人間がある日行方不明になったなど、物騒な噂が聞こえてくるたび、自分もそうなるかもという不安が湧いてきた。

あるときKGBの所長に、自分は捕まった時は一三歳という少年だったのに、なぜ裁判にかけられたのかを尋ねてみた。「スターリンの命令が出たのでわれわれはそれに従い、自分の仕事をしただけだ」というお定まりの答えしか言わない。これ以上何を聞いても無駄だと部屋を出ようとしたとき、所長が正雄氏を呼びとめた。そして「あなたにおみやげがあります」と、一枚の写真を差し出した。身柄を拘束されている時の写真であった。坊主頭で焦点があっていないうつろな表情をしている。取り調べ中なのか裁判の時なのかいつ写されたのか記憶にないこの写真は、自分の少年時代を証明する唯一のものとして、生涯大事に保存された。逮捕後すぐに一四歳になったので、一四歳の時の写真だと正雄氏は語った。

正雄氏が日本側に記録されているのは、一九五八年度厚生省作成の未帰還者名簿のみで、「五四年三月イリースク、元樺太能登呂農業」とだけある。

六八年、モスクワの赤十字に家族の行方を捜してもらおうとしたことがあった。その旨の手紙をモスクワ赤十字に出してしばらくたった六九年五月、稚内赤十字から返事が届けられた。とっくに日本語を忘れていた正雄氏は、四〇キロほど離れたところに住んでいる韓国人のところまで行き、その手紙を読んでもらった。そこには戦前、面倒を見てくれた窪田氏と、兄の義雄氏に関する消息が書かれていた。そして、稚内の窪田氏の奥さんからの手紙も同封されていたのだ。

奥さんからの手紙は小学校途中までしか通わなかった正雄氏のため、全文カタカナで書かれていた。こちらは皆元気という近況報告の後、正雄氏の父親・寅次氏が亡くなったとの報告があった。

「チチ〔寅次のこと〕ワサクネンノ一〇月二八日ノヒニナクナリマシタ。ワッカナイノセキジュウジニ　アナタカラキタ　テガミオミテカラナクナリマシタ。アナタノテガミヲミテ　ヨロコンデオリマシタ……アナタノオテガミオ、オマチシテオリマス」

その後、札幌に住む兄の義雄氏からも手紙が来たが、KGBを恐れて、返事には帰国への希望を書かなかった。日本との手紙のやり取りは、一旦それで途絶えてしまう。

ニーナとの結婚

運転免許証を得た正雄氏はアルマアタでタクシードライバーとして働くようになった。

あるとき、バス停のベンチに一人で座っている女の子をみかけた。何となく困っている様子だったので車を止めて「大丈夫?」と訊いた。

「大丈夫」と女の子。

「どこに住んでいるの?」

「あの辺」

「良かったら送ってあげよう」

素直にうなずいたのが、ニーナ・アレキサンドロブナ・ベルツである(一九四五年一一月二二日生)。

「多分私の感じを見て、この男性なら安全と思ったのでしょう。家まで車で送ってあげました」

父親はドイツ人で強制移住の犠牲者の一人である。他のドイツ人移住者と同じく、厳しい暮らしぶりがうかがえた。

「またなにか手伝うことがあれば言ってください。いつでもきますから」

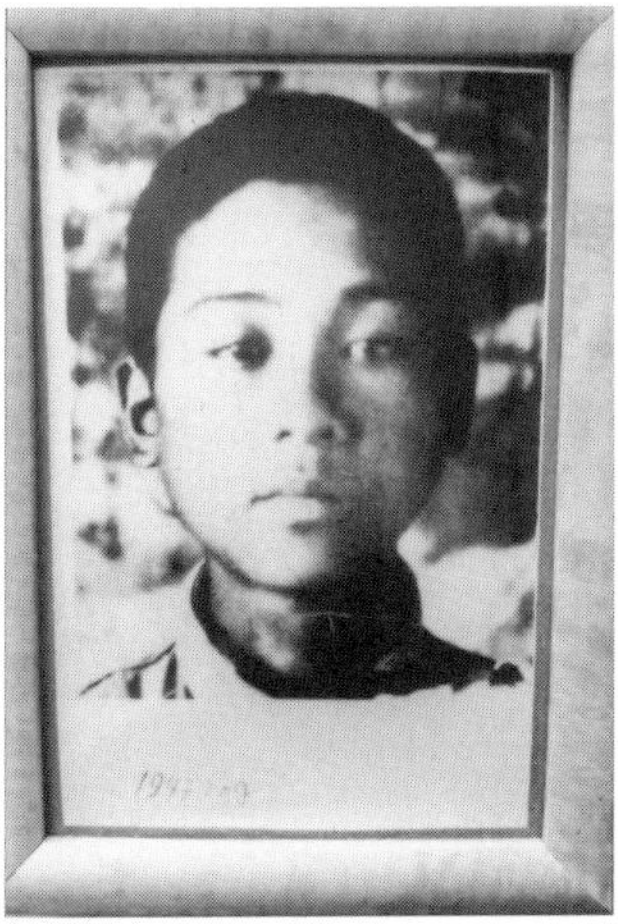
身柄を拘束されていた14歳の時の三浦正雄

その時のニーナは、建築を学ぶ学生だった。それからニーナとの交流が始まる。
一年くらい付き合った後、彼女ならと思い「一緒に暮らしましょう」とプロポーズする。ニーナの母親は結婚を受け入れてくれたが、父親は日本人との結婚はダメと反対した。
「なぜ日本人はダメなのか、理由は言ってくれませんでした」
ニーナは、逆に正雄氏が「日本人だ」と告白してから興味がわいたという。

「彼は刑務所にいた時の話を詳しくしてくれました。かわいそうな気持ちになって、それで結婚をすることにしました」

一九六四年に結婚。正雄氏三二歳。人生の大きな決断を下したニーナは、まだ一九歳という若さである。新婚生活は皿一枚、コップ一個から始まった。六六年に長女リューバ、六八年に長男ユーリーが生まれるも、正雄氏はまだ国籍を取っていなかったので出生証明書の父親欄は空白である。

大型トラック運転手時代、残留邦人との交流

一九六四〜六九年、正雄氏はアルマアタ州カルガリン工場特別行政村で大型トラック運転手として働いた。中国と通じる道路をつくる大きなプロジェクトの一環である。

その仕事をしているとき、ニーナが職場の郵便局から一冊の雑誌を持ち帰ってきた。「ジョルナ」というトラクター関連の業界誌で、労働社会栄誉勲章を受章した日本人のことが載っているという。カマタ・トクオという日本人がジャンブール（現・タラズ）という町で、人を雇い優秀な成績を収めているという。カザフスタンに来て、初めて自分以外に日本人がいることを知るニュースであった。住まいのイリからジャンブールまでは西に五〇〇キロほども離れている。それでも居ても立ってても居られない気持ちになって、正雄氏は車を飛ばして会いに行った。その時、三四歳だったというから、六六年ごろのことになる。

「会って、この人は本当の日本人とわかりました。ずるいとか怠けるとか、そうしたことが全然ない人でした」

カマタ氏は溶接の仕事をして、七人の日本人従業員を抱えていた。住まいは夫人のニーナと一緒

に建てたという、大きな家である。家の周りには、リンゴなど果物の木が豊富に植えられて、暮らしの豊かさを示していた。

カマタ・トクオ氏の日本語表記は鎌田徳雄。一九一六年に生まれ、樺太三池炭坑の修理工の記録がある。召集されて広島で終戦を迎え、樺太に残る妻子を迎えに行くために逆密航を敢行。ソビエト国境警備隊に捕まりシベリア収容所に送られる経緯は、ほとんど正雄氏と同じである。釈放後、ジャンブールで家庭を持ち安定した暮らしをしていたが、一度は日本に帰りたいと切望していた。日本語の読み書きは十分できて、「正雄さん、一緒に日本に手紙を書きましょう。私が日本語で書いてあげますから」と言ってくれた。

ニーナと三浦正雄。新婚の頃

しばらく後、入院しているとの知らせを受けて、再びジャンブールまで車を走らせた。

「このとき、カマタさんとたくさん話しました」

その二～三ヶ月後に亡くなったことを知らされる。享年六〇と正雄氏は言うので、一九七六年のことか。夫人のニーナは立派な墓を建て、毎日お墓に行って鎌田氏のために祈り続けた。

ニーナ夫人の痛切なインタビューがカザフスタンTVの番組に残っている。

「私たちは一緒に暮らしました。彼が私を支え、私はもう一方から彼を支えた。子どもたちが私たちのそばでハイハイをし、家族はいつも一緒でした。

日本の家族〔妻と娘〕から彼に手紙が届きました。彼の父親は引揚船に息子が乗っていないことを知ると、砂の上を転がって這いまわり、砂を食べて慟哭《どうこく》したといいます。日本の家族との間で手紙が交わされ、彼は家族との再会を強く望んでいました。ふたりで在モスクワ日本大使館まで行って日本帰国を懇願しましたが、できることは何もないと断られました。

彼が亡くなった際、隣人皆が彼を囲み手厚く葬ってくれました。私は記念碑も作った。日本から訪問を希望する人たちがいると聞きました。お願いです、誰かよこしてください。私は彼のお墓を守っています。誰か来てください。そうなれば本当にうれしいです」

九五年、厚生省の遺骨収集調査団がジャンブールまでやってきた時、ジャンブール駅でニーナ夫人と対面したという。

カザフスタン第一の猟師「サムライ・ミウラ」となる

一九七〇年、正雄氏一家はアルマアタ州バルハシ区ウシュジャルマ村に移り住んだ。ウシュジャルマ村はアルマアタから北二八〇キロのバルハシ湖のほとりに位置している小さな村である。ここで正雄氏は、国営狩猟地区の猟師として〝長老〟の地位を築くことになる。銃の扱いは「5月1日」のコルホーズで警備の仕事をしていた時に身につけていた。泥棒が忍び込んできたら銃を撃って追い払うよう、所長から譲られた銃で練習を始めたのだが、獲物を狙うカンは最初から指導者を驚かせるものがあったらしい。樺太時代、兄に連れられて猟のまねごとをした経験がここで活かされた。

猟のシーズンは九～四月の冬季。夏季は警備、冬はハンターの二毛作スタイルがここから始まる。獲物はカモ、キジ、テンやイノシシなどで、それらを獲得するため良い銃を何丁も用意していた。なかでも、ジャコウネズミ（四〇センチほどもある巨大ネズミのこと）は稼ぎの勝敗を分ける重要な獲物だった。ジャコウネズミの捕獲にはライセンスが必要で、毛皮は他のものより高く売れる。解禁シーズンには、朝六時ごろから湖にカヤックを浮かべ、ネズミ捕りのような特別なわなを仕掛けていくのだが、カヤックはバランスをとるのが難しくてかなりの熟練が必要だ。わなを仕掛ける場所は彼らの餌場で、その餌場を的確に見分けることができるよう、正雄氏は彼らの生態を詳しく調べ、捕獲の名人になっていった。

捕まえたジャコウネズミは毛皮を処理し、乾燥させ、束ねて、五月になるとまとめてコルホーズの受付センターにまで持っていく。ライセンスを得た最初の年、正雄氏は二四〇〇匹を捕獲した。センターで毛皮二四〇〇匹分と報告すると、買い手は「作り話だ！」と叫んで信用しようとしない。本当の数字であることを証明すると、たちまち称賛の的になる。しかも値段の高い一級品が多かったので、正雄氏は大きな金を得ることができた。

その後も猟師としての活躍は続き、八二年にはバルハシ湖やイリ川地区の自然保護観察官になることを命じられた。「カザフスタン第一の猟師（猟師の長老）」として密猟者などを取り締まる、皆から尊敬される地位である。正雄氏が日本人であることから、地区の皆は敬意を込めて「サムライ・ミウラ」と呼んだ。

大きな家も持った。広い庭には、ナス、ブドウ、サクランボなどが豊富に実った。車の他に、三台のオートバイ、舟、ボートも所有。九四年、「サムライ・ミウラ」を捜しあてて訪ねてきた日本大使館員は、「三浦さん、これは日本ではお金持ちじゃないと住めない家ですよ！」と目を丸くした。

そんな日々の中で、一羽の白鳥との出会いがあった。そのエピソード――

湖でカヤックに乗っていたとき、羽を傷めて飛べない白鳥を正雄氏は見つけた。つかまえて家まで運んで小屋に入れ、元気になるようエサを与えた。できる限りの世話をしたが、なかなか飛べそうにない。冬が過ぎ、白鳥が移動する季節になると、白鳥の群れが北に向かっていく光景を家からも見ることができた。その時、傷ついた白鳥が、飛んでいく仲間を背伸びをして見上げながら大きな声を発した。その声に気がついたのか、白鳥の上空を仲間の白鳥たちがぐるぐると旋回し始めた。まるで別れを告げるように。見つめていた白鳥が涙を流しているのが見えた瞬間、心が疼いた。

「この白鳥と私は同じだと思いました。皆は故郷に帰っていくけれど、白鳥も私も帰ることができない」

〝私の白鳥〟はその後も飛べないままだった。近くの小さな湖の一部分に、冬でも凍らないところがあるので、そこを白鳥のねぐらにすることにした。白鳥は自分で魚を獲り始め、このまま野生に戻ってくれるように思われた。一週間後行ってみると、なぜか湖はすっかり凍ってしまい〝私の白鳥〟の姿はどこにも見えない。氷の上には羽一枚だけが残っていた。自分で飛べるようになったのだろうか？　トンビが襲って食べてしまったのだろうか？

かろうじて写真は残り、日本まで持ってきて小さなアルバムに保存している。

KGBが見張るなか、実兄と二〇分だけの再会

一九八七年、正雄氏は日本周遊客船のクーポン券を購入した。一三〇〇ルーブルという高額だったが、稼ぎはあったし、労働組合員だったので割引も利いた。日本行きの目的は観光ではなく、札

幌に住む兄・義雄氏と再会することである。その前年、アルマアタで知り合った日本の商社マンに義雄氏との連絡の仲介の労を取ってもらい、再会の準備を少しずつ整えていた。義雄氏との手紙のやり取りはずっと途絶えていたのだが、住所のメモは持っていたことが功を奏したのである。

客船の行き先は神戸《こうべ》、広島、東京である。何日にどこに着くかなど詳細なスケジュールは一切不明で、自由行動も許されない。監視付きの団体旅行だ。

東京港に着いたのは七月二八日だった。すぐに商社マンに電話をすると、商社マンが調べておいた義雄氏のところに電話で、正雄氏到着を報告。その報を待っていた義雄氏は急ぎ札幌から東京に飛びたった。羽田についたら客船に直行することは、正雄氏にも伝わっている。その日、正雄氏は朝から都内を観光で巡っていた。ようやく船に戻ると、果たしてそこには正雄氏の帰りを待ち受けている義雄氏の姿があった。

「義雄さんは船のなかで私を待っていました。私を見ると、腕を見せてくださいと言いました。私の腕にはおもちゃの時計をいつもつけていたためにできた傷跡があります。それを見て義雄さんは〝わーっ、正雄だ！〟と叫んで、ふたりで抱き合いました。一緒にいられるのは二〇分だけ。KGBが見はっています。

義雄さんは、次の朝の九時の飛行機で北海道に帰ります。私はその日の朝、病気だと嘘をついて観光には行きませんでした。そして義雄さんのいるホテルに行きました。義雄さんは羽田空港行きのタクシー乗り場にいました。私は義雄さんのところに走っていきました。けれども、日本語が出てきません。義雄さん、私の掌《てのひら》に〝ゲンキデイテクダサイ、テガミヲクダサイ〟とカタカナで書きました。これだけは私、わかりました。そこで手を振って別れました」

義雄氏は札幌に帰った後、体調を崩して入退院を繰り返し、九〇年九月一三日に六七歳で他界する。その間、正雄氏は何度か手紙を出したのだが、義雄氏には着かないままだった。九二年、ソ連が崩壊した翌年、正雄氏は在モスクワ日本大使館へ行って、肉親の消息調査依頼を行った。そこで義雄氏が二年前に亡くなった事実を初めて知らされる。訃報《ふほう》を知らせる手紙は義雄氏の娘によって出されていたのだが、届かずに戻ってきたのだという。

後に義雄氏の娘から「父はあの時、顔を見たら弟だとすぐに分かったと嬉しそうに目をキラキラさせて帰ってきました。〝もう一度生きているうちに会えるだろうか〟といつも言っていました」と伝えられた。

永住帰国

正雄氏の住む地域には、以前から日本の情報は全く入ってこなかった。チェコにあるテレビ塔が故障してしまったので、テレビそのものがよく見られないという環境である。

日本に帰りたいという気持ちは消えることはなく、ニーナを置いて自分一人で帰ろうかと思ったこともあった。だが子どもたちが成長するにつれて、別の考えも出てきた。自分が日本に帰ってしまうと子どもたちには父親がいなくなる、自分は子ども時代、両親がそばにいなくて一人ぼっちだった。自分のような淋しい思いを子どもたちには味わわせたくない。カザフで老いて、カザフで死ぬという人生を受け入れるほかないのではないだろうか。

「日本はぼくを要らないんだろうと考えました」

「カザフに着いたとき日本の軍隊の人に、正直に誠実にやりなさいと言われました。それから人間としてしっかり生きようと思って生きました」

九二年には六〇歳になったので自然保護観察官の職を退き、年金生活に入る。カザフスタンが

「カザフスタン共和国」として独立したのはその直前である。

九三年に日本大使館が設置されると、九四年九月、佐野伸寿《さのしんじゅ》氏という大使館員が突然正雄氏の自宅を訪ねてきた。佐野氏はカザフに生きる残留邦人捜索のため、カザフ中を走り回っている気骨ある外交官で、「サムライ・ミウラ」という日本人がいるとの情報を得て、ここまでやってきたのである。日本に帰りたいかと佐野氏に聞かれたので、「帰りたいとずーっと思っていた」と答えた。一時帰国に向けての動きが始まる。


九五年六月、日本サハリン同胞交流協会の手配によって正雄氏は初の一時帰国を果たした。唯一の肉親となった姪（義雄氏の娘）と初めて会い、稚内では故窪田氏の長男と会うこともできた。

ここから正雄氏の後半生の流転が始まるのは、個人的な郷愁だけによるものではない。カザフスタンに戻ると、国では混乱に拍車がかかり、物価高騰、国営狩猟公社の閉鎖、年金支給の遅れなどで、生活はどんどん悪くなっていった。加えて九六年五月には妻ニーナが心不全を起こし、一時は重篤な状態に陥る。高額な医療費が発生して、車や毛皮などを手放さざるをえなくなったが、それでも足りない。カザフでは医療システム崩壊のため、まともな治療が受けられないのも深刻な問題だった。

九七年、再び佐野氏が訪ねてきて、一時帰国ではなく永住帰国という方法があることを伝えられた。確かに望郷の念は強くあったが、カザフを永久に去ることはやはり覚悟が要る。二人の子どものうち、一人の家族しか連れて行けない制約も悩ましかった。二〇〇一年に再び一時帰国をして、ニーナの治療のため永住帰国の意思を固めた。

日本に移り住むことについて、ニーナ夫人はすぐにうなずいた。

「日本がどういう国かは分かりません。でも、アメリカであろうと中国であろうと、夫のいくところにはついていこうと思っていました」

○二年二月、ニーナ夫人、息子のユーリー夫婦とその娘の五人で永住のために帰国した。日本に着くと、すぐにニーナ夫人の心臓の手術が防衛医大病院で行われた。一〇時間に及ぶ大手術を経て夫人の命は救われた。所沢《ところざわ》定着促進センターで四ヶ月間の研修を済ませると、札幌市が用意した公営住宅へ入居する。カザフでの広々とした家とは違って狭く、近所の騒音などもあって住環境に関する悩みはしばらく付きまとうことになった。

正雄氏の体験を聞くため、さまざまなメディアや研究者が自宅にやってきた。正雄氏は訪問客を歓迎し、できる限り日本語で説明しようと、読み書きにも努力を重ねた。自分の人生をいろいろなかたちで表現してもらうことが晩年の生き甲斐になっていることは、取材者皆が共有する認識だった。女先生の死と傷ついた白鳥の話の時は、溢《あふ》れる涙が止まらなかったものだ。

お客が来ると料理上手のニーナ夫人はピロシキやボルシチなど、ロシアの家庭料理をテーブル一杯に並べて、皆を感激させた。おみやげには、必ず手作りのピロシキを渡してくれた。

正雄氏は郊外の川で釣りを楽しむなどしていたが、八〇歳を過ぎるといくつもの病気を抱えるようになった。晩年はコロナ禍のためどこにも出られない日が続き、気力も体力も衰える。二二年一月一九日午後二時一二分、肺炎のため札幌市内の病院で死去。存分の生命力を発揮し、数奇な運命を輝かせてみせた「サムライ」の八九年の幕が下ろされた。

正雄氏を支え続けたニーナ夫人も二三年一〇月一〇日、正雄氏の後を追った。二人は三浦家の墓に眠っている。

補　章　もうひとつの物語——村上一子

亡くなった「女先生」の記録が見つかった

一緒に樺太に向かう船に乗り、マリインスクの収容所でも一緒だった女先生のことを、正雄氏はずっと覚えていた。名前も、どこの人なのかも分からない、でも亡くなったことを知った時はひと晩中泣き続けていたほど悲しかった。ここから先は、正雄氏にとって忘れられない女先生の生と死についての物語である。

女先生の記憶を、あるテレビ番組の取材者に語ったのが物語の発端だった。ディレクターはその女性を突き止めようと、外交史料館で「ソ連に於ける邦人の受刑状況」という調書を見つけ出した。記録は昭和二六年六月「外務省管理局引揚課第一調査班ソ連係」が作成したもので、前年四月、日本捕虜送還終了声明の出された信濃《しなの》丸《まる》で帰還した受刑帰還者から、囚人収容所に関する聞き込み調査をまとめたものである。なかの「受刑中の死亡者」一六七人のうちの氏名判明者六六人のなかに、それらしき人物が記されていた。

「マリンスク・マルガロード　村上和子／30／教員／樺太／肺結核／22、5末（昭和二二年五月末に死亡の意味）」

ディレクターが正雄氏宅を再び訪れ、そのコピーを見せながら説明すると、正雄氏は叫んだ。

「その人です！　その人です！　樺太で私と一緒に裁判した、この人ですよ！　この人！」

少し沈黙すると、涙と共に語りだす。

「ああ、よかった。今はっきりわかりました。彼女のことが気にかかっていた。亡くなったことは知っている。他のことは何も分からない。彼女が私に何を言いたかったのか、それがわからず残念です」

その場面は二〇一四年八月「女たちのシベリア抑留」という特集番組で映された、クライマックスシーンのひとつになった。正雄氏はムラカミカズコさんの夫がどうなったのかも、とても気にかかるとも語った。

調書の「村上和子」の記述は誤りであり、本当は「村上一子」である。

以下は、村上一子さんの妹・野村幸子《のむらさちこ》さん(仮名)の証言である。

村上一子さんは一九一七年生まれ。一家は両親と六人のきょうだいで一子さんは長女である。四人の妹とひとりの弟がいて、幸子さんは三番目の妹になる。幸子さんは一九三〇年生まれで、一子さんとは一三歳違いになる。

子どもたちに慕われ、おしゃれだった

一家が樺太に渡ったのは一九三五年頃。父親は西柵丹《にしさくたん》炭鉱の炭鉱夫として働いた。進取の気概に富んだ両親のもと、子どもたちは自由に伸び伸びと成長した。父親は多趣味な男性で、夜はレコードをかけて都都逸などを上手に歌い、スキーがはやると子どもたちにスキー板を買い与えて、自分でも颯爽《さっそう》と滑っていた。

母親はとても器用で、子どもたちの服はみんな自分で作り、自分自身も身ぎれいにすることを好

んでいた。子どもたちを上の学校に進めるために、父親は俸給の良い、坑内のきつい仕事を進んで請け負っていたことを後で知る。

一子さんは小さいころから勉強がよくできて、習字はいつも賞をとる早熟で利発な少女だった。小学校を卒業すると、北海道・小樽《おたる》高等女学校に進学。卒業後は樺太に戻って樺太庁師範学校の研修を一年間受けたのち、念願の小学校教師に採用される。

奉職先は「樺太公立諸津《もろつ》第二尋常小学校」。諸津は西柵丹と塔路《とうろ》の中間あたりに位置する無煙炭鉱のある町だ。学校は小さく、教師は全部で四～五人しかいなかった。

当時小学校四年生だった幸子さんは、一子さんに呼び寄せられて、諸津で一緒に暮らすことになる。教師用という一子さんの住まいは、ずいぶん広いつくりの一軒家だった。諸津は魚がとても豊富で、イカもシシャモも捕り放題。捕りたてのカニもたくさん売っていた。「そこで楽しい日々を過ごしました」

収容所で亡くなった「女先生」
村上一子。1940年頃

一子さんは、悪いことを叱るときは怖いが、普段はとてもやさしい先生と子どもたちに慕われていた。写真に残る一子さんの姿は、丸い眼鏡をかけた〝きちんとした女性〟という印象である。

母親同様いつも身ぎれいにして、着るものにはこだわりをもっていた。人に頼んで作ってもらったり、自分で作ったり、おしゃれにはぜいたくをしていたと幸子さんは思い返す。

「この戦争は負けるよ」

諸津でしばらく過ごすうち、村上一夫《かずお》という男性との結婚話が一子さんに持ち上がった。一夫氏は諸津無煙炭鉱の労務課で実務の担当者だった。縁談は順調に進み、式を挙げたのは一九四一年。一子さん二四歳である。時節柄、式の形態は簡素だったらしい。

結婚を機に一子さんは教職を辞めて家庭に入ったので、幸子さんは西柵丹の両親のところに戻ることになった。一子さんのことで強く印象に残っているのは、太平洋戦争が始まってすぐに、「この戦争は負けるよ」と迷わずに言った言葉だ。「今思うと、広く世界を見る目を持った人だったと思います」

その後、幸子さんは師範学校の予科を卒業し、四五年四月に樺太師範学校女子部に進学する。夏になると授業はほとんど行われなくなり、農家に援農に行かされた。すぐ近くにでんぷん工場があったというから、遠淵《とうぶち》あたりではなかったか。ジャガイモ、ビートの収穫作業、草取りなどで汗を流しているうち、ソ連侵攻の報がとびこんできた。だが、樺太の南端に近いので、そのときはそれほどあわてふためくことはなかった。

八月一五日直後から動きが急展開する。女子部はすぐに大泊《おおどまり》に行き、そこから船に乗って稚内に渡るようにとの指示が出された。学校長の素早い判断と対応によって、師範学校の女子部はリュックひとつという格好で一七日には大泊に到着、すぐに出航し一八日には稚内に上陸できた。

稚内に着いた幸子さんは、留萌《るもい》にいる伯父《おじ》さんのところではなく、茨城県に向かうことにした。茨城県水戸《みと》には樺太から来た一子さん夫婦が住んでいたからだ。

経緯はこうである。四四年九月から、一夫氏は政府の決めた樺太炭鉱閉山措置により、諸津炭鉱から茨城県の櫛形《くしがた》炭鉱へと配置転換になっていた。一人暮らしの夫の様子を見るため、四五年七月頃、一子さんが樺太から水戸へ向かった。夏の間だけの予定だったので、着替えは夏服しか持っていかなかった。そこに突如終戦となり、樺太への渡航は全面禁止となる。

情報が錯綜《さくそう》するなか、ひょっこり姿を現した幸子さんに、二人が驚愕したのはいうまでもない。樺太の西海岸はソ連軍が上陸して町は全滅したという噂を幸子さんが伝えると、二人とも大きな衝撃を受けていた。

そのまましばらく水戸に留まることを決めた幸子さんは、茨城師範学校に編入。学生生活と併行して、一子さんと一緒に食糧の買い出しなどに精を出した。翌年には皆で水戸を離れ、一子さん夫婦と共に、伯父さんを頼って留萌に移住する。幸い伯父さんの家は農家だったので、こころよく幸子さんたちを受け入れてくれた。

このとき樺太に残っているのは、西柵丹には幸子さんの両親、姉、妹、弟。塔路には一夫氏の両親と祖母である。どちらの家族も安否は全くわからないままだった。

最後の姿

一夫氏は樺太に渡って両親たちを連れてくることを考え始める。一人息子の一夫氏は、両親への気持ちはひと一倍強いものがあった（一夫氏の親がどんな仕事をして、どのような暮らしぶりだったか幸子さんにはわからない）。樺太に渡るという考えに周囲はこぞって危険だと反対し、懸命に引き留めた。

一夫氏は反対意見を聞こうとしなかった。一子さんも夫の熱意に引きずられるように、自分も樺太に行って、親や妹弟たちを連れてきたいと望むようになっていった。密航に成功し、北海道に戻ってきた人の話はずいぶんあちこちで伝わっていた。大丈夫のはずと、二人は気持ちを固めたのだろう。

一九四六年六月、幸子さんはこれから稚内に向かうという姉夫婦を留萌《るもい》駅で見送った。「それが姉の姿を見た最後でした。姉は何時も快活な人でした」と何度も振り返る。

窪田氏と一夫氏たちがどこでつながったのかは不明だが、正雄氏を含めた逆密航のメンバーが四六年七月末、稚内から樺太に向かって出航。途中時化《しけ》にあい、上陸の寸前に正雄氏と一緒に逮捕された。

実は密航仲間のなかに逮捕を免れ、逃げおおせたものがいたらしい。西柵丹にいる一子さんの母親は、その密航仲間から一子さんが大泊の刑務所に入っていることを伝えられ、急ぎ着替えをもって大泊刑務所に向かった。ここにはいないとはねつけられ、以後、消息は途絶えてなくなった。

一方、幸子さんは北海道第一師範学校に通うため、留萌から札幌に移り住んだ。学校の寮は札幌《さっぽろ》駅に近く、引揚列車が着くたび、駅では学生たちが人々にお茶を配るボランティア活動を行っているのが見えた。樺太からの引揚者が降りて来る度、幸子さんは西柵丹の情報を聞いてまわったが、返って来るのは「みんな崖《がけ》から飛び降りて死んでしまった」などというひどい話ばかりである。

悶々とした日が過ぎるなか、四八年夏、ついに家族が函館港に引き揚げてくるとの連絡が入る。どこからどう情報がきたのかは覚えていないが、役所からではなかったことは確かだ。「駅前にいたボランティアの学生さんたちからかもしれません」

函館港へと迎えに行くと、ぞろぞろと人が下りてくるなか、両親と弟と妹の姿が目に飛び込んで来た。
「うれしくてうれしくて、お互い遠くからちぎれんばかりに手を振りあいましたよ」
「引揚者在外事実調査票／厚労省」によると、幸子さんの家族は昭和二三年（一九四八）八月一日に「北新丸で真岡から函館に上陸」とある。

一夫の帰還と一子の動向調査

終戦後の樺太は皆もとの家に戻り、それぞれに働いていたと両親は言った。父親は炭鉱の残務整理を指令され、母親は地元の鮭工場に通わされた。弟と妹は、西柵丹から遠い工場に行かされたが、わりに〝普通の日々〟で、たいした混乱もなく食べ物にも苦労しないで過ごしたという。

厳しかったのはむしろ引き揚げ直後で、札幌で引揚証明書の発行を待つ間、皆近くに収容された。そこでは満足な食事が出なかったので、タンポポやアザミを摘んできては雑炊に入れ、何とか空腹を満たす始末であった。無事証明書を入手すると、一家は美唄《びばい》に向かう。美唄には三井が経営している炭鉱があり、父親はその炭鉱で炭鉱夫の職を得る。母親も森林の苗をつくる仕事を見つけ、二人とも定年まで勤めあげた。

幸子さんも札幌の寮から家族のいる美唄に移り、列車通学に切り替えた。

家族の暮らしは少し落ち着いたのだが、一子さんの行方は杳として知れないままだ。樺太からシベリアに連れていかれたことだけは他の引揚者の話から聞き及んでいたが、それ以上は何の情報も入ってこなかった。

一九五三年一二月一日、村上一夫氏が興安丸で舞鶴に帰還する。シベリアの収容所を出た後、何人かの仲間と羊飼いをして暮らしていたらしい。

一夫氏の両親はすでに樺太から引き揚げて、三井芦別《あしべつ》炭鉱に職を得ていた。両親のいる芦別に落ち着いた一夫氏は、一子さんの手掛かりを求めて奔走する。一年後に舞鶴引揚援護局から村上一子と思われる人物の動向調査結果が送られてきた。ムラカミと名乗る一子さんらしい女性が、マリインスクの収容所で綿花つむぎの作業に従事していたが、結核を病んで、昭和二二年五月二二日ごろ、容態が悪化しタンカでどこかに運ばれたきり、姿が見られなくなったとある。マリインスクから帰還した人が申告したものとされていた。

知らされた一子さんの母親は、嘆くよりもあきらめることを言い聞かせるようにして、じっと耐えて受け止めていた。

「姉は先見の明のある人だったので、病気になった時、じぶんの命が短いことは分かっていたと思います」

葬儀は村上氏の親族がいる芦別で執り行われた。母親は出席したが、父親は出ようとしなかった。あるとき幸子さんが美唄の駅から近道の線路を歩いていると、見たことのある人とすれ違う。

「それが一夫義兄《あに》でした。そのときは簡単なあいさつを交わしただけでしたが、なぜ義兄だけ帰ることができたのか、複雑な心境はありましたね」

幸子さんたちにしてみれば、一子さんが亡くなったということは頭ではわかっても、気持ちでは容易に受け入れられないことである。それでも一子さんはくよくよする人ではなかったので、自分たちもあまり気に病むことはしないように努めることにした。祖母のお墓に一子という名前だけ刻み、そこでゆっくり休んでもらうことにした。

その後、一夫氏は再婚して男の子をもうけたが、その子は小学校低学年で亡くなったことを聞く。

一九七三年には一夫氏も鬼籍の人になった。

鎮魂の旅

幸子さんは北海道学芸大学卒業後、札幌の小学校で教職についた。定年間近の一九八八年、妹と共に、一子さんの墓標を求めてシベリア旅行を決行した。小樽から新潟まではチャーター船を使い、新潟からナホトカに着くと、そこからはハバロフスク〜イルクーツク〜モスクワと、シベリア鉄道を乗り継ぐ鎮魂の旅である。

行く先々で日本人墓地を訪れ、一子さんの足跡の痕跡を探し求めた。ハバロフスクでもイルクーツクでも、「ムラカミカズコ」と思われる名前が刻まれている墓がないかどうか、二人で広い墓地を走りまわった。

墓地にはおびただしい数の蚊が飛び交っている。傘をさして蚊の攻撃を防ぎながらも、亡くなった人の霊魂が蚊に姿を変えて集まってきているように感じてならなかった。

立ち寄れる限りの日本人墓地を参拝し、帰りにもう一度ハバロフスクの墓地に足を向けたのは、名残惜しさがあったからかもしれない。歩いていると、以前に行かなかった場所に、たくさんの日本人の名前を記した看板が立てられていることに気がつく。

「そこに〝レラカミ〟という名前の看板があったんです。これは〝ムラカミ〟ではないかしらと思ったんですが」

「この名前の人は女の人です」そうガイドは教えてくれた。

「レラカミ」が一子さんかどうかは分からない。だがその名前を持った人の鎮魂を祈る意味はあると思い、心を込めて手を合わせた。

「この戦争でどれだけ多くの人が亡くなって、その後も放置されたままになっているかわかりません。でも地球の空はつながっているのですから、どこで亡くなってもつながることはできるのだと思います。どこかで安らかに眠ってくれていれば、それで良いのではないかと思いました」

札幌市に娘と住む幸子さんは毎朝晩、親しい死者に向かって般若心経《はんにゃしんぎょう》を唱えている。

一子、妹、夫、夫の身内、友人……、「お世話になった人の顔が一人ひとり浮かんできます」

一子さんが亡くなった日は、五月二六日と聞いている。毎月の命日には墓地にお参りに行く。

「こころは通じているのではないでしょうか」

九〇年にはかつての故郷西柵丹を再訪したのだが、当時の面影は全く消えてしまって、以後、サハリンには行く気がしなくなった。

「山は戦後の火災で丸坊主になっていました。植林する人がだれもいなかったのでしょう。昔、日本人が開拓をした草原には一本の木も生えていませんでした。全ての木の根っこを掘り起こした日本人の開拓者の根性を見たような気がしましたね」

奇跡の邂逅と別れ

二〇一四年八月、ドキュメンタリーテレビ番組「女たちのシベリア抑留」がNHKBS1で放映された。それを見ていた幸子さんの弟（東京在住）が、三浦正雄氏の証言に「この人が話しているのは、一子姉さんのことではないか」と直感し、幸子さんにそのことを連絡した。再放送を見た幸子さんは、一子姉のことだと確信、NHKに問い合わせをする。番組ディレクターは、幸子さんの話す内容に驚き、正雄氏にその旨を連絡した。

幸子さんの住所を見ると、何と正雄氏と同じ札幌市である。ディレクターの案内で、幸子さんが正雄氏の家を訪れた。そのとき通訳は同行せず、正雄氏は一生懸命日本語で説明した。夫との別れ、ラーゲリでの日々、伝え聞いた最期の様子など、シベリアでの一子さんの様子が初めて遺族の前で明らかにされた。

「夫とも別れ、病気になって頼みにしていたのは正雄さんだけだった。最期に正雄さんに言いたかったのは何だったんだろう？」と、幸子さんは心が痛む。

「姉は器用な人だったので、ラーゲリではレース編みなどをして、それを食べ物と交換していたと聞いたことがあります」

それから幸子さんと正雄氏の家族ぐるみの交流が始まった。幸子さんが二人の娘を連れて正雄氏宅を訪れると、ニーナ夫人がロシア料理を娘さんに伝授する。台所で女性たちが賑《にぎ》やかにしている情景を正雄氏はうれしそうに眺めていた。シベリアに眠る一子さんが、二つの家族を結んでいた。

幸子さんは三六年間教員生活を続けた後、図書館ボランティアとなって子どもたちに本の読み聞かせの活動を二〇年以上続けた。姿勢よく張りのある声で、かくしゃくとした動きは社会的活動の厚みを感じさせる。活動の原点にあるのは非戦の思いを伝えていくことである。「戦争の悲惨さを伝えていくことで、世の中にお返ししようと思っています」

一子さんが唯一残してくれた刺繍《ししゆう》の袋は毎晩枕の下に敷いて、一緒に寝ているとも語った。

二二年一月半ば、正雄氏から何の理由もなく油の詰め合わせが送られてきた。電話をすると元気のなさそうな声である。「まだ逝きたくないよ」と言うから、幸子さんは元気づけにこう返した。

「まだ九〇歳になっていないでしょ。私なんか九二よ。コロナに負けないで頑張りましょう。コロナが収まったらまたみんなで遊びに行くからね」

その電話の次の日、正雄氏は倒れて病院に運ばれ、二九日に息を引き取った。

孫娘のアリサから「今、おじいさんが亡くなりました」という電話をもらったが、コロナ禍の下、外に出ることは控えていたので、花を送って心からのお悔やみを伝えた。

「亡くなったと知らされた時は、家族中で泣きましたよ。なんであのとき正雄さんは届け物をしてくれたんでしょう？　もしかしたら正雄さん自身、何かを感じていたのかもしれません」

正雄氏とニーナ夫人、幸子さん、幸子さんの二人の娘が写っている写真を大きく引き伸ばしてリビングに飾り、「毎日それを眺めています」と幸子さんは語る。

幸子さんと正雄氏が出会うことで、一子さんはシベリアにいても孤独ではなくなった。

絶望と失意のなかで死者となった人生に意味と希望を与えるのは、死者との思い出を温め続ける郷愁と、戦争による分断への抗議を併せ持つ、生者の非戦への祈念と闘いではないかと思うのだ。

第六章

奴隷のような日々を生き抜く

——伊藤 實（カザフスタン）

伊藤實（2001年、札幌にて）

伊藤實　略年譜

1927年	9月25日	山形県西荒瀬村（現・酒田市）に生まれる
1930年		樺太・野田に移住、父親は王子製紙に勤務
1942年		野田高等小学校を卒業、樺太鉄道に就職
1945年	7月	機関士見習いに合格
1946年	6月	列車事故を起こしかけたことで逮捕。豊原刑務所へ
1947年	1月	2年6ヶ月の実刑、コムソモリスク・ナ・アムーレ収容所に連行される
1949年	1月～	刑期が終わり、カザフスタン・ウズナガチ村に強制移住 牧場で重労働
1951年		国営農場「ソフホーズ」に移る
1952年		ドイツ系女性フリーダと結婚、1男2女を授かる
1964年	1月17日	戦時死亡宣告が行われ、墓も作られる
1977年		フリーダ急死、ソ連の国籍を取得
1989年	12月	在モスクワ日本大使館あてに手紙を出す
1990年	8月	日本の家族のもとに手紙が届く
	11月27日	次女と共に成田に到着。3ヶ月近く日本に滞在
1991年	1月31日	仙台家裁にて戦時死亡宣告取り消しの審判。戸籍復活
1997年	3月	単身永住帰国（子どもたちはドイツに）、石巻市に定住
2011年	3月11日	東日本大震災、津波の被害を受ける
	4月	札幌市に移住
2019年	10月18日	脳腫瘍のため死去、92歳

「こんな人生、だれもやったことないさ」

伊藤實《いとうみのる》氏の家には二〇一四年と一九年の二度お邪魔した。

札幌市の道営住宅に、八七歳（一四年当時）の實氏は一人で暮らしていた。

カザフスタンから永住帰国のため、宮城県石巻《いしのまき》市に定住したのは一九九七年三月のこと。家族の反対を押し切って、「俺は日本人だから日本で死ぬ」と、断固たる意志で独りで帰ってきた人だ。

日本サハリン協会では前身の日本サハリン同胞交流協会の時代から、永住帰国を希望する残留邦人の支援を続けて、延べ一三八世帯三一〇名（二四年一月一日）が永住帰国者として日本に帰ってきた。永住帰国の許容範囲は本人、配偶者及び子ども一世帯なので、多くの人は配偶者と子ども一世帯を連れて帰国している。そこから次世代へのつながりと広がりを生んで、今は孫にあたる三世世代が日本の社会のなかで様々な活動に就いている。だが、實氏は家族を連れて帰るという選択は行わなかった。

一男二女の三人の子どもたちはドイツへの移住を決め、實氏にも自分たちと一緒に行くよう強く求めたのだが、子どもたちと暮らすより一人日本を選んだのである。

實氏の家の中は、すっきりと秩序だって整えられていた。キッチンにはテーブル、リビングにはテレビとソファ……、あるべきところにあるべきものがきちんと置かれている行儀良さで、キッチンの壁には鍋類が乱れなくぶら下がっている。鍋の入念な磨き具合は、孤独な人生を支え合ったドイツ系の女性フリーダの流儀を受け継いでいることが伝わってきた。リビングの壁にかけられた大きな額入り家族写真は、下半分がシミになっている。東日本大震災の時、住んでいた石巻市を襲った津波の中で、これだけは守らねばと、テーブルの上に座りながら抱き続けていた写真である。

小柄な体軀《たいく》は、九〇歳近くになってもがっしりとした厚みが保たれている。その人生の歩みは凄《せい》絶《ぜつ》で、生きるのを止めてもおかしくない局面に何度もぶつかりながら、その度に起き上がり這いあがってきた。

「こんな人生、だれもやったことないさ」

わかるかい？　と確かめるような表情を見せた。

敗戦直後に機関士となる

實氏の家族が、故郷の山形県西荒瀬《にしあらせ》村（現・酒田市）から樺太・野田《のだ》町に移住したのは、實氏が三歳に満たない時である。渡樺《とか》後の父親の職場は樺太に九ヵ所あった王子製紙の野田工場だった。實氏は四人きょうだいの長男で下には弟と妹二人がいる。戦前の樺太は「産めよ殖やせよ」の大実践地で、子ども七人、八人は当たり前のなか、四人きょうだいは小世帯《こじょたい》の範疇《はんちゅう》だった。

野田高等小学校を卒業後、實氏は樺太鉄道に就職する。機関助士としてまず罐《かま》焚きのやり方を教えられ、これが後年の實氏を窮地から救うことになるのだが、もちろんこの時はただ懸命に覚えていっただけである。向学心と負けん気の強い少年で、機関士をめざして勉学に励む。一九四五年七月、機関士見習いの試験に合格すると、同年一〇月には超特急で正式な機関士に昇格を果たした。

「一八歳のときだった。普通、機関士になるのは二〇歳だから、俺はいちばん早かったんだよ。機関士をめざしたおかげで兵隊に行かなくて済んだんだ。駅員はみんな召集されたから」

確かに樺太鉄道では兵役に取られる者が相次ぎ、要員が不足していた。早くに機関士に昇格できたのは、人手のなさのおかげとも言える。

ソ連侵攻直後は、見習い機関士としてぎゅう詰めの避難民を乗せた列車をほとんど不眠不休で走らせた。機関士昇格の時には、ソ連軍が占領を始めていて、樺太は混乱の真っ最中。それでも列車運転を休むことは許されない。四六年に入ると、日本人の機関区長は追いやられてロシア人に代わり、業務のやり方もソ連方式へ転換する。給料の支払いも日本円からルーブルに替わり、樺太は消滅してソ連邦のサハリン州となったことを否応《いやおう》なく知らされていった。

背中に銃を突きつけられる

運命の日は、一九四六年六月三〇日だった。實氏は前日夕方からその日の朝七時まで、飲まず食わずで貨物列車を走らせ続けたので疲労は極点に達していた。やっと泊居《とまりおる》で業務が終わり帰ろうとしているとき、真岡《まおか》行きの旅客列車の運転をするようにとの命令が飛び込んでくる。

誰かに交替をと頼んだのだが、人手がないから交替などできるわけがないとロシア人上司は全く受け入れようとしない。一分でも発車を遅らせたら自分は軍事裁判にかけられてしまうから、何が何でも走らせろとわめき続けた。泥のような重い体を引きずって、實氏はまた列車に乗り込むしかなかった。

午前八時、上司を乗せて泊居駅を出発。機関士の實氏は一八歳、罐に石炭を入れる機関助士はまだ一六歳の「ちっちゃい子」だった。しばらくは順調に走らせていたのだが、昼を過ぎると助士は立ったまま眠ってしまった。實氏も真岡が近づくと気持ちも緩み、眠りにひきずりこまれていった。

その先にはいつもは青の信号があった。しかし、はっと気が付くと信号は赤く点灯している。前方には間違えてこちらの線路に入ってきた貨物列車が止まっているではないか。このままでは正面衝突してしまう。

「この時、本当に髪の毛が立ち上がって帽子が頭から浮き上がったんだよ」

力いっぱいブレーキを踏みこみ、止まってくれと念じると、奇跡的に貨物列車の数十センチ手前で列車は停車した。そのままバックさせて、近くの蘭泊《らんどまり》駅へ。そこから真岡に向かい、無事到着したのは午後二時三〇分ごろである。

その日は夕方まで勤務して、夜にやっと泊居の官舎に帰宅した。眠りにつく前、電話がかかってきて、すぐに軍の施設に行くようにとの呼び出しを受ける。逃げようとは思わなかった。

確かに信号を見落としたのは自分の過ちだが、誰かを殺したわけではないし、何かを壊したわけでもない。貨物列車の機関士の方にも問題があったのだから、事情を話せばそれで放免されるだろうと、深刻さは感じなかった。

施設の事務所に行くと部屋には誰もおらず、仕方なく朝まで一人、座り続けた。

事故を起こしかけてから抑留生活、釈放……に至るまでの實氏の記憶は鮮明で、さまざまな機会に語られてきた。証言は聴き手や時期によって多少の齟齬が散見される。以下はそれらを参考にしながら、私に語ってくれた証言を主にしたものである。

「次の日、背中に銃を突きつけられて貨物列車に乗せられた。真岡に着いたら、そこで機関士の免許証、腕時計、懐中電灯、現金……持ってたものは全部没収だよ。

その日の夕方、また貨物列車に閉じ込められて豊原《とよはら》に向かったんだ。列車の中には日本人が四、五人とソ連兵がいたな。豊原に着いたのは朝まだ暗いうちで、駅から車に乗せられてそのまま豊原刑務所さ。家族にも連絡できないんだ」

刑務所の同室には日本人の他、ロシア人、朝鮮人など、二〇人ほどが詰め込まれていた。日本人のほとんどは密航を失敗した人で、ロシア人は窃盗犯が多かったと記憶している。部屋は板の間で毛布も何もない。雑魚寝するしかないのだが、夏なので寒くないのが救いだった。

「働きも何もしないで、ただ裁判の順番が来るのを待つだけの日が続いた。不安だよ、何もすることがないから、頭の中でいろいろなことがぐるぐる巡って来るんだ。食事は真っ黒なパンと具のないスープだけ。外にいればとても食えないぼそぼそしたパンだけど、他に食べるものはないんだもの」

家族には情報があったらしく、母親・初江《はつえ》さんは實氏の釈放のため死に物狂いであちこちに懇願し、月に一度は刑務所に差し入れをしていたという。實氏のもとには何も届かなかった。

訳の分からない裁判で二年六ヶ月の実刑を受けてシベリアへ

刑務所での取り調べは、夜中に行われた。誰も気がつかないうちに連れていかれて、朝目が覚めたら同室の誰かがいなくなっている。

半年後、ついに實氏の順番がやってきた。深夜に揺さぶり起こされると、有無を言わせず引っ張られた。長い廊下を歩いた突き当たりの小部屋に入ると、そこには取調官と通訳の二人が待機していた。實氏は後ろ手に縛られ、立ったままふたりを見下ろすかたちになった。通訳者が発した。

「これは軍事裁判だ」

「どうして事故を起こしたのか」と訊かれたのでありのままのことを答えた。ロシア人の通訳者が伝える日本語はほとんど意味不明で、取調官とロシア語で何かを話しているのが不気味だった。通じない問答が三〇分ほど続くと、やおらはっきりした日本語で判決が言い渡された。

「あなたは罪を犯した。二年六ヶ月の実刑です」

驚いて息が詰まり、言葉も出てこない。刑法五九条であるという。

「その時の気分？　訳が分かんないだけさ。正直に言えば帰らせてくれるものとばかり思っていたのに。部屋に戻ると、これから二年半もどうするんだ？　ってうろうろするだけだよ。そのうちソ連兵に「ダワイ、ダワイ（行け、行け）」と追い立てられて、刑務所の外に放り出された」

外には窓に鉄格子がはめられた四人車が停められ、機関銃を手にした監視兵が二人乗り込んでいる。まだ夜は明けていない。発車し、車が南へ下っていることはわかった。大泊《おおどまり》港についたのはちょうど海から朝日が昇って来るときで、その瞬間の眩《まぶ》しい光景は鮮やかに覚えている。大泊港に停泊していた大きな船は、實氏が乗り込むとまるでそれを待っていたかのように、すぐに動き出した。一九四七年一月末であった。

「船には何十人もの人が乗ってたよ。ロシア人、朝鮮人、日本人……。日本人は年配者が多かった。一〇人くらいかな。朝鮮人もたくさんいて、そっちは若いものばっかりだ。朝鮮人は日本人を恨んでいて、日本語を話すとリンチを受けそうだった。だから日本人はほとんど口をきかないで、みんな小さくなっていたね」

三日後、ウラジオストクに到着し、列車でハバロフスクに。そしてトラックに大勢詰め込まれてコムソモリスク・ナ・アムーレという町の収容所に運ばれた。ハバロフスクから約三〇〇キロメートル北に位置するラーゲリで、あちこちがカンカンに凍っていた。

「寒かったよ～」

皆が死に、日本人は自分ひとりに

ラーゲリは森林地帯にあった。大きな小屋がいくつも並び、総勢何百人もが収容されていた。日本人はそれほど多くなく、全部で五〇～六〇人というところか。

あてがわれた部屋には二十数名の収容者が入っていた。日本人は四、五人で朝鮮人は一〇人くらい。あとはロシア人や他の国の人々である。日本人で若い収容者は實氏だけで、ほかは皆四〇～五〇代の中年であった。樺太から来たというのも實氏だけで、皆は満洲から送られてきたという。小屋の中は薪ストーブが焚かれていたので、寒さはそれほど感じないのがありがたかった。収容者には番号が付いていて、名前はなくなり番号で呼ばれた。

「そこで森林伐採をやったよ。高さ二〇メートルもある木を二人がかりでのこぎりで切り倒すんだ。頬も耳も鼻も真っ白になる。パンは一日七〇〇グラムで、働きがよかったら一キロになる。俺はだいたい、いつも余計にもらっていたよ。食べずに残しておけば必ず盗まれた」

「毎日のように誰かが死んでいったよ。タバコをたくさん吸うのが、早くに死んでいった。マッチとタバコが欲しくてパンと交換するんだ。それで腹をすかして死んでいく。やせちゃってね、かわいそうに。俺もタバコを吸ったよ。吸いたくて吸いたくて、馬糞《ばふん》で試してみたんだ。でもぶっ倒れそうになるくらい辛くて一回で懲りてしまった。衣服を引きちぎって中の綿を巻いて吸ったこともある。若いから乗り切れたんだな」

同室の朝鮮人も日本人にとっては恐怖の的だった。少しでも日本語で話しているのが見つかると、動けなくなるまで殴られた。

一九四八年になると、小屋の中にいた日本人は皆死んでしまい、日本人は實氏ひとりになってしまった。運がいいことに、實氏は室長に気に入られ、食事当番をするようにという指令を受けた。室長のところに自分と室長の二人分を持っていくことが許可され、汁だけだったスープがちゃんと具の入ったものになった。

「他に美味《おい》しいものも食べられるようになったよ。ロシア語を少し話せるようになったのもこの頃だ」

一方、日本の家族は四八年に南樺太から引き揚げて、宮城県石巻市に定住する。

「ウズナガチ村はどこだ?」

一九四九年一月のある日、刑期は終わったと突然の通達を受けた。帰れるのか? と一瞬喜んだが、このままカザフスタンに行けという。そしてカザフ行きを命じる書類と、六〇ルーブル、一一日分の黒パンと塩漬けニシンを渡された。

翌朝、トラックの荷台に乗せられ、収容所からずいぶん離れた駅まで運ばれた。書類に記されている地名は「カザフスタン・ウズナガチ村」である。訳も分からないまま指定された列車に乗ると、日本人は實氏一人だけだった。車掌に毎日「いつ着く?」「いつ着く?」と尋ねたが、返事は決まって「まだまだ」である。

「途中でノボシビルスクで乗り換えて、カザフスタンに入った時は、パンもニシンも食べつくしてお金も一ルーブルしか残っていなかった。どこかの駅で降りて近くのバザールに入ってみたら、ロシア人がヒマワリの種を、皮を吐き出しながら器用に食べているのが目に入ったんだ。何となくおいしそうに見えて、俺もひまわりの種を買った。ところが初めてだから皮をうまく剝《は》がすことができないんだよ。もったいないけどほとんど食べないで捨ててしまった(笑)。

駅の向こうには土で造った家が建っていて、カザフスタンは貧しいところだなと思ったね」

目的の駅に着き、近くに停まっている車の運転手に書類を見せると、乗れという。言われるままに乗りはしたが、途中で金をせびられて「ない」と言うと「勝手に行け」と車から追い出されてしまった。

一月の厳寒、雪が降る。通りかかったトラックに頼み込んで、荷台に乗っけてもらった。干し草の上で丸太にしがみつく。シャツ一枚にジャンパーだけの薄着でまともに寒風を受けながら、生きた心地がしなかった。一時間もするとトラックは停まり、降りるように言われた。自分たちはここまでで、ウズナガチ村はまだ十数キロ先だという。

あたりはすっかり暗くなっている。どの方角に進めばいいのか、雪の中をうろうろと歩き回っていると、倉庫のそばで番をしていた老人が近寄って声をかけてきた。

「お前、何をしているんだ？」

少ししか話せないロシア語で懸命に説明を試みた。

「ウズナガチ村まで行きたい」

「ウズナガチ村は向こうだ」

「どうやったらいける？」

「もう遅いからどこかに泊まりなさい」

「釈放されたばかりだから、泊まるところはない」

すると老人は「じゃあ、うちに泊まればいい」と、普通のことのように自宅に入れてくれた。「何か食べたか？」「朝、食べただけ」「それじゃこれでも」と、残り物を少し分けてもくれた。その晩はペチカのそばで眠りについた。

翌朝、「夕べ残り物をみんな食べてしまったから、今朝は何も食べるものがないよ」と老人。身にも心にも沁《し》みる言葉だった。

「いいよ、ありがとう。ウズナガチ村はどこ？」

「村は向こうだ。一六キロメートルほど行くと大きな木が立っている。そこまで行けば分かるだろう。道は少しくねっているから、まっすぐ行くと近い」

老人の言葉通り、雪を漕ぎながらまっすぐ進んだ。午後三時ごろ、大きな木の根元に辿り着く。通りがかった人に書類を見せると「あ、もう少し向こうだ。もう少し行くと警察があるから。そこで詳しく訊きなさい」

警察に着き書類を差し出すと、警官は頷き、地図を描きだす。その地図に従い三キロほど歩いた先に、牛の牧場と二〇戸ほどの小さな集落が見えてきた。それこそ最終目的地であるウズナガチ村のソフホーズだった。二週間ほどかかる旅だったと實氏は言う。

牛飼いの二年間は給与も石けんもない日々

ソフホーズの班長は、少しの間ここでやっかいになるようにと、ふたりのおばちゃんが住む家に實氏を案内した。翌朝おばちゃんが出してくれた搾りたての牛乳は、胃袋が締め付けられるほどおいしかった。

班長が「ジャガイモ一〇キロ、トウモロコシ一〇キロ」と書いた紙を渡し、倉庫に行くように實氏に指示する。

「行ったら、バケツを渡されて、そこにあるジャガイモを好きなだけ持って行けと言われた。土を掘っただけの真っ暗な倉庫だよ。手探りで進むと小山のような黒い固まりに行き当たった。凍ったジャガイモが溶けて、ぐちゃぐちゃになってるんだ。すごい臭いだよ。その中に手を突っ込んで、小石みたいに固いのがあれば、かたっぱしからバケツに入れた。

持ち帰ったジャガイモをおばちゃんたちが水で洗ったら、全部で二キロくらいしかないんだ。ともかくそれを煮てくれた。生きていくために食ったよ。一回で全部食った。おばちゃんたち、笑ってたよ。かわいそうにと思ったんだな」

二、三日後、あそこを手伝いなさいと班長に紹介されたのが老夫婦の営んでいる牧場だった。一四〇頭以上の牛を所有している牧場を切り盛りしているのは、七〇代と六〇代の夫婦である。牛の世話をする雇い人を探しており、その家の雇い人になるしか實氏のいくところはないようだった。翌朝から、實氏は一四〇頭の牛をたった一人で世話することになった。ここでの日々は収容所以上に孤独で過酷だった。

早朝、牛たちすべてを牧草地まで引き連れて、草を食べさせ、水を飲ませる。群れから外れる牛は、追いかけ捕まえ群れの中に戻していく。犬もいない、馬にも乗せてもらえない。夕方牧場に連れて帰るまでは、少しの休みもなく草原を走り回り、一四〇頭の世話すべてを一人でやり通さねばならなかった。「すごい仕事だ、よくやったよ」

夏は素足で石の上でもどこでも走り回るので、足の裏の皮はすっかり固くなってしまった。冬だけ靴が与えられ、着るものは老夫婦がバザールかどこかで買ってきた古着を渡された。ズボンは一ヶ月もすると破れてボロボロになり、パンツと変わらなくなってしまう。どうしようもなくなったところで、ようやくまたバザールで買った古着を与えられる。食事はパンとトウモロコシの粉でできた固いものが出るくらいで、給料は支払われない。

「おいしくなかろうが何だろうが、生きるために食べたよ。

二年間、一度も風呂に入ったことなかったよ。牛に水を飲ませる時、小川に入って水浴びするくらいだ。石けんも見たこともないよ。シラミだらけでボロボロだよ。そんな日本人、いるかい？恥ずかしくて誰にも会えないよ」

あまりにひどい状態だったので、草刈りをしている人に「逃げなさい」と言われたこともある。だが、持っている証明書はヴォルチー・パスポルト（狼のパスポート）なので、村の外には許可なしに出られない。

「なんで俺はこんなところにいるんだ。こんなところで死んでたまるかと毎日思っていた。いつか日本に帰る。絶対に帰る。それしか考えなかったね」

ボイラーの技術者になってから新しい人生が始まる

一九五一年夏、別のソフホーズの草刈りの手伝いに行くことになった。ドイツ人、ロシア人など、大勢の人が一緒に仕事をし、トマトやキュウリ、肉などを皆が一緒に食べている。

「それを見ていると、俺は人間なのかなと思ったよ。自分でも自分のことが誰なのか分からなくなっていた」

一ヶ月の草刈り作業が終わって帰ろうとすると、班長の男性から「あんなひどいところに帰らないで、よそで働きなさい」と誘われた。犯罪者なのでまた警察に連れていかれるかとの怖さもあったが、ちょっとだけと思い、その班長のあとをついていくことにした。思いがけず、班長の家では奥さんが鶏の肉や野菜の料理を用意して待っていてくれたのだ。

「これが人間の食事なんだと思ったさ！　風呂にも入れてくれたよ」

風呂から上がり、伸び放題の髪を切り、髭《ひげ》もそると、収容所の三重苦と奴隷のような日々を生きぬいた、二四歳の不屈の若者が現れた。

班長の後押しを受けて、實氏は大きなソフホーズの養豚所で働けることになった。牛飼いの雇い主は帰れと何度も言いに来て、そこの地区長も戻るよう説得に来たのだが、ロシア語がだいぶできるようになっていた實氏は、戻る気はないときっぱり断ることができた。

その養豚所には大きな立派なボイラーが備えられていた。だが、使える人間が誰もいなくて放置されたままになっている。石炭を焚くボイラーだったが、だれも石炭を見たことがないという。

「俺は機関助士のとき罐焚きをしていたから、自分は動かせると言った。石炭をくべたらボイラーは勢いよく動き出して、歓声が起こった。そこから俺の人生、始まったのさ」

ボイラーの扱いを知る實氏は、たちまちそのソフホーズで必要な働き手に昇格した。

一一歳からたった独りで生きている女性

養豚所で實氏はミーシャと呼ばれるようになった。真面目に黙々と、ブタの世話をし、罐を焚き、その上に大きな鍋を載せて野菜のスープを作った。

同じ養豚所にはブタの出産の世話をしている女性がいた。ウクライナから移住してきたというドイツ人女性で名前はフリーダ・ミハイロヴナ・シュタインベック、實氏より三歳下である。

「気持ちがやさしくて真面目な人なんだ。きれい好きで料理も上手。ロシア語も教えてくれたよ」

木村鉄五郎氏（第二章）や結城三好氏（第四章）のところで説明したように、ウクライナに住んでいたフリーダも一九四一年、カザフスタンへの強制移住のため家を追われた過去を持つ。そのとき父親と兄は射殺され、移住後に母親は病死、弟も行方不明のままとなり、一一歳からたった独りで生きている女性だった。

「フリーダは可哀そうな人だよ。彼女も俺も独りだった」

次第に心惹かれるようになり一緒に暮らそうと打ち明けると「私は今着ている服一着しか持っていない、それでもいいの？」と實氏の気持ちを確かめたという。一週間後、二人は〝夫婦〟になる。

「豚舎のペチカのそばにワラを敷いて、そこが一緒に暮らす〝部屋〟になったんだ。たった一枚の毛布にふたりでくるまって。寒くて眠れないんだよ」

五二年のことである。實氏はソ連国籍を持っていなかったので、正式の婚姻ではない。五三年秋には民間の残留者に帰国の道が拓かれたが、その情報は辺鄙《へんぴ》なところに住む實氏のもとまで届かなかった。日本に関する情報は、皆無と言っていい状況だった。

フリーダとの間には、一男二女を授かった。實氏は無国籍のままだったので、子どもたちはフリーダの籍に入り、父親の欄は空欄で登録された。

實氏は大工、コック、羊の毛を刈る作業などいろいろな仕事に就き、フリーダも清掃の仕事などを請け負って、暮らしをよくするために助け合った。實氏は料理が得意だったので、春、羊の毛を刈る時期になると牧場に住み込んで料理人としても働いた。

「カザフで知り合いになったのは、みんないい人ばっかりだったよ。みんな俺を信用してくれて、いい仕事を持ってきてくれたよ」

監視はずっと続いていた。真面目に真面目にひたすら真面目に、余計なことは一切言わない。ごまかしもわいろも日常茶飯で横行していたが、實氏はそうしたものからは遠ざかり、身を慎むことに神経を配った。

「酒も飲まなかったよ。夜警の人によく誘われたけど、いつも断った。酒、飲めたら出世して何でもできたろうな（笑）。出世できなかったけど、みんなから信頼された。警察署長や裁判長なんかの偉い人の奥さんたちが、なんかあれば日本人のミーシャにって、いろいろ頼みに来たもんだよ」

安定した暮らしが続き、独力で木造の小さな家も建てた。子どもたちは学校から帰ると、父親のために声を出して教科書を読んでくれた。それを毎日五分でも一〇分でも聞いて、實氏はロシア語を吸収していった。

最愛の人の突然の死

一九七七年、フリーダが急死する。

その時、フリーダはコンバインの操縦を教える研修所のペンキ塗りの作業についていた。床にペンキを塗る作業だが、塗料はきつい臭いがして、有害な化学薬品が混じっていることが疑われた。マスクもつけずにやっているうち皆気分が悪くなり、作業を止めていったん外に出ることになった、少し休みを取り、また始めようとしたのだが、臭いがきついままだったので誰も建物に入りたがらなかった。

外で皆がうろうろしている最中《さなか》、フリーダだけが中に入って作業にかかり始めた。なぜ彼女は危険を冒してまで進んで入ってしまったのだろう？　間もなく、倒れて吐血する。急遽病院に運ばれたが、一時間もしないうちに息を引き取ってしまった。事故であることは明白なのにろくな検証も行われず、死因は以前から患っていた糖尿病だと決めつけられたのは、理不尽と言うほかない。

實氏はそのとき、ウズナガチ村から一〇〇キロほども離れた羊の牧場で、料理人として働いていた。知り合いの車で駆けつけた息子から急を告げられて急ぎ戻ったが、着いたときは呼んでも応えぬ人になっていた。

「四七歳だよ。〔フリーダは〕食べることも掃除も、畑のことも全部やってくれた。いい人だった。あの人がいなかったら、俺、死んでいただろう。そのとき息子の嫁が妊娠中で、孫をみせてやれなかったのが残念だった。葬式はソフホーズの人がたくさん来て手伝ってくれたよ」

孤独で苛酷なフリーダの人生で、いちばん穏やかな日々が實氏との結婚生活だっただろう。しばらくして長男のミハイルが小高い丘の上に、母親の墓を建立した。實氏は日本に永住帰国してから二度、フリーダに会いに墓を訪れている。
「やっぱり最期を看取ってやれなかったっていう後悔、消えないね」
うつむきながら「忘れられないよ」と、何度も呟いた。

帰国を諦め、ソ連国籍を取得

カザフスタンで穏やかな家庭生活を営みながら、實氏はいつか日本に帰りたいとの望みを密《ひそ》かに抱き続けていた。毎月やって来る警察から再三ソ連の国籍を取るよう要請されたが、頑としてそれをはねのけ無国籍でい続ける。無国籍者は様々な面で不利益があったが、それよりもソ連国籍を取ったら最後、もう日本に帰れなくなるという不安の方が實氏にとっては強かった。在モスクワ日本大使館にも、自分が生きていることを日本の家族に伝えてほしい旨の嘆願書を何度も送付したのだが、途中で検閲・没収されるのか反応は一度ももらえないままだった。

日本の本籍地にも手紙を送った。日本の字は忘れてしまったが、父の名、母の名、山形県飽海《あくみ》郡西荒瀬村という漢字だけは忘れなかった。

「その本籍地に出しても出しても返事は来ないんだよ。日本のこと、両親のことを思うたび泣いていたよ。どうして自分はこんなところにいるんだろう？　日本に帰りたいのにって」

日本での實氏の記録は、いつ作成されたかは不明だが「これはソ連本土に一九四九年以前市民生活をしていた等の資料があり現在も生存していると思われる未帰還者です」という未帰還者名簿に、「伊藤実　昭二　宮城　四八年ウルガール第六〇一収容所、元樺太泊居駅機関士」とあり、五〇年代以降の消息は途絶えている。本書の基幹資料のひとつである五八年の未帰還者名簿にも實氏の名前はない。

六四年一月には家族同意のもと、戦時死亡宣告の審判が確定し除籍が行われた。墓石には實氏の名前と、国が決めた死亡年月日、昭和三九年一月一七日が刻まれた。母親は死亡宣告を受け入れたものの、「本当は實は死んでいない」と、どこかで生きていることを念じ続けた。

七〇年代の後半、アルマアタで日本の音楽イベントが催された。それを見に行ったときの實氏の懊悩《おうのう》が「永住帰国をしたい旨の文書」に、こう記されている。

「一度、自分の村から四〇キロほどのところにある州都アルマアタに日本から音楽家グループ〔ダーク・ダックス〕がやってきて演奏をするという話を聞き、まだ幼い子どもたちを連れ、コンサートに出かけていったことがありました。その時、何年ぶりかで目にする同胞の姿を見て、私は「ここに日本人がいます。忘れ去られた日本人が生きているのです」と会場の座席を飛び出して今にも叫びだそうと何度も思いましたが、警護している警察官の姿を見て、もしここでそんなことをしたら、自分は彼らと話をする前に警官たちに捕まりより過酷な生活を強いられるかもしれない。いや、もしかしたら日本に帰るきっかけができるかもしれないが、連れて行くことのできない子どもたちは酷い目にあわされるだろうと思い、胸の先まで出かかっていた自らの叫び声を必死でこらえました」

實氏がソ連国籍を取得したのは、フリーダが他界して間もなくである。その時、いちばん下の子どもは一五歳。子どもたちを育て上げるのは自分しかいないという覚悟と責任が取得を決断させた。日本に帰ることは諦めなければと自分に言い聞かせたのだが、「それでも帰りたいと思って、時々泣いたけどさ」。

戸籍復活

一九八九年、ペレストロイカの波がカザフスタンにも押し寄せてきた。

改革の気運が日本への思いを再燃させ、實氏はもう一度試してみようと在モスクワ日本大使館あてに嘆願書を送った。同年一二月、執念の手紙は没収されることなく日本大使館に届き、開封される。

手紙は、樺太で生き別れになった家族を捜してほしいとの依頼がロシア語で書かれ、両親、弟妹の名前、日本の本籍はしっかりした漢字で記されていた。検閲されることを用心してか、自分の近況に関しては一切触れず、「私はもう日本語が分かりませんのでロシア語で回答くださるよう切に願います」と結んでいる。

九〇年八月、手紙は日本大使館―外務省―厚生省を経由して宮城県庁に、そして石巻市に住む家族のもとに届けられた。九三歳になる母親・初江さんは寝たり起きたりの状態ではあったが、生きて實氏生存の報告を聞くことになった。「やっぱり實は生きていた!」

弟妹たちによる一時帰国の手続きが進められ、一〇月一八日、實氏のもとに在モスクワ日本大使館から電報が届けられる。日本に一時帰国できるようになったので、ビザ取得のため日本大使館に出頭するように、と。

「モスクワに行く飛行機の切符は普通じゃ買えないんだよ。困っているとき、あと一〇〇〇ルーブル足したら買えるとある人から言われてその通りにした。賄賂《わいろ》だね。すぐ手に入ったよ」

一一月、はやる気持ちを抱えて日本大使館の門を叩いた。だが、そこで渡されたのは、母親の初江さんが實氏の一時帰国実現の報を知る前の一〇月二九日に亡くなったという電話のメモだった。

「間に合わなかった！」泣き崩れる實氏。こんなになるまで、なぜ放っておかれたのか……。

九〇年一一月二七日、六三歳の實氏は次女ヴェラを連れてついに日本の土を踏んだ。成田空港には、大勢の報道陣が待ち構えていた。日本語が出てこなくて、花束を受け取った時はスパシーバとロシア語で応えた。

翌二八日、母親の墓参りに出向き、そこで自分の名前が彫られている墓に対面する。その時の新聞記事にはこうある。

「（墓前で）固く一文字に結んだ唇がかすかに震えた。しかしうるむ目から、涙はこぼれ落ちなかった。住職の読経の中、ただ墓石の一点を見つめるだけだった」（石巻かほく、九〇年一一月二九日）

約三ヶ月間の滞在中、宮城県庁、石巻市役所、北海道庁などを訪問し、樺太時代の仲間に会うなど忙しい日を送った。なかでいちばん重要な用件は、失踪宣告（戦時死亡宣告）の取り消し手続きを行うことだった。家庭裁判所に何度か通い、九一年一月三一日「仙台家庭裁判所が昭和三九年一月一七日にした事件本人伊藤實に対する失踪宣告（戦時死亡宣告）を取り消す」との審判が下される。「伊藤實」の戸籍は復活し、墓石の名前も埋められた。

九一年二月二二日、成田発モスクワ行きの飛行機でカザフスタンの家族のもとに。行きの航空券は弟妹たちがそろえたが、帰りは国が用意してくれた。

「俺は日本人なんだから日本に帰るんだ」

この時期、カザフスタンではソ連邦崩壊のうねりが、庶民生活を直撃していた。物価は高騰、年金も払われない。實氏が日本から帰国してすぐの、一九九一年三月に、長男のミハイルはカザフスタンに見切りをつけて、自分の家族を引きつれドイツ移住を決行する。ドイツは母親フリーダの祖国であり、ミハイル自身、ソ連での民族籍はドイツ民族である。

九一年一二月には、ソ連邦の崩壊と同時に「カザフスタン共和国」が独立を宣言した。だが生活はますます窮乏し、九六年頃には「もうここで生きてはいけない」と娘たちもドイツへの移住を決意するまでになった。このままカザフスタンに残っていたら、家族全員死んでしまわないとも限らないというほどの切迫感である。当時、ドイツでは旧ソ連邦からの移住者には国籍を与え、仕事も生活も保障する受け入れ体制を用意していた。そのためドイツ系住民には移住する者が続出していた。ここで實氏と子どもたちとの間で祖国を巡る、必死の綱引きが始まるのだ。

「お父さんも一緒にドイツに行こうと子どもたちは強く言ったんだ。お父さんを一人でここに残せない、お父さんが一人でカザフに残るなら自分たちはドイツに行けないって。

でも俺はどうしてもドイツには行けないと言いはった。自分はドイツ系住民ではないから、移住の権利は持ってない。戸籍上も子どもとは父子関係にない。たとえお前たちに付いて行ったとしても言葉もできないし、ただじっとしているだけだ。お前たちには将来があるからドイツに行け、だけど俺は行かない、もしドイツに行ったら日本に帰ることは永遠にできなくなるからって。さんざん話し合ったよ。だけど俺の気持ちはびくとも変わらなかったんだ。俺は日本人なんだから日本に帰るんだと言い続けた」

實氏はソ連邦解体以降、カザフスタンに出向してきたビジネスマンと交流を持ち始めていた。日本語も鮮明に思い出し、日常会話もあまり不自由を感じないほどになった。九五年には協会の招待で二度目の一時帰国を果たし、日本との距離はより近いものになっていった。

永住帰国の意思を固め、手続きを完了すると九七年三月、實氏は日本に定住する。七〇歳の帰還である。父親の帰国を見届けた後、娘たちはドイツに移住し、カザフスタンから實氏の家族はいな

ドイツに住む子供たちと。左より2人目が伊藤實。2006年頃

くなった。

三・一一と、運命に向けての抵抗

定住先は弟妹たちの住む石巻市である。市が用意した住居は木造二間の古い長屋だった。市にとっては民間人抑留者の受け入れは初めてのケースだったので、ケアの仕方は手探り状態にならざるを得なかった。實氏も日本の習慣に不慣れなこともあり、行き違いが生じて弟や妹たちとも次第に疎遠になっていく。一人ぼっちの日が続いて「さみしかったね」。子どもや孫に会いにドイツへ行くのがいちばんの楽しみだった。

こうした暮らしが続くと思われるなか、二〇一一年三月一一日、東日本大震災が発生。實氏も津波に襲われる。

その時の實氏の模様を伝えた新聞記事がある。

「三月一一日、当時住んでいた借家でテレビを見ていた時、強い揺れが襲った。避難のサイレンは聞こえず家にとどまっていると、約一キロ離れた海岸から津波が押し寄せてきた。黒くよどんだ濁流は家にも入り、水位がみるみる上がった。

「もうダメだ」。食卓のテーブルの上に座り、天井まで水が届く想像をして、恐怖と寒さで震えた。結局、水位は一メートル二〇センチほどで止まったが、テーブルの上で一晩明かした」（どうしんウェブ、二〇一二年一月六日）

テーブルの上で懸命に抱えていたのが、冒頭で触れた額に入れた家族写真である。余震が続くなかで「ここで死んでたまるか」と自分に言い聞かせ、堪え続けた。翌日、近くの小学校に避難して不安な日々を過ごしたが、一週間後、協会会員がバスを乗り継いで石巻に入って實氏を捜し当てた。ドイツに住む子どもたちは赤十字に問い合わせたり、ネットで調べたり、實氏の安否を必死で確認。無事が分かると大荷物で日本にやってきて、税関で「マイファーザー、ツナミ、イシノマキ」と訴えると、すぐに通過を許可されたという。

家は居住不能となり、協会が奔走して四月には札幌市郊外の道営住宅に入居が決まる。

ドイツの子どもたちは、これ以上一人にさせられないと、ドイツへの移住を強硬に促した。すでに移住のための書類はすべて整えられ、あとは實氏がサインをしさえすれば手続きは完了だった。子どもたちは書類を前に置いて今すぐサインのためのペンを持つよう懇願したのだが、實氏は頑としてその申し出を受け入れようとしなかった。

「自分は日本で生まれたから日本で死ぬという気持ちは変わらない。札幌で暮らすようになって、もうどこにも行くつもりはない。会いたくなったら会いに来なさい。ずっと日本にいなかったから、死ぬときは日本で死にたい。子どもも誰も関係ないね、ここで死にたい。それだけだよ」

實氏は戦後間もなくから理不尽な運命に翻弄され続けてきた。「日本で生まれたから日本で死ぬ」という動かぬ思いは、運命に向けての抵抗だったのではないだろうか。「これ以上、お前の勝手にはさせない。自分の最期は自分が決める」との抗議を込めて日本で死ぬと宣言した。

そうして實氏は道営住宅に一人で暮らし続けた。楽しみはデイサービスの時のカラオケで、持ち歌は「さざんかの宿」や「ひとり酒」などの演歌である。

「カザフにいた時は、ロシアの歌、歌ったことないよ」

「今八七歳だよ。孫が六人、ひ孫が八人、長い旅をしてきたよ」

「若いころは汗かきながら、毎日毎日シラミだらけ。そんな人いるかい？　それでも我慢してやってきた。何とか生きてきたさ」

一九年六月、再び自宅を訪問した時は、元気で満足そうな笑顔を見せてくれた。「人生でやることはみんなやったさ、文句あるかい？」とでも言いたげな笑顔だった。九月、脳腫瘍が見つかり、様子がおかしいと病院に連れて行ったときは、手の施しようのない状態だったという。最後の病院は、東札幌病院のホスピス病棟である。ドイツから子どもたちがやってきて、九二歳の誕生日は病室で三人の子どもと孫の家族みんなで迎えることができた。

私が病院を訪れたのは亡くなる三日前のこと。「伊藤さん」と呼びかけると、私のことを覚えていてくれたのか、懸命に体を揺らして起き上がろうとした。もう声は出せない。手を握るとほっとしたような表情を浮かべて目をつむった。息を引き取ったのは一〇月一八日。荼毘にふされ、札幌郊外の藤野《ふじの》聖山園《せいざんえん》に建てられたサハリン・シベリア残留邦人のための墓に埋葬された。

協会会長の斎藤弘美さんは、弔辞でこう語りかけた。

「その笑顔の奥には、沢山の辛い思い出が隠されていました。……お見舞いに行った私にカザフスタン時代の話をしてくれました。抑留から解放されてからの生活はブタのよう、いや、それ以下だったと、その頃の話をする實さんの表情は険しく、どんなに苦しいものだったか、想像させられたものでした。……實さんの人生から、私たちはもっともっと学ばせていただかなくてはいけませんでした。今となってはそれも叶わず、本当に残念です。九二年の壮絶な人生を生き切った伊藤實さん、これからはあなたの祖国日本で、同胞とともにやすらかにおやすみくださいï」

確かにここは日本です。伊藤實さん。安心して眠って下さい。

第七章

決死の脱走、
KGBの監視下に置かれ続けた男
——熊谷長谷雄（マイコープ）

熊谷長谷雄と妻ダリア（1976年）

熊谷長谷雄　略年譜

1919年	3月28日	宮城郡根白石村（現・仙台市泉区）に生まれる 男5人、女2人きょうだいの3男
1940年	1月10日	第19師団歩兵第73連隊入営
	9月1日	除隊
1946年	5月20日	豊原市居住中、刑法74条で拘束
	7月5日	軍事法廷により5年の刑を受ける
1950年	11月17日	ノリリスク矯正労働収容所より釈放
1966年		藤山愛一郎が訪ソして未帰還者名簿を入手したことで、マイコープで生存していることが判明
1975年	4月	マイコープ市で日本とのサンボ親善試合が行われる。日本人選手と長谷雄の出会い。日本の家族に連絡
1976年、77年		日本のサンボ選手、親善試合のためにマイコープへ。日本の家族と長谷雄との間で、声を吹き込んだテープが交換される
1977年		一時帰国嘆願書を厚生省に申請、だが一時帰国は行われなかった
1981年		長谷雄の長兄・長右衛門がモスクワへ。ホテルで長谷雄と対面
1987年	11月23日	死去、68歳
2015年	6月4日	新しい墓の除幕式

マイコープの墓

二〇一五年六月四日、新たな石造りの墓が二基完成し、故人のゆかりの人たち一〇人ほどが集まって小さな式典が行われた。その除幕式の記録はＹｏｕＴｕｂｅで見ることができる。

場所は黒海《こっかい》東約一〇〇キロに位置するカフカス北部の都市、アディゲ共和国の首都・マイコープ市郊外の墓地の一角である。墓に刻まれているのは「熊谷長谷雄《くまがいはせお》」という大きな日本文字。下にはキリル文字で「クマガム・ホセオ」と記され、その下には再び日本文字で「日本国宮城県出身」とある。左側には故人のポートレート、上部中央には日の丸が見える。

最初に流れる映像は日本人とマイコープの市民たちとの交流のスナップ、次いで熊谷長谷雄氏の写真――夫人とのツーショット、娘夫婦と二人の孫が一堂にそろった家族写真などが映る。バックに流れる曲は、なぜか佐良直美《さがらなおみ》が歌う「世界は二人のために」だ。

その後、皆が墓を囲むシーンに替わり、リーダーらしき男性が最初の演説を始める。「本日はクマガムさんの墓碑の除幕式に出席しています。この方は第二次世界大戦の時に当地に来られました。そして彼はチェルケスの地にて葬られました……」

男性はチェルケス独特の民族衣装に身を包み、今度はチェルケスの民族音楽が聞こえてくる。チェルケス人はロシアで迫害を受けたため大部分がトルコに移住し、ロシアではチェルケスという民族名を使用できずにアディゲ人と名付けられている。

墓石のいちばん下には「28・3・1919－23・11・1987」と生没年月日が記されている。

マイコープで暮らしを立てるまでの足跡はほとんど残っていないのだが、不思議な縁によって冷戦のなかでも家族や支援者とのつながりが続いていった。

除幕式に参加した他の男性は、シャツにパンツという普通のスタイルのまま口上を始めた。「日本という偉大な国はこのような素晴らしい人物を残してくれました。彼のおかげで日本とアディゲが結び付けられることになったのです」

よくこの映像をＹｏｕＴｕｂｅに投稿してくれたものだと内心称賛した。おかげで、ロシアの果てのような町で暮らした熊谷長谷雄氏の生きた証《あかし》が見えてくるように感じられたからだ。

抑留を嫌い仲間と脱走、五年の刑

熊谷長谷雄氏は、一九一九年三月二八日、宮城郡根白石《ねのしろいし》村（現・仙台市泉《いずみ》区）に生まれた。その後の足取りははっきりとしない。現在分かっていることは次の通りだ。

・四〇年一月一〇日、第一九師団歩兵第七三連隊に入営し、ソ連との国境近く北朝鮮・羅南《らなん》に配属された。軍隊にいたのは短期間で同年九月一日には除隊している。

・その後樺太に渡り、豊原《とよはら》市に居住。当時熊谷家は経済的に厳しい状況だったので、給与の良い樺太に渡ったのかもしれない。川上《かわかみ》炭鉱に坑夫として従事したという話もあるが、本人は職業は警備員であると取り調べ調書で述べている。

・四六年五月二〇日、豊原市で刑法七四条により拘束される。七四条は、企業、施設、または公の場での無頼行為を指し、通常は一年間の監禁である。

・四六年七月五日、軍事法廷で五年間の刑が言い渡され、大陸へ。七月一四日、ハバロフスク第一刑務所に入り、クラスノヤルスクに移送される。

・五〇年一一月一七日、ノリリスク矯正労働収容所より釈放。

以上が厚労省調査資料室から遺族が入手した、オムスク州内務人民委員支局から提供された資料に記されている内容である。

長谷雄氏の証言によると、ソ連軍に連行されたが抑留を嫌い仲間と脱走を図り、途中逮捕され五年間という長期刑を受けることになった。「残るも地獄、逃げるも地獄、生きたい一心で死を覚悟して脱走した」と後に語っている。矯正労働収容所のあるノリリスクはロシア極北に位置し、冬はマイナス六〇度まで凍りつく過酷な土地である。抑留中のこと、釈放後どのようにマイコープに辿り着くことになったか、詳しいことは分からない。

サンボの聖地での出会い

マイコープは日本から距離的にも人的文化的な交流からも遠いところである。

一九七五年四月、そこに日本人格闘家の一行がやってきた。ロシアの国技サンボの日本選手団との親善試合がマイコープで開かれることになったのだ。サンボは柔道やレスリングと共通点の多い格闘技で関節技に勝《すぐ》れ、七〇年代日本の柔道界はサンボの技術を取り入れるため、第一級の柔道選手を何度もソ連遠征に送り出していた。

マイコープはサンボの聖地と呼ばれるほどサンボ競技が盛んに行われ、幾多の強豪選手も輩出してきた地である。試合当日、会場にはあふれんばかりの観客が押し寄せていた。興奮が頂点に達したのは、元チャンピオン・ビクトル古賀《こが》が登場する試合で、ここで古賀氏は見事な勝利をもぎとり、四一連戦一本勝ちという前人未到の偉業を達成することになる。

日本チーム勝利の熱気が冷めぬまま選手たちがホテルに戻ると、ホテルの前にはアジア系の顔をした初老の男性が古賀氏を待っていた。古賀氏の母親がロシア人ということは、マイコープの人の間でもよく知られていた。古賀氏にロシア語で話しかける男性を、選手たちは遠巻きに眺め、そのなかには山田俊二《やまだしゅんじ》氏もいた。男性と短い会話を交わすと、古賀氏は「ヤマちゃん！」と山田氏を呼び、「お前がこの人の面倒を見てやってくれ」と言い渡すと立ち去ってしまった。山田氏は当時二七歳、海上自衛隊横須賀通信隊の三曹だった。

「なんで私に振ってきたのか分かりませんが、多分同じ道場の先輩後輩という関係だから頼みやすかったんではないでしょうか」

男性は山田氏の部屋に入ると、たどたどしい日本語で自分のことを話し始めた。

ラジオのニュースで日本人の試合があることを知り、ホテルまでやってきたこと。終戦後捕虜になって抑留され、そのままソ連に残留して家庭を持ち、ソ連の国籍も取得。日本には一度も帰っていないこと……語っているうち、少しずつ日本語を思い出してくる様子がうかがえた。

名前は「熊谷長谷雄」、これは自分で漢字で書いた。日本の住所の「宮城県泉市……」は山田氏が長谷雄氏に確かめながら漢字で書き取った。

「マイコープになんて日本人はいないと思ってましたけど、いたんですねぇ」

途絶えた手紙

帰国後、家族のことを確かめてほしいという長谷雄氏の依頼を受けた山田氏は、ホテルで教わった住所をもとに現在の住所に照らし合わせてみた。住所地には酒屋があり、調べた電話番号をかけてみる。まさに、そこは長谷雄氏の本籍地であり、弟の謙伍《けんご》氏が酒屋を営みながらずっと家を守り続けていたという。

その時、すでに謙伍氏は亡く、電話に出たのはその息子の謙逸《けんいち》氏だった。長谷雄氏の甥《おい》にあたる謙逸氏は、長谷雄氏がマイコープに暮らしていることは知っていると、山田氏に告げた。

謙逸氏の語った経緯はこうである。

一九六四年、当時衆議院議員だった藤山愛一郎《ふじやまあいいちろう》氏が訪ソした折、二九七四人の未帰還者調査をソ連に要請。二年後、三五人の居住が判明したとの通達があり、そのなかに長谷雄氏の名前も登録されていた。長谷雄氏がソ連に帰化し、マイコープに生存していることが家族に伝えられた。ちなみにこの調査のうち、死亡者、帰国者を除く二六五二人が消息不明との回答であった。

長谷雄氏と日本の家族との手紙のやり取りが始まった。本家を継いだ謙伍氏のもとには三通くらいが届いたようだ。文面は日本文字で書かれ、「会いたい」と訴えていたことを謙逸氏は記憶している。当局による検閲を警戒してか、どんな暮らしぶりか、詳しい状況は書かれていなかった。

一九七一年、謙伍氏は五二歳の若さで他界する。その後手紙は途絶えて、消息もつかめぬまま時が流れていった。

日本製ラジカセをいつも片手に持ち歩く

数年に及ぶ断絶を修復することになったのが、「本人に会った」という山田氏の報告である。長谷雄氏と兄弟たちとの文通が再開された。長兄・長右衛門《ちょうえもん》氏は岩手県釜石《かまいし》市で理髪店を営んでいた。次兄は横浜《よこはま》市に、下の弟も仙台市で健在だった。文通の主たる相手は長兄の長右衛門氏である。

一九七六年、山田氏たちサンボ選手は親善試合のために再びマイコープへ向かった。古賀氏はこの遠征に参加せず、山田氏はチームのキャプテンである。このとき山田氏は長谷雄氏の兄弟から、氏に渡してほしいとカセットテープを託されていた。

「日本の民謡なんかが吹き込まれていましたね」

長谷雄氏は会場まで来て試合を観戦し、終わるとホテルの山田氏の部屋を訪れた。長谷雄氏の友人も一緒で、狭い部屋は三人でいっぱいになったことを覚えている（この〝友人〟はKGBだったかもしれない）。今はダリアという妻と暮らし、肉加工工場に勤めていると長谷雄氏は語った。娘も一人いるが結婚して、近くに住んでいるという。

山田氏は預かってきたテープと一緒に、日本製のラジカセを長谷雄氏に贈った。ラジカセは当時のソ連ではなかなか手に入らない憧《あこが》れの電化製品である。以後、長谷雄氏は外出時、必ずと言って良いほど片手にそのラジカセを持つようになり、そのスタイルの写真が何枚も残っている。

ここから日本の兄弟は、長右衛門氏を中心に、長谷雄氏の一時帰国を実現させようと動き始めるのだ。当時、日本はソ連籍者の入国には非常に慎重で、招待者は身元保証をしなければならず、煩雑な書類を作成しなければならなかった。県庁に出した書類は、厚生省援護局、外務省、在モスクワ日本大使館へと、順を追って届けられ、それぞれに時間をかけた審査が行われた。

理髪業を営みながら、長右衛門氏は必要とされた書類一式をそろえ、提出する。

・未帰還者一時帰国嘆願書
・未帰還者本人よりの嘆願書通信文
・未帰還者受入証明書
・未帰還者受入人の住民登録
・未帰還者戸籍謄本

望郷の念が吹き込まれたテープ

一九七七年三月、山田氏たちは三度目のマイコープ入りをした。このとき山田氏は五二キロ級で銀メダルを獲得する。試合を終えると、長谷雄氏はお祝いもかねて、山田氏と選手仲間を自宅に招待してくれた。鉄道線路の手前にある五階建ての共同住宅はそう広くはなかったが、ロシア人らしくきれいに整頓されていた。

「奥さんのダリアさんも歓迎してくれましたよ。ダリアさんと熊谷さんは肉加工工場で知り合ったそうです。ウオッカとコニャックとワインにソーセージのつまみで、何回も乾杯しました。夫婦仲はよさそうで、奥さんは熊谷さんのことを静かに見守っているという感じでしたね」

熊谷長谷雄はラジカセを持ち歩き続けた

勤めている肉加工工場は自宅の近くにあり、工場の同僚も交えて自宅前で記念撮影を行った。長谷雄氏は「クマガムホセヲ」と呼ばれ、真面目な仕事ぶりで仲間に慕われ、信頼されていることがよく分かった。

この訪問時、山田氏は日本の家族

から、長谷雄氏からのメッセージをテープに入れてきてほしいとの依頼を受けていた。いざカセットレコーダーに向かった長谷雄氏は、たどたどしい日本語で、日本と兄弟への思慕の念をしぼりだすように語り始める。

「翼があるなら今すぐ日本に飛んで行きたい」「家に帰りたいことは寝ても起きても忘れたことがない」「六〇歳になれば働かなくても恩給をもらえるようになるから、きっと帰れる」

メッセージテープは写真十数枚を添えて、帰国した山田氏によって横浜に住む次兄のもとに送られた。いくつかの新聞が写真入りで、このことを詳しく掲載している。

「ソ連に帰化の熊谷さん　望郷三〇年の声届く　横須賀　海上自衛隊員が持ち帰る」（朝日新聞、一九七七年四月一四日）

「肉親へ声の便り　望郷三二年ソ連に住む旧日本兵　自衛隊員にテープ託す　里帰りも実現の運び」（神奈川新聞、一九七七年四月一三日）

「ほとんど忘れていた日本語を思い出しながら片言のように語るその東北弁には、抑え難い望郷の念があふれ、何度も言葉を詰まらせていた」（東京新聞、一九七七年四月一三日）

シベリア連行からいまに至るまでの三二年間の経緯も述べられていたという。

一時帰国を実現直前で断念する

長谷雄氏のメッセージを吹き込むかたわら、山田氏は兄弟が日本政府にあてた帰国嘆願書などを見せてもらうことになった。この二月、漁業交渉のために訪ソした、鈴木善幸《すずきぜんこう》農林水産大臣に託されたものだ。兄弟の再会の一念が込められた長右衛門氏の嘆願書は、山田氏が撮影してくれたおかげで、今こうして読むことができる。

サンボの日本人選手団を歓待する熊谷長谷雄とダリア。1977年

「未帰還者一時帰国嘆願書
添付の現地通信文の書翰主「長谷雄」は私の弟です。さて、長谷雄は太平洋戦争終結時樺太に在住していましたが、その後消息不明となっていました。

偶々、昭和四一年未帰還者問題協議会々長藤山愛一郎氏訪ソのみぎり、ソ連当局にこれらソ連在住未帰還者の調査方を依頼した結果、ソ連に帰化生存中であることが判明いたしました。

その後偶々同地を訪れた日本のサンボ訪ソ親善団との奇遇を通じて、弟の住所や現況等を知ることができ相互に文通を初めたしだいであります。

別紙書翰にもありますとうり、本人は一時帰国して亡父の墓参りと、兄弟縁者との面談を強く希望しておりますばかりでなく、私達兄弟縁者一同もまたそれを心から強く希望しております。

つきましては、弟はすでに老齢でもありますので、上述事情ご配慮の上、人道的立場から何卒一時帰国方につき何分のご高配を賜りたく、未帰還者受入証明書と○○通信文を添えて○○申し上げるしだいであります。

昭和五二年二月

〇〇　熊谷長右エ門」（〇〇は判読不明）

嘆願者代表

岩手県釜石市〇〇〇

加えて、きょうだい三人と謙逸氏、計四名の署名と捺印《なついん》のある文書も添付される。

これを受けて在ソビエト連邦日本国領事から、長谷雄氏に宛てて次のような手書きの書簡が送られてきた。

「熊谷長谷雄殿　　　　　MAR　17　1977

この度あなたのお兄さん熊谷長右衛門様から厚生省と外務省を通じて、あなたが帰国を希望されておるので必要な手続をあなたに通知してほしい旨の連絡がありました。またあなたの戸籍謄本、帰国の嘆願書等が同封されておりましたので、この手紙に同封いたします。

本年3月に当大使館にお出でになる由ですが、この手紙が間に合えば、次の事項について至急ご通筆下さい。

1、現在ソ連国籍を持っていますか。……（ロシア語）又は、無国籍なら……（ロシア語）の〇〇〇〇送付してください。

同封の……（以下、ピントが合わず判読不能）」

「これでやっと帰国ができる。あと二年働けば年金がもらえるので一、二年のうちに帰国したい」

そう長谷雄氏は語った。

だが、一時帰国が実現することはなかった。長谷雄氏がモスクワの日本大使館まで出向くことはなかったようだ。モスクワまでの旅費が工面できなかったのか、KGBによりモスクワ行きを許可されなかったのか。後に長谷雄氏はあの時帰国することはできたが、自分のほうで断ったと語っている。謙逸氏も、これから登場する正之《まさゆき》氏も、あれほど焦がれていた一時帰国をなぜ行わなかったのか、理由は分からないという。自分の推測でしかないが、と山田氏はこう解説した。

「当時はまだＫＧＢの見張りが厳しかったことがあるのではないでしょうか。マイコープ市内を歩いていた時、酔った人が私に何かのメモを渡そうとしたことがありましたが、すぐに警官に連れていかれました」

これが長谷雄氏にとって一時帰国の唯一のチャンスだった。

ＫＧＢが見張るモスクワでの兄弟再会

兄弟は再会を諦めてはいなかった。

岩手県が日ソ親善交流を深めようとの趣旨で、シベリア・バイカル湖への旅「岩手県民の船」を企画したのは、一九八一年のこと。釜石《かまいし》港から出航するツアーは自費であるのに拘らず、二六〇名もの参加者が集まった。その三分の一は、シベリア抑留死亡者墓参のための一行である。参加者名簿には長右衛門氏とその長男の正之氏も含まれており、岩手日報の記者も同乗していた。

ふたりが参加する「モスクワコース」は、ナホトカ上陸後は列車でハバロフスクへ、ハバロフスクからモスクワまではジェット機でという旅程である。旅の目的はただひとつ、弟の長谷雄氏に会うことで、すでに手はずは整えられていた。

七月一六日に釜石を出港し、列車と空路を使ってモスクワの五つ星「ホテル・ウクライナ」（現・ラディソン・コレクション・ホテル・モスクワ）に入ったのは一九日午後だった。天井がフレスコ画で装飾されている重厚なロビーで正之氏と待機すること数時間、夕刻に長谷雄氏がロビーに入ってきた。長谷雄氏は、マイコープから一昼夜かけて列車でモスクワまでやってきたという。

対面するなり長谷雄氏は「兄貴か！」と叫び、その場に立ちすくんだ。長右衛門氏は駆け寄って、「長谷雄だな、生きていて良かった、良かった」と、長谷雄氏の手を握りしめる。兄弟の四〇年ぶりの涙の抱擁。正之氏も長谷雄氏に同行したダリア夫人も、無言でふたりの様子を見つめ、新聞記者はシャッターを切っていた。

ゆっくり話をしようと、ホテルの部屋に招き入れる。部屋に入ったのは、長右衛門氏、正之氏、長谷雄氏、ダリア夫人、そして長谷雄氏の長年の友人で写真家と紹介されたニキーチン・ミハイユと称する人物。このミハイユがＫＧＢの一員であることは、ちょっとした隙を盗んで長谷雄氏が耳打ちをして伝えてきた。

ＫＧＢが見張っているので、下手なことは言えないし聞けないと、緊張しながらの時間となる。長右衛門氏が持参した日本酒をふるまうと、長谷雄氏はいかにもおいしそうに飲み進めた。六本ほども空けて、酔いが回ると二人語り合うのは、故郷で過ごした少年時代のことである。長谷雄氏の日本語は、とても分かりづらいものだったが、言いたいことは十分に伝わった。抑留時代のことやなぜマイコープに来ることになったのかなどは話さなかったし、聞かなかった。そのとき正之氏は、なかなか見栄えの良いメッシュの靴を履いていたのだが、それを欲しいと長谷雄氏がねだった。

「だから、その場であげちゃいましたよ」

長右衛門氏は、亡き父親の声や懐かしい歌謡曲などを吹き込んだテープを長谷雄氏に手渡した。大きなトランクにつめこんだ日用品や食料品は、ダリア夫人へのお土産である。

その晩、同じホテルに泊まるよう誘ったのだが、宿泊先は他に決められているからと、長谷雄氏とダリア夫人はＫＧＢと共に部屋を出ていった。翌日朝には、ホテルに三人でやって来る。こうして二二日まで兄弟は一緒に過ごしたのだが、横には常に〝友人〟のミハイユが張り付いていた。長右衛門氏はこのとき、二〇〇万円の現金を長谷雄氏のために持参していたのだが、ミハイユに現金譲渡はダメだと言われ、長谷雄氏も受け取ろうとしない。ならばと免税店に連れて行き、ラジカセなど欲しいというものをどんどん買って与えた。

二二日午後、モスクワ空港へ向かうバスの時間が来た。生きて会うことはもうないだろう。別れの握手と抱擁。ダリア夫人も「これでもう終わりかもしれない」と沈鬱《ちんうつ》な面持ちでつぶやいた。そのときの様子を、同行した新聞記者がこう伝えている。

「熊谷さんは「こうして弟と会えたのも皆さんの温かい励ましがあってこそ。もうこれが最後かもしれないが、弟が生きていることを、この目で確かめられたし、満足です」とホッとした表情。熊谷さん親子と長谷雄さん夫妻は二二日午後、帰国のためモスクワ空港へ向かうバスで別れたが、長谷雄さんは「私が帰国を望んでも、今は出国の許可は下りないでしょう。でも兄貴や正之とも会えたし、現在の生活も不自由はありません。日本の皆さんが幸せであるよう願っています」と語り、じっとたたずみながら、去って行くバスをいつまでも見送っていた」（岩手日報、一九八一年七月二七日）

一九八四年作成の厚生省援護局「未帰還者名簿」№六〇には「熊谷長谷夫《ママ》」が記載されている、生年月日と留守家族（甥の謙逸氏）、マイコープ市に在住、そして「昭52・3・4　一時帰国嘆願書送付」とある。未帰還者ということは、国は調査を続ける責務を負うということである。だが、謙逸氏が、厚生省に問い合わせをしたときは「ほかの国に帰化した人に関しては、日本の国としては何の手助けをすることはできない」という返答を受け取った。その後も長谷雄氏を詳しく調査した形跡は見当たらない。

長右衛門氏の帰国後、長谷雄氏との間では手紙のやり取りがずいぶん行われたようだ。写真もたくさん送られてきた。それら長谷雄氏に関するものを受け継いだ正之氏は、自宅にまるごと保管していた。だが、家は釜石市の海岸近くにあり、東日本大震災の際、家ごと全てが流されてしまった。「段ボールにみんないれてあったんだけどね。本当に惜しいね」と残念がった正之氏は、モスクワ再会の新聞記事を私が送るととても喜んでくれた。

「この墓碑の人物を知ってもらいたい」

一九七八年以降、マイコープではサンボの交流戦は行われなくなり、山田氏もしばらくの間ソ連からは遠ざかっていた。自衛隊も退職し、公立小中学校の教諭（講師）となる。長谷雄氏のテープを渡して以降は、自分が介入することは控えていたが、どうしているのか折に触れては思い出していた。

長右衛門氏のもとにダリア夫人からの手紙が届いたのは、八七年一一月末か一二月初めである。知り合いを通して翻訳をしてもらい、それが長谷雄氏の訃報であることを知った。一一月二三日、がんのために亡くなったという。享年六八だったがもしあと五、六年長く生きていたら一時帰国支援によって、日本で兄弟と会うことができただろう。「一回しか会えなかったこと？　国が国だから仕方なかったんだよね」とだけ、八〇歳を超えている正之氏は言った。

謙逸氏は熊谷家の墓に「長谷雄」の名前を刻んだ。

山田氏のところにも、マイコープの知り合いを通して訃報が届いた。

山田氏と長谷雄氏の、その後のつながりである。

山田氏にはマイコープにサンボを通して親しくなった友人が何人もいる。彼らに会いに、二〇一

○年、後輩と二人で一三年ぶりにマイコープを訪れた。そのときはダリア夫人も故人になっていた（○三年死去）。お墓参りをしようと、友人に長谷雄氏のお墓を捜してもらうと、それはブリキでできた簡素なものだった。隣には同じブリキのダリア夫人の墓が並んでいる。友人が「ブリキだから、このままにしておくと崩れてなくなってしまう」と山田氏に言った。どうにかしてほしいという意味であることは理解できた。

　だったら、石の墓に建て直すことにしようと気持ちを固める。

　二〇一五年二月二二日、西日本サンボ選手権大会が開催されたおり、大会参加費を長谷雄氏の墓の改造の費用に充てることが告げられた。二月二三日の中日新聞には、こう紹介されている。

「大会参加費は、主催した（愛知）県サンボ連盟の山田俊二会長の友人で、元シベリア抑留者の熊谷長谷雄さん（仙台市出身、享年六九《ママ》）の墓を造り直す費用に充てられる。熊谷さんは帰国できないまま旧ソ連で死亡。会場では募金も行われ、参加費とともに、現地にある老朽化した墓を残すために使われる」

　寄付金と自分のカンパを合わせた三〇万円を、マイコープの友人に送った。

石造りの墓が完成したのは六月。除幕式の様子は、冒頭で記したように動画になって山田氏に送られてきた。もう少し彼らの言葉を紹介しよう。

「（若い人々に）この地に残られたこの墓碑の人物を知ってもらいたいのです。そしてこの人物のことを愛し、我々のグループと一緒になってこの墓碑を保存してもらいたいのです」

「ヤマダさん、彼女の墓碑も作りましたよ。合意したようにきれいな墓碑です。苗字はクマガムとは違う苗字になっています。法律上、墓碑に同じ苗字を彫ることはできませんでした」

「日本で募金を集めて下さった方々に感謝を申し上げます。平和が続き、サンボはまた私たちを結び付けてくれることを祈ります」

謝辞のなかで「ビクトル」という名も何度か出て来るが、元世界チャンピオンのビクトル古賀氏への敬意を込めてのことである。

実は古賀氏は一九九六年、NHKの旅番組に出演した折、ドン川までの途中マイコープに立ち寄り、長谷雄氏の墓参を行っている。友人たちと宴《うたげ》を催した次の日、墓地を訪れ、すでにサビが広がっている三角錐《すい》のブリキの墓の前にたたずんだ。

番組では長谷雄氏が日本に妻子を残して、マイコープで生きることになったと紹介し、ひまわり畑が映し出されたが、謙逸氏も正之氏も「独り身だった」とその情報を打ち消している。なぜ妻子云々《うんぬん》の話が出たのか、古賀氏は故人となり、番組ディレクターも退職後海外に移住して連絡が取れないため、確認はできなかった。

長谷雄氏のことをよく知る元サンボ選手が、この時テレビクルーにこう語った。

「彼は酒を飲んだら、よく日本語で歌を歌っていたよ。どんな歌かって？　ロージナの歌だよ」

長右衛門氏が送ったテープに入っていた歌を口ずさむのが、ふるさとにいちばん近づいていた時間だったのだろうか。何より〝自由〟でいられたはずだ。

別れ際に古賀氏は「無縁仏じゃないですよ、安心して眠って下さい」と語りかけた後、ブリキの墓をポンポンと叩いた。

墓を建て替えたしばらく後に、掘り起こしたときの土がマイコープから山田氏のもとに運ばれてきた。山田氏の親友ハパイが、日本に行くという知り合いに頼んで、わざわざ山田氏に届けたもの

新しい墓を訪ねた時の山田俊二。2020年

である。山田氏はその土を、知多《ちた》郡東浦町《ひがしうらちょう》にある宇宙山乾坤院《うちゅうざんけんこんいん》まで持参して供養を施してもらい、仙台に行く友人に頼んで謙逸氏に手渡してもらう。謙逸氏も供養を行った。

取材途中、謙逸氏が病に倒れたので、厚労省の書類申請などさまざまなことを謙逸氏に代わり、妹の羽生恵子《はにゅうけいこ》さんが行ってくれた。最後に恵子さんにお願いしたのは、墓石に刻まれた命日の確認である。

謄本には「昭和六拾参年（一九八八）月日不詳ロシア連邦マイコプで死亡　平成拾壱年（一九九九）拾弐月八日宮城県知事死亡報告除籍」とある。これに関して、厚労省の説明を聞いた。

「厚労省は未帰還者については機会をとらえてロシア政府に消息調査を依頼しており、ロシア政府から死亡等の回答があれば、その内容を本籍地都道府県あてに通知し、都道府県はご家族の意向を確認の上、知事の権限で戸籍処理をしている」ということだ。長谷雄氏の場合もロシア政府の内容に基づいて戸籍処理が行われ、死亡年月日についても提供された資料に記載されているという。

何らかの事情でロシア政府には詳しい死亡情報が届いていなかったということか。かつ確認作業も行われなかったということになるだろう。

だが、墓石には「昭和六二年一一月二三日」と、ちゃんとロシアの墓と同じ日付が刻まれ、正しい命日を伝えている。

ロシアの墓はハパイが管理しているので、きれいに保たれているという。山田氏は状況が落ち着いたらまたマイコープに行き、墓参りもしようと思っている。長谷雄氏の墓は無縁仏ではなく、訪れる人を迎えている。

第八章

受け入れなかった故国、死去二四年後の死亡届

――圓子賢次（ウクライナ）

妻トミが持ち続けていた圓子賢次の写真（撮影日不明）

圓子賢次　略年譜

1922年	1月17日	北海道旭川区に生まれる
1936年	3月	高等小学校卒業、国策パルプ（現・日本製紙）に入社
1943年	10月20日	臨時召集で第7師団輜重兵第7連隊に応召
年次不明		第88師団工兵隊に転属
1946年		武装解除後内淵で左官の仕事。木村トミと知り合う
1947年	5月11日	長女・久恵誕生
	9月頃	逮捕、連行。古屯の武意加収容所で労役に従事
1948年	5月	トミと久恵、北海道に引き揚げ
	10月29日	トミ、賢次との婚姻届を旭川市に提出
1952年		賢次、釈放で収容所を出る。ポロナイスクで労働者となる
1953年		トミ、婚姻届無効の申請を裁判所に提出。再婚
1956年		賢次、ポロナイスクでウクライナ出身のライーサと結婚
1958年	2月	長女ガリーナ誕生
1959年頃		賢次、ソ連国籍取得。九州の妹・京子に手紙、以後音信不通に
1965年頃		賢次ウクライナに移住
1975年	6月2日	トミ、交通事故で死去
1990年	11月	トミの親族「樺太同胞一時帰国促進の会」の活動を知り協会に捜索依頼の手紙を書く
1996年	2月	賢次の姪・安藤朋子、ウクライナ大使館に賢次に対する問い合わせを行う
1997年	9月	賢次の日本の親族、ウクライナへ。戦後初の再会
1998年	4月	賢次、一時帰国で日本に到着。以後軍事恩給を巡って政府と交渉
1999年	11月18日	賢次死去、77歳
2000年	1月	厚生省・竹之下和雄、賢次の墓参りに
2023年	6月19日	賢次、死亡届が受理され除籍となる

※姪・安藤朋子は仮名

日本で〝死者〟となれた日

二〇二三年六月一九日、ひとりの男性の除籍が旭川市《あさひかわし》戸籍課で行われた。氏名は「圓子《まるこ》賢次《けんじ》」。

生年月日は大正一一年一月一七日。出生地は北海道旭川区。

死亡に関してはこうである。

「死亡日時／平成11年11月18日　時刻不詳
死亡地／ロシア国ベルゴロド州コロチャンスキー地区ベフテーエフカ村
届出日／令和5年5月9日
届出人／親族　上野久恵
除籍日／令和5年6月19日」

年号では分かりづらいので西暦に直すと、死亡年は一九九九年、届出年は二〇二三年。死去してから二四年後に行われた除籍である。

届出人の「上野《うえの》久恵《ひさえ》」は圓子賢次氏の長女で生後四ヶ月のとき、父親がソ連軍に逮捕されて以来生き別れとなった。その後はどこにいるかさえ分からない状態が続く。一九九八年に賢次氏が一時帰国をしたときには半世紀ぶりの再会を果たしているが、父娘であることは外には伏せられた。

久恵さんが提出した死亡届は申請から受理されるまで三ヶ月以上を要した。それが叶ったとき「やっと終わりました。肩の荷が下りた気がします」と安堵の気持ちを、久恵さんはＳＮＳで伝えてきた。除籍によって国と国の分断のなかで幽閉状態だった父親は、やっと祖国の日本でも死者という尊厳を持った存在になったのである。

旭川で育ち、兵士として樺太に渡った圓子賢次氏が人生でいちばん長く暮らしたのは、ウクライナ南東部ルハンスク州のリシチャンスクだった。セベロドネツクから近く、二〇二二年のロシア侵攻後に徹底破壊をされた末、現在はロシアに占領されている町である。晩年、夫人が亡くなった後にロシア人男性と結婚した娘のいるロシア・ベルゴロド州に移り住んだが、そこはウクライナと隣接する地域で、ウクライナによる戦闘が行われ、一触即発の地域である。

そんななかで、賢次氏の死亡証明書の原本は入手不可能になってしまっていた。

臨時召集を受けて樺太へ

圓子賢次氏は旭川区二条通《にじょうどおり》という、旭川駅から歩いても十数分という町中で生まれた。父親・圓子佐次郎《さじろう》、母親・チヱ、八人きょうだいの三男で、父親は大工だったとのことだ。

一九三六年三月、賢次氏は尋常高等小学校を卒業すると、国策パルプ（現・日本製紙）に入社する。日本製紙旭川工場は石狩川《いしかりがわ》から遠くない地点にあり、工場からは巨大な煙突が何本も屹立《きつりつ》していた。夏になれば水量豊かな石狩川に飛び込み、友人たちと泳ぎを楽しんだ。

一九四三年一〇月二〇日、賢次氏は臨時召集を受けて、第七師団輜重《しちょう》兵第七連隊に応召する。北海道庁福祉局が作成した「軍歴証明書」にはそこまでしか書かれていないが、その後、終戦時は第八八師団の工兵上等兵であったことが、後述の『武意加収容所』の名簿に記されている。転属した時期は不明である。

四五年八月一五日以降、南樺太国境近くで警備中にソ連軍から銃弾を浴びるという、危機一髪の体験もしたようだ。

八月後半、武装解除した部隊の上官から解散を命じられたので隊を離れた。

その後どのようにしてかは不明だが、内陸の内淵《ないぶち》に入り、そこで暮らすようになった。大工の父親から習い覚えた左官の技術で日銭を稼いでいたと思われる。

内淵は炭鉱の町で、日本人の他にも徴用された多くの韓国人が炭鉱夫として働いていた。内陸のせいか戦災の被害はなく、終戦時も軍の上官クラスが最初に来たので他の地域のような混乱は体験せずに済んだ町である。緊急疎開も実施されないまま、人々は日本に帰る日が来るのを待つだけの落ち着いた日々を送っていた。

あるとき、賢次氏は木村《きむら》という家の壁塗りを頼まれる。周囲の中ではけっこう大きな建物で、作業に通ううち、その家のトミさんという女性と言葉を交わすようになった。

トミさんは五一歳という若さで亡くなったのだが、トミさんの妹・谷藤《たにふじ》みつさんと、大川喜美子《おおかわきみこ》さんのふたりの話を聞くことができた。それによると——

木村家は大正期に津軽《つがる》から内淵に移住した家で、父親は炭鉱に勤めていた。子どもは男一人、女五人の六人きょうだい。トミさんは一九二四年生まれの次女で、みつさんは一九二七年生まれ、喜美子さんは一九三七年生まれである。

高等小学校卒業後トミさんは、東京に本社がある火薬庫の会社に事務員として勤めていた。上の妹谷藤みつさんによると、「トミは男勝りの女性」で、バリバリと働き何事も自分の気持ちをはっきり言うタイプだったそうだ。

家の壁塗りが縁結びとなり、賢次氏とトミさんは、木村家の近くにある炭鉱の官舎で一緒に暮らすようになった。賢次氏二四歳、トミさん二二歳。引き揚げたら圓子家がある旭川で住もうと話しあっていたのではないか。賢次氏のことをみつさんは、こう思い返す。

「賢次さんはやさしい男性でしたね。いつもニコニコしていて怒った顔は一度も見たことがありません。きれいな顔立ちで、声も穏やかでした」

下の妹、大川喜美子さんも賢次氏にやさしくされた思い出を持っている。

「賢次さんは歌が上手で、慰問団にも入っていました。慰問団の巡業のときは私も連れて行ってもらいましたよ。皆の前で流行りの歌をいい声で歌っていましたね」

当時賢次氏がどんな仕事をしていたのか、二人ともはっきりした記憶はない。おそらく左官業を続けていたのだろう。自宅の畑では野菜が採れ、近くに山菜は豊富に生えている。ソ連からはパンの配給も行われた。お腹がすいた記憶はなく、喜美子さんは移住してきたロシア人の子どもと楽しく遊んだ思い出を持っている。

逮捕・連行される時、赤ん坊の娘は激しく泣いた

一九四七年五月一一日、長女・久恵さんが誕生する。賢次氏はとてもうれしそうだった。

その年の九月ごろ、大雨が降り内淵では水害が起きた。賢次氏は仕事の帰り、水に浸《つ》かった畑の中からジャガイモ三個か四個を拾い上げ、それを帽子の中に入れて家に持ち帰る。自宅の畑が水害ですっかり流されてしまったので、目についたジャガイモにふっと手が伸びたのだろうか？

それから間もなく、賢次氏は国家のものを収奪したという罪に問われ、逮捕されてしまう。ソ連刑法では農地は全て国家のものなので、作物も同様だから窃盗ということになる。しかしこの時期、ソ連軍は血道をあげて元軍人の捜索・連行を行っており、そのための密告を盛んに奨励していた。誰かが、ジャガイモを盗んだことを口実に、軍歴のある賢次氏を通報したと考えるのは突飛なことではない。谷藤みつさんは逮捕の時、賢次氏たちのそばにいた。

「連行された時のことはよく覚えています。一人のソ連兵と一緒に家まで戻ってきたんです。家族と最後の別れをさせるためだったのかもしれません。ああ、連れていかれると思い、家を立ち去る直前に、トミが賢次さんに久恵を抱かせました。すると生まれて四ヶ月くらいの久恵が火が付いたように泣き出したんです。ギャーギャーとすごく激しく。赤ん坊でも感じるものがあったんでしょうか？」

泣き叫ぶ娘の声を背中で受けながら、賢次氏はソ連兵にどこかに連れられて行った。トミさんの見た、賢次氏の最後の姿だった。

「トミの嘆きは大きかったですよ。どこに行ったんだろう、いつ帰ってこれるんだろうと、そのことばかりを思っていました。連絡なんか一切ないんだから」

消息が途絶えたまま、四八年五月、木村家には引き揚げの順番が回ってきた。喜美子さん（当時一一歳）は、姪の久恵さんをおぶって引揚船に乗った。船の中で久恵さんが肺炎になりかかり、お湯で温めたキルトを胸に宛てて必死に看病したことを覚えている。函館に着いた木村家はまず、母親の実家のある積丹《しやこたん》半島の古平《ふるびら》に腰を落ち着けた。

その後、圓子家との間に何らかの話し合いや了解が生まれたのだろう。ソ連軍占領下ではできなかった婚姻届の提出を、その年の一〇月二九日に行っている。

旭川市役所の賢次氏の謄本には「木村トミと婚姻届出昭和弐拾参年拾月弐拾九日受附」とあり、二人は正式な夫婦になった。同日久恵さんも「父圓子賢次届出」として入籍されている。

戸籍を整えたトミさんはしばらくの間、久恵さんと共に旭川の圓子家の近くで暮らした。久恵さんの手元には、トミさんと幼い久恵さんが圓子家の人たちと公園らしきところで並んでいる写真がある。トミさん親子と圓子家を繋《つな》ぐ糸は、賢次氏の帰還だった。だが、消息は全く分からぬままだった。

婚姻届無効を申請する

谷藤みつさんはこの時期のトミさんの苦悩を、痛いほど感じ取っていた。

「いつ帰って来るか、私たちも圓子家もみなで待っていました。でも手紙も何もこない。シベリアに連れていかれたんじゃないのかしらと、皆で言い合ったりしました。私ですら賢次さんのことを真剣に考えたのだから、姉はなおさらだったと思います」

トミさんは主に農作業の手伝いで暮らしを立てていた。賢次氏の帰還の望みが揺れるなか、樺太を知らない圓子家との関係にも小さな裂け目が生まれ始めたことは想像に難くない。

「旭川、岩見沢《いわみざわ》、三笠《みかさ》なんかを転々としていた記憶があります」

幼かった時代を久恵さんはそう思い出す。

あるとき、トミさんは知り合いから輪厚《わっつ》の農家の手伝いを頼まれた。頼まれるまま、ご飯の支度などをしているうち、その農家の男性・西窪《にしくぼ》氏と縁ができた。西窪氏は前の妻を病気で亡くし、トミさんより一〇歳年上だった。

一九五二年一〇月、西窪氏とトミさんの間に女の子が生まれた。

五三年一月、トミさんは賢次氏との婚姻届の無効を裁判所に申請する。同年三月一一日に婚姻無効申請は許可となり、戸籍は訂正された。

同年八月に輪厚の男性と再婚して、西窪トミとして樺太を切り離した戦後が始まった。

久恵さんは小学校に上がるときから、男性の姓・西窪を名乗ったが、戸籍上の姓は圓子のままであった。公式に西窪久恵となったのは一五歳のときに養子縁組が行われてからだが、最近までそのような経緯があったことは知らなかったという。

再婚の後、トミさんは圓子家と疎遠になった。

国境線近くの厳寒の収容所で

賢次氏はトミさんたちに連絡のできない場所にいた。

一九四七年九月、逮捕された賢次氏が連れて行かれたのはシベリアではなく、南樺太最北端にある武意加《むいか》収容所である。

樺太には豊原、久春内《くしゅんない》、西柵丹《にしさくたん》など一〇ヵ所の区域に収容所が設置されていたが、武意加収容所は「南樺太地区未帰還者の全般資料」の解説によると「敷香町北方古屯《ことん》部落北東約四七キロの旧国境線近く」とある。北緯五〇度の旧国境線近くは凍結したツンドラ地帯だ。ここでの作業は主に建築と造材で、重労働の苛酷さはシベリアと変わらなかった。少し南の敷香《しすか》に近い収容所のそばに住んでいた女性は、「小銃をつきつけられて仕事場へと向かう収容者たちの姿を見ながら涙をぽろぽろこぼした」と、子どものころのその情景が脳裡《のうり》から離れることはなかったと、協会の小川氏に語っている。

鉄条網と電気を通した板塀に囲まれた武意加収容所には、日本人、朝鮮人、ソ連人が収容され、敷地内にはパン工場や病院、大工小屋なども建てられていた。ある収容部屋には「ソ連人七〇名、日本人三〇名、鮮人二〇—三〇名」とのメモがある。

その武意加収容所の名簿には、「圓子賢次」の名前が記されていた。

「昭和二八、七、二六現在　武意加収容所における満刑者死亡者名簿」のなかに、こうある。

「終戦時住所部隊名・5HA／88D　職業階級・工兵、上等兵　氏名・圓子賢次30　本籍・北海道　資料概要・(昭和)28、5　出所　敷香町」

この資料の提供者は、二名の引揚者であることが名前と共に記されており、いわば記憶であって、公的な記録ではないことを前提にする必要がある。が、ここで注目すべきは圓子賢次氏が「元軍人」として扱われていることだ。

「5HA／88D」とは、第五方面軍第八八師団のこと。その満刑者死亡者名簿には一一人が記載されているが(うち死亡者一人)、職業欄に軍人であることが明記されているのは賢次氏だけである。他は農業や炭坑、造材帳場といった一般人がほとんどだ。まだ満期を迎えず残留者として収容されている者たち(当時三〇人)も、鉄道員や旅館業など一般人が大半で、賢次氏は数少ない軍人の一人だったことが分かる。

満刑が昭和二八年(一九五三)とは、それまでどことも通信はとれなかったということである。トミさんはこの間に、圓子家を去って輪厚に移り西窪氏との再婚に及んでいる。

出所後、港湾施設で働く

武意加収容所の満刑者のなかには、名簿の職業欄が空白のTという人物がいた。Tは出所後敷香で過ごした後にソ連本土に移り住み、サンクトペテルブルク近郊の小さな村で暮らしていたのを、二〇一七年ロシア紙の記者によって調査、紹介される。自分は金鵄《きんし》勲章まで授与された抑留軍人であったと〝証言〟したことが注目され、日本でも大きく報道された。

一七年八月、そのTの経歴を調べるために毎日新聞・杉尾《すぎお》直哉《なおや》記者が武意加収容所跡を訪れた。Tと共に、自分の友人だったとTが言う、賢次氏の経歴を探ることも目的のひとつであった。そのときの報告を紹介したい。

「ポロナイスク（敷香町）から圓子さんが服役していた刑務所がかつてあった武意加に行きました。すでに刑務所はなく、刑務所まで続く道路もありません。長い距離を徒歩で行くしかないというので跡地訪問は断念しました。武意加は今はペルボマイスク（五月一日の意味）という地名になっていて、木造の民家が点在する貧しい村です。古い住民に何人か聞いたのですが、刑務所があったことは知っていて、「バラックが並んでいた」とか「中にパン焼き所があった」という人はいましたが、日本人が収容されていたかなど詳しいことを知る人はいませんでした。

現地には単線の鉄道跡がありました。今では鉄のレールは撤去され、ただの砂利道になっていました。圓子さんはこの鉄道の敷設作業を服役時代にしていたのではないかと思いました」

確かに先の未帰還者の全般資料の「武意加収容所位置図」には、古屯《ことん》駅から武意加収容所方向への鉄道路線が記されている。約五〇キロの線路を、木材を積んだ列車が走ったということだろう。

当時ソ連側の指令により、サハリン内の収容所の釈放者はすべて敷香に居住することが定められていた。収容所を出て敷香に入った賢次氏は、そこの「レアルバーザ」という穀物などの貯蔵施設で働くことになる。施設の労働者の記録には、賢次氏についての書類が残されていることを杉尾記者はつきとめた。再び杉尾記者の報告を引く。

「圓子さんに関しては、一九五二年から五六年まで荷物運搬作業員として「レアルバーザ」で働いたこと、一九二二年生まれの日本人で、三八年から四三年まで旭川に住んでいたことや、四三年から四五年まで従軍していたこと、四五年から四七年までは住宅関係の労働者であったこと、四七年から五二年までは服役者であったこと、労働組合に所属し、妻帯者であることなどの記述がありました」

全般資料では一九五三年（昭和二八）、レアルバーザの記録には一九五二年と、釈放された年が違っている。このへんは引揚者の記憶による全般資料より、レアルバーザの方が正確と思われる。ともかく、樺太時代は多くの日本人が住んでいた北部の中心都市だった敷香が、出所後の賢次氏の生きていく場になったことは確かである。

書類には賢次氏の住所も記載されていたので、杉尾氏はそこまで足を運んでみた。「バグザリナヤ（鉄道駅通り）34」とある地区は、今は雑草が生い茂り、古い民家がいくつかあるだけのわびしい場所だった。「その場所からは旧王子製紙の工場の建物や煙突が見え、圓子さんはこういう風景を見ながら生活していたのかと思いました」。

当時の賢次氏の写真も残されていて、その容貌が素晴らしいのだ。整った目鼻立ち、柔和な口もと、昔タイプの美男そのものである。

五六年六月、賢次氏は「健康上の理由」からレアルバーザを退職している。出所してから賢次氏は日本に手紙を出さなかったのか？　トミさんも旭川の実家もこの時期何も受け取っていない。賢次氏は元軍人の経歴に怯《おび》え、日本に帰ると逮捕されるのではという不安を抱き続けていたようだ。なし崩し的に軍を離れてしまったので、自分を逃亡兵と思い込んでいた節もある。

話は戻るが、レアルバーザに日本人の記録として保管されていたのは、賢次氏とT氏の二人だけだった。T氏は虚偽の経歴の目立つ人物だったが、一七年九月に研究者たちの尽力で一時帰国が実現し、故郷の北海道・遠軽《えんがる》で親族と再会。一九年二月、ロシアの村で八九年の生涯を閉じている。

ウクライナへの移住

職場を離れた賢次氏は、決して安穏としていたわけではないだろう。
迷っていた時期、同じポロナイスクに住むライーサという女性に出会い、一緒に暮らすようになる。ライーサはウクライナ出身のサハリン移住者の一人で、一八歳の時にナチスの強制収容所へ入れられたという経歴を持つ女性だった。

二人が出会った一九五六年から数年間は、サハリンに残された邦人にとっても微妙で、運命の分かれ道となる時期だった。五七年七月からは後期引き揚げが開始され、主に朝鮮人家族として残された人々が日本に帰って行く。後期引き揚げは五九年九月まで七度に渡って行われるのだが、この間、賢次氏は帰ることを選択せずにライーサと共に生きていく気持ちを固めていった。

五八年二月には長女ガリーナが誕生する。

旭川に住む妹の京子《きょうこ》さん宛てに、賢次氏から葉書が届いたのは五九年だった。葉書には「ロシア人の女性と結婚して娘もできた。今は家も持って元気に暮らしている」とあった。そのことは輪厚に住むトミさんにも知らされた。

以後、音信は不通になる。

ガリーナが自分が七歳頃と記憶しているので、六五年ごろ、賢次氏一家はサハリンを去り、大陸に移動する。定住先はライーサの故郷、ウクライナ。ルハンスク州セベロドネツク地区リシチャンスクの一角に住まいを持った。

仕事は主に建設作業である。ガリーナは「父はリシチャンスクでたくさんの家を建てた」と、誇らしそうに語った。

ポロナイスク時代の圓子賢次。1955年頃

トミさんの死

日本では再婚したトミさんは苦しい生活を送っていた。再婚相手の実家は輪厚で畑と水田を持っていたので、トミさんは農

作業に従事する。子どもは久恵さんのほか、西窪氏との間に四人の娘が生まれた。かつかつの暮らしのなか、二年おきの出産で、身を休める暇もない。久恵さんも進路を決める際は、自分の気持ちより家の事情の方を優先した。

「母親は農家の仕事の他に学校の用務員もして、働き詰めでしたね。私も家のためにと高校には行かないで、中学を出たら近くの会社に就職しました。お給料は全部家にいれました」

この就職を前にして、西窪氏は久恵さんを自分の養子とするための縁組みの届出を提出する。一九六三年、久恵さんは圓子賢次氏から西窪氏の戸籍に入籍となったが、そのことを教えられた記憶はない。物心ついたころから西窪姓で通していたので、改めて伝えるまでもないということだろうか。西窪氏が本当の父親ではないことは分かっていたが、本当の父親が誰なのか、深く考えることはほとんどなかった。トミさんの口から賢次氏の話を聞いたこともなかった。

一九六六年四月、西窪氏は五二歳の若さで病死する。夫の死後、トミさんは農作業は止めたが、中学校の用務員の仕事は続けていた。

七五年六月二日、学校の用事で、トミさんを乗せた乗用車が工事中の道を走っていたときである。通行禁止の標識のない道を突っ切ろうとしたとき、そこで作業中のダンプとまともに衝突。車は飛ばされ、後部に乗っていたトミさんは頭を強打して、病院に着いたときはすでに心肺停止状態だった。そのとき久恵さんは上野昭《あきら》氏と結婚して三人目の子どもを妊娠中だった。トミさんが亡くなって二〇日後に女の子が生まれ、生まれ変わりと思えたという。五一年の生涯の、暮らしとの闘いの続いたなかで賢次氏のことを思い出す余裕はあっただろうか?

葬儀後トミさんの遺品の整理をしている最中、久恵さんは見知らぬ男性の写真を発見する。坊主頭に近く、学生服のような恰好の美青年である。「この人だれ?」とみつさんに尋ねると「あんたの父さんだよ〜」。

　そのとき初めて、圓子賢次という人が自分の父親であることを実感した。今どこにいるか分からないが、生きているなら会いたいと思った。

つながり、再度切れた細い糸

　トミさんが健在だった一九七三年のことである。賢次氏の妹の川原《かわはら》京子さんは東洋エンジニアリングのM氏という、全く見知らぬ人から手紙を受け取っていた。

　そこには、ソ連ウクライナ・セベロドネツクという町で圓子賢次氏に会ったことが書かれていた。

2歳頃の久恵さんとトミさん（中央の親子）。1949年

　東洋エンジニアリングは当時、ソ連各地でアンモニア工場を建設している最中で、セベロドネツクも工場建設推進地のひとつであった。M氏が工事現場で指揮を執っていた時、自転車に乗った日本人男性がやってきた。それが賢次氏だったというのだ。

　男性は自分は日本人で「圓子賢次」という名前であること。旭川に親族が住んでいることを話し、覚えている旭川の住所を伝えた。そして自分がここで生きていることを親族に伝えてほしいと懇願した。

帰国したM氏は、すぐに教えられた住所の京子さんに連絡を入れた。ウクライナにいるとは想像もしていない事実である。京子さんからすぐに他の兄弟へ生存判明は伝えられた。そのころはトミさんと圓子家は没交渉だったので、賢次氏発見の報はトミさんには行かなかったろうと久恵さんは言う。

賢次氏の兄、誠次郎《せいじろう》氏の娘の安藤朋子《あんどうともこ》さん（仮名）は一九歳の学生だった。

「セベロドネツク？　どんなところだろう?」調べてみるとそこはウクライナの東部で、ロシアとの国境に近い。最初に頭に浮かんだのは、ウクライナは穀倉地帯というから食べ物には困らないだろうなということだった。

「行けるものなら行きたいと思いました。でもソ連は簡単には入れる国ではないし、どうしようと思うだけでした」

一年後、M氏から再びセベロドネツクに行くという知らせが来た。「何か持って行ってほしいものはないか」と訊かれたので、きょうだいはスカーフやストッキングなどいろいろな生活用品を託して、その反応に期待を寄せた。

しかし、M氏がセベロドネツクの工場でいくら待っても、賢次氏が再び現れることはなかった。日本人が監督に来ているという情報が賢次氏のところに届いていなかったのか。もしかするとKGBの監視があって行くに行けなかったのかもしれない。悪いことに前年、賢次氏はM氏に自分の連絡先を教えていなかった。そのためM氏の方からはどうにも捜しようがなく、再び消息不明の迷路に陥ってしまったのである。

ここで思うのは、賢次氏は旭川の住所を覚えていながら、なぜ自分で連絡しなかったのか、ということである。手紙を出しても届かなかった可能性はおおいにある。郵便局は行くのが困難なほど遠くにあったのかもしれない。元軍人という経歴のため、監視が続いていた状況も考えられる。抑留者のなかには日本人であることを隠し続けていた人もいる。いずれにせよ、日本とつながる細い糸を賢次氏が探し求めていたことは確かだろう。

　朋子さんの父・誠次郎氏は「賢次はどうしているかな、逢いたいな」とときおりつぶやくことがあった。誠次郎氏は戦時中に召集されて満洲に行き、終戦後は四年間のシベリア抑留を体験している。その間の労苦は朋子さんの母親のナツ子《こ》さんが少し聞いているだけで、大半は触れたくないものとして表に出すことはなかった。賢次氏のことは半ばあきらめているようで、「ウクライナにいるんだよ」と朋子さんが言っても実感が湧かない様子だった。再会することなくペレストロイカ前に他界したのはかわいそうだったと、朋子さんは追悼する。

　その後朋子さんは東京で仕事をして、忙しい日が続く。九一年、ソ連が崩壊しウクライナが独立した時、賢次氏に関する情報の有無を厚生省援護局に問い合わせてみたのだが、戻ってきたのは「該当者はいません」という短い返答だけだった。

日本政府は何も知らない

　日本政府は、圓子賢次氏に関してどれほどの消息を把握していただろう？「圓子賢次氏の略歴」という北海道保健福祉部保護課恩給係が総務庁恩給局に提出した書類があるのだが、軍歴も不確か、一九四五年一〇月に北豊原収容所に収容などという誤った記載もあり（四五年一〇月は内淵にいたし、北豊原収容所という収容所も存在しない）、どこまで把握していたのか疑わしい。その後は、釈放、敷香で暮らす、ウクライナ出身の女性と結婚、セベロドネツクに移住と記述されているのだが、このあたりは一時帰国時に協会が本人から聞き取った情報に拠《よ》って作成したのではと勘ぐってしまう。「一九六二年（昭和三七）九月一三日　復員」という注目すべき記述があるが、この日が復員となった根拠は不明である。未帰還者なら復員した日を境に自己意思残留者に認定されるのだが、「自己意思残留と認められる調査資料」の提出もない。いろいろ勘案すると、ウクライナに移住したことはつかんでいなかったと思うしかない。「圓子賢次」について国は全く知らないままだったのだ。

唯一、身内の想いだけが細い糸でつながっていた。

九〇年一一月、促進の会に樺太から未《いま》だに帰らない姉の夫について調べてほしいという手紙が届いた。会の活動を報道で知った谷藤みつさんが久恵さんと連名で出したもので、それが賢次氏捜索の最初の一歩になる。このときみつさんは賢次氏がウクライナにいることを知らず、北海道庁にも尋ねたが何もわからなかったと途方に暮れている様子だった。二年後にも再びみつさんから手紙が届き、会側は厚生省などに問い合わせを行ったが「該当者なし」である。会報にも「この人を捜して」という呼びかけを二度ほど掲載したが、何の反応もなく動きは停まったままになった。

ついに住所判明。手紙が届く

一方賢次氏の姪、安藤朋子さんのほうでは、激動のロシア情勢に触れるにつれ、もう一度捜索してみようという気持ちが起きてきた。仕事柄、公的機関との交渉には慣れている方なので、ウクライナ大使館に直接問い合わせてみることにした。一九九六年二月、ウクライナ大使館まで出向いて、安否不明の親族を捜していることを直接口頭で説明する。もう少し詳しいことをと要請されたので、知っている限りの情報を英語で記述し、大使館にファックスで送った。

「圓子賢次、生年月日、出生地、結婚相手はウクライナ女性で名前はライーサ（通称ラーヤ）、ガリーナという娘がいる云々」

　この朋子さんの発想と行動力がなければ、賢次氏の存在は埋もれたままだったに違いない。

　こんな大雑把な情報で、と期待はほとんどしていなかったのだが、六月四日に大使館から返事が来た。「生死は不明だが、住所の記録は残っている」というではないか。

　さっそくその住所宛てに、手紙を出してみた。日本語と英語、どちらも読みやすいよう、大きな文字でつづった。

「私はあなたの兄、誠次郎の長女です。ずっとあなたのことを探していました。今回ウクライナ大使館の協力を得て手紙を書くことができました……」

　親族の状況なども書き込み、八月二日に投函する。

　その月の終わりごろ、ウクライナの賢次氏本人から返事が届いたのだ。そこには「日本語」でこうあった。

「あなたからの手紙は八月一四日に受け取った。大変驚いている。今、私は仕事を引退して年金生活を送っている。娘は結婚したので、妻と二人暮らしだ。家も畑もあるので食べ物には困っていない……」

　何度も書き直したのだろう。ところどころ読みにくいところはあったが、ちゃんと理解することはできた。

　手紙が交わされるようになり、写真も送り合う。

　東洋エンジニアリングのM氏に連絡先を教えなかったことを、「自分が悪い、最初に連絡先を教えてさえいれば」と何度も詫びていた。

ウクライナへ

賢次氏が元気でいることが分かったので、一九九七年に入ると「今年はウクライナに会いに行こう」との気運が親族の間で一気に高まった。出発は秋にと目標を立てる。

折しも九七年六月二日、ウクライナの残留邦人・角田《かくた》芳昭《よしあき》氏が一時帰国し、新千歳空港で母親と抱き合う写真が掲載された。角田氏は四二年に恵須取《えすとる》に生まれ、戦後、親と共にサハリンに残った残留邦人二世の一人である。二〇歳のころ大学進学でウクライナに渡り、技術者として現地にとどまった。七六年に日本大使館に帰国を申請したが、許可が下りないままで、この時初めての帰国となった（九九年に永住帰国する）。

北海道新聞でこの記事を見た朋子さんの母親・ナツ子さんは、早速角田氏に面会を求めた。

角田氏はセベロドネツクの東洋エンジニアリングの工場建設の現場で六年間働き、そのおかげで日本語を忘れなかったという。工場が完成し、操業も軌道に乗ったので工場建設に携わった日本人職員は八五年に日本に帰っていった。賢次氏が工事現場を訪れたのは七三年のこと。そのとき角田氏は現場から去ったところだったので、すれ違いのタイミングであった。

角田氏の件で同胞交流協会の活動を知った朋子さんは、協会に電話をして賢次氏がウクライナで健在でいることを伝えた。

「電話に出た方（多分小川氏）は、あ〜！　とびっくりした感じでした。それ以上聞くことはなかったです」

協会側としても五年前に、みつさんの再びの依頼を受けて調査に動いたのだが、何の進展もないままでいたのを、突然賢次氏の生存と親族のウクライナ訪問計画を聞かされることになったのだから、言葉が出なかったのだろう。すぐに「ウクライナに圓子賢次さん（元樺太・敷香）健在」のレポートを関係機関、協会役員向けに発行した。

七月一七日、協会幹部の齊藤精一氏が、妹の川原京子さん宅を訪問し、事情聴取を行った。

一方、朋子さんは九月のウクライナ行きを目指して、再びウクライナ大使館へと出向く。賢次氏と手紙のやり取りが行われている現状を説明すると、大使館は観光ビザを速やかに発行すると確約してくれた。旅行会社で担当になった人も大いに関心を持ち、航空券の取得、ホテル選びなどに熱心に取り組んでくれた。

スケジュールは九月一七日出発、三〇日帰国である。朋子さんは勤務先の休みを取って準備万端整える。同行者は賢次氏の妹・川原京子さんとその娘、朋子さんと母親・ナツ子さんの女四人である。

静かな兄妹再会

一九九七年九月一七日、いよいよウクライナへ向けて成田を発《た》った。このとき、協会の発行した一時帰国のための招待状も持参していた。

行程は、成田〜ウィーン。ウィーンで一泊してキエフ（現・キーウ）へ。キエフでは以前から連絡を取っていた日本語のできるウクライナ人が迎えに来てくれて、案内もしてくれた。

キエフからセベロドネツクまでは国内便である。機内で東洋人は朋子さんたち四人だけだったが、朋子さんはあくまで前向きだった。

「言葉は分からないけれど、何とかなると楽観的でした。テレビ講座でロシア語を独学していたので少しだけ話すこともできましたし、未知の場所でも全然怖くなかった。賢次さんと京子さんを会わせることはファミリーミッションと思っていました」

約一時間半後にセベロドネツク空港に到着。出入り口ではこちらに向かって笑いながら盛んに手を振っている初老の女性がいる。それが賢次氏の夫人、ライーサだった。東洋人は朋子さんたちだけだったのですぐに分かったという。

「さあ、家に行きましょう」とタクシーに乗り込む。運転手を入れて六人と大荷物で車内はぎゅう詰め状態だったが、ポリスにも見つからず、一時間以上突っ走った。

賢次氏の住むリシチャンスクに入る。住宅が建ち並び、どの家も裏に畑があるのどかな町である。目的の場所には、平屋が二棟並んだ古いつくりの家が建っていた。タクシーを降りたところで、小柄な老人が家から出てきた。

賢次氏と妹の京子さんの五十数年ぶりの再会である。どんな感動的な場面になるかと朋子さんは胸が高鳴った。

ふたりとも、とても静かだった。

見つめ合い、「あら～、賢ちゃん」と京子さんが発する。

「あら～、京子」と賢次氏。

微笑み、二人並んで家の中に入っていった。

「何か、昔の日本人そのものっていう感じでしたね」

あまりのさりげなさに力が抜けてしまった。

家の内部の様子からは質素な暮らしぶりがうかがえた。賢次氏も夫人も年金暮らしで現金収入は十分とは言えない。テレビもないし、新聞も買いに行かない。新しい情報に触れる機会もめったにないまま、静かに暮らしていることが伝わってきた。賢次氏はお酒があまり飲めないせいもあり、近所付き合いもそれほど密ではない様子だった。

　食べ物には不自由していないと賢次氏は言った。裏の畑からは十分な野菜がとれるし、時々娘のガリーナが卵などをもってきてくれる。冷蔵庫はなかったが、地下に食糧庫があるので、冷蔵庫を持つ必要はないらしい。洗濯機は壊れて使えなくなっていた。不便はあるらしいが、困窮という感じはしなかった。

　家は平屋の二棟に分かれていて、母屋は台所と居間と寝室という造り。トイレは外である。

　朋子さんたちにあてがわれたのは、離れのような別棟でベッドルームが四つあった。部屋には二段ベッドが置かれて、娘のガリーナ一家は、同じ棟の別の部屋に泊まった。

　ガリーナ一家の構成は、夫婦と娘二人、息子一人である。長女はすでに結婚していて小さな子どもがいた。ガリーナの夫はロシア人なので、結婚後ガリーナはウクライナとの国境近くのロシア・ベルゴロド州のベフテーエフカ村に移り住んでいた。買い物には国境を越えて、しょっちゅうここウクライナまで来るのだと言う。

　賢次氏は思った以上に日本語を話すことができた。皆で話しているうちに、次第に日本語を思い出してくる様子がよく分かった。考えながら話しているのか、ゆったりした口調だが、何を言っているかわからなくて困るということはなかった。

「元気だった？」

「どうしていた？」

　もともと寡黙な人なので、答えは短い。朋子さんたちもここであれこれ聞き出そうという気持ちは起こらなかった。代わりに夫人のライーサが、いかにも話したいことがあるという雰囲気で、朋子さんたちのそばでもどかしそうにしていた。

「どこでどんなふうに知り合って、どうやって結婚して今に至ったか、これまでのことを私たちに伝えたいという気持ちがビンビンと伝わってきました。もしロシア語ができたら、奥さんの言いたいことを聞けたのに」

それでも少しばかりのエピソードを理解することができた。娘時代、サハリンで働いている時に占いをしてもらい、そこで「あんたは小さな男の人と結婚する」と言われたという。「ほら、小さな人と結婚したでしょう!」

開放的でロシア女性らしいゆったりした体型の夫人は、この一ヶ月半後、心臓病で急死してしまう。聞きたいことがいっぱいあったのにと、朋子さんは残念でたまらない。ライーサの死後、賢次氏はロシアに住むガリーナ夫妻のもとに身を寄せることになる。

長い間日本を離れていた賢次氏のため、朋子さんたちはたくさんの日本の食べ物を持ってきていた。米、インスタント味噌《みそ》汁、日本酒、レトルト食品、お菓子……。テーブルにはロシア料理と日本料理がいっぱいにならんだ。

養鶏所に勤めるガリーナの夫は明るく世話好きな人柄で、バザールの案内役を気軽に買って出てくれた。日本の戦後復興に大きな関心を持っていることもよく理解できた。

滞在期間の四~五日はあっという間に過ぎて、朋子さんたちは帰途に就く。途中、ウィーンで観光も楽しんだ。

日本語で娘へつづる

一〇月二日、旭川の家に戻った京子さんは、その日のうちに協会の齊藤精一氏に電話を入れた。その報告を受け、協会はレポートを作成。報告の主な内容は、賢次氏の心臓は弱っているが寝付くほどではないこと、日本語は十分ではなくすぐロシア語に変わったこと、ソ連に留まったのは日本に戻ったら元軍人の経歴が災いして逮捕されるのではないかと恐れたこと、などである。

京子さんが「今までの人生で幸せを感じたことがあったか」と賢次氏に尋ねたとき、涙を見せながら「ひとつもない」と答えたといい、「それを聞いたとき私も胸が詰まり、泣かされた」と、齊藤氏は報告している。

マスコミ発表の了承をとり、一〇月七日、北海道新聞に　五段組みという大きさで記事が掲載される。

「五五年ぶり兄と再会――残留先のウクライナ　妹と親類が訪問」の見出しの下、賢次氏と京子さんの写真も大きく載った。頭髪はなくなり、分厚い眼鏡が端整な顔立ちを隠している。だが、わかる人にはわかる。

その日の午前、久恵さんのところにみつさんから電話が入った。

「今朝の新聞見たかい？」

「一応見たけど」

「あんたの父さんの写真、出てたでしょ」

「……えーっ、あれが！」

道新をとっている久恵さんは確かにその写真を目にしたのだが、読みもしないで放置してあった。これが自分の父親かともう一度見返した。

みつさんは言う。

「新聞見て、びっくりしましたよ。生きていたんだと。安心しました。それですぐ久恵のところに電話したんです。写真の賢次さんは、昔とそれほど変わっていなかったですよ」

久恵さんは東京に住むトミさんの末妹・大川喜美子さんに、そのことを知らせた。どこかで北海道新聞を入手した喜美子さんも、昔の面影が残っている本人であることを確認した。

みつさんはさっそく、新聞社に電話をかけて自分が親族の一人であることを告げた。新聞社が京子さんにその旨を伝えると、京子さんがみつさんに電話をして、詳しい経緯や賢次氏の現在の様子などを説明した。切れていた圓子家と、再びつながったときだった。

久恵さんは「マルコケンジ」という人が自分の本当の父親であることは、知っていた。知っていたが実感はなく、「何となく」そうなのかなあという感じのままだった。生きてウクライナにいるという。母親も若き日の写真を捨てないでいた。自分のことを伝えてみようか……。

思案の末、久恵さんは京子さんから賢次氏の住所を教えてもらい、家族写真を入れた手紙を出すことにした。本文は日本語だが、あて名は生まれて初めてのキリル文字を一生懸命に真似て書いた。向こうの配達員に読めないと捨てられてもしょうがないという気分で投函した。

二週間ほどしてウクライナからの返事が届く。中には日本文字で書かれた紙が二枚。みみずが弱々しく這っているような文字だが、一文字一文字、振り絞るようにして書かれた、胸締め付けられる手紙である。

「久恵ちゃんと一言手紙を書くのも私の手がふるへてくる様です。何んと云っても戦争が皆んなこの状態にしてしまったとあきらめて貰ふより外は何と云って良いかわかりません。私の故妻トミ子は自動車で引かれたとの事、涙で拝んで居ります。私の妻ウクラインカー76才は妹京子皆様とおわかれして一ヶ月半、病にかつ事が出来ず死んで行きました。所で家も親せきの人にやり私は娘ガーリャの家でやっかいになる事になりました。主人は養鶏場の親方で食料等心配する事は有りません。又、前へ戻りますが1956年の年日本引上（ヒキアゲ）にかかわらずどうしたら良いか解らず途方に暮れてしまいました。その後ウクラインカラーヤと一所になり今日迄一所に暮して居りました。非常に良い妻で何んでも自分独りでする身も大きく百kg以上の体カクでした。
私もこちらへ来て今日の様に病院へ行って居ります。久恵ちゃん私の事は何も心配なさらずりっぱな子供に育て下い。
では皆様の御健こうを祈り失礼致します
１９９７年12月６日
圓子賢次
上野久恵
」（原文のママ）
写真も二枚入っていて、「これが今の奥さんです」との説明があった。恰幅《かっぷく》の良い、いかにもてきぱきと動きそうな女性だった。

一時帰国へ向けて奔走

久恵さんへの手紙を読む限り、賢次氏は一九五六年には日本へ帰る気持ちがあったと見える。樺太の後期引き揚げが始まるのは五七年七月からであるが、帰国申請は前年一二月から始まっていた。このとき書類を書くと〝暗いところ〟にぶちこまれるなどという噂が飛び交い、残留邦人の間には疑心暗鬼が広がっていた。元軍人の経歴に怯えていた賢次氏は追い詰められたに違いない。帰るに帰れず、途方に暮れる賢次氏を救ったのが、ウクライナから来たライーサとの出会いだった。

「日本に帰りたかったのにそれができずに、それでもよく生きてくれたと思いました。ライーサさんと巡り会っていなかったらどうしていたんだろう」と久恵さんは胸が疼いた。そして生きている間に一日会いたいとも思った。

賢次氏の体力を考えると一時帰国は一日も早い方が良いと、協会も京子さんも急ぎ帰国の準備に取り掛かる。小川氏は、旅費も滞在費もすべて日本政府が支給するので、一刻も早くパスポートをとってほしいと賢次氏に要請。国籍はウクライナ、住居は娘の家のロシアという事情が、手続きをひどく煩雑なものにさせて、国の審査は予想外の時間がかかった。

申請手続きの進捗《しんちょく》にともない、賢次氏にも次第に気力と体力が湧きはじめた。九八年二月、京子さんに宛てた手紙には「体調は良好で、そのまま永住帰国をしたい」という要求が書かれていて、京子さんや小川氏を慌てさせる。

厚生省からの旅費支給決定を受け、三月三一日、協会は「初帰国者・圓子賢次について」のプレスリリースを配布。日本の家族については、圓子家のみが告知され、妻子に関しては報道の混乱や賢次氏の負担を考えて、一切公開されない方針がとられることとなった。

「久恵です」。半世紀ぶりの親子の再会

「四月一五日に千歳に来ることになりました」との電話を、みつさんは京子さんから受ける。久恵さんにすぐに伝えた。東京・葛飾《かつしか》区に住む大川喜美子さんは自分から協会に、いつ帰国するかを尋ねた。

賢次氏とガリーナは、四月一三日にモスクワを出発するはずだったが、この日は季節外れの大吹雪となり、モスクワ空港離着陸の飛行機はすべて欠航となってしまう。空港で丸一日を過ごした賢次氏は、すっかり体調を崩してしまった。

予定より一日遅れの一九九八年四月一五日、早朝六時四七分、賢次氏を乗せた飛行機は成田空港に到着。朋子さん、協会の幹部、厚生省職員などが空港ロビーで待ち受けた。車いすで姿を見せた

賢次氏に、朋子さんが「おじさん」と声をかけると、かすかな笑顔で手を振ってこたえた。飛行機の遅れと長旅に疲れ切った賢次氏は、ほとんど言葉も出せない状態だった。

一六日午前、賢次氏は朋子さん、協会員などと連れ立って厚生省を訪問する。ねぎらいのことばをかける役人に、賢次氏は「もうロシアに帰りたくない」と切実に訴えた。協会では賢次氏が第八八師団工兵隊に所属していた軍歴をもとに、軍人恩給の申請手続きを取り始める。

その日の午後、いよいよ故郷の旭川に戻るため、羽田空港から新千歳空港に向かう。その飛行機には喜美子さんも乗り込むことを決めていた。羽田空港に車いす姿の賢次氏の姿が見えた時、喜美子さんはすっと近づいて「私トミの妹の喜美子です」と声をかけると、賢次氏の表情が変わった。

「私のことを、分かってくれたんですね。忘れるわけがないと思っていました」

夕刻に着いた新千歳空港では、大勢の報道陣が集まっていた。最前列にいるのは、圓子家の親族たちと北海道在住の協会員で、「圓子さんお帰りなさい」の横断幕も広げていた。

再会の様子を伝える新聞記事にはこうある。

「車いすに座った圓子さんは『緊張して日本語が出てこない』とロシア語で語り、久しぶりの古里に感慨深げ。ようやく日本語で『あさって旭川に行ったら皆に会える』と話したが、涙がこみあげてきたのか言葉が続かなかった」（北海タイムス、九八年四月一七日）

出迎えの人込みから少し離れたところには、久恵さんがひとりで立ち続けていた。

「なんであんなに離れたところにぽつんと立っているんだろう？　こんなに時間がたっているんだから、実の娘がいることを何も隠すことはないのに」と、喜美子さんは悔しく思う。脚立の上で懸命に撮影しているカメラマンに、思わず「あの、白っぽいブラウス着ている女の人、圓子さんの実の娘なんですよ」と声をかけると、カメラマンは意味が分からずきょとんとした顔をしただけだった。

大方の記者が立ち去って、久恵さんと賢次氏がふっと二人だけになる瞬間が訪れた。

近づき「久恵です」と名乗ると、賢次氏もその瞬間を待っていたかのように、しっかり手をにぎり、涙をあふれさせた。別れを恐れて泣き叫んでいた赤ん坊が、年月を重ねた女性になって会いに来てくれたのだ。

その後、空港のレストランで皆で食事をしようということになった。賢次氏、ガリーナを中心に朋子さんたちと久恵さんたち総勢八人がテーブルを囲む。久恵さんたちは京子さんが誘ってくれた。

「よく知らない人がいるけれど誰だろう?」と朋子さんは不思議に思ったが、聞き出す必要もないからとすぐに賢次氏に集中した。

魚を食べたいという賢次氏に、焼き魚定食が運ばれる。箸を使い、賢次氏は上手にきれいに食べた。ビールを飲んで「うまいなあ」と笑顔になり、ウクライナはおいしい食べ物がない、ともつぶやいた。

来日時の賢次氏たちの姿を、喜美子さんはよく覚えている。

「賢次さんは一応黒いスーツは着ていましたが、ズボンのすそは手縫いでした。ガリーナのコートもバッグも少し野暮ったい感じで、ロシアは余裕がないんだなと思いましたね。私、ガリーナにはバッグをプレゼントしたんですよ。これ、使いなさいって」

「このまま永住帰国をしたい」

新聞には、食事の後、札幌の圓子ナツ子さん宅に向かったとある。

だが、本当は賢次氏はナツ子さん宅ではなく、輪厚の久恵さん宅に向かったのだ。

久恵さんの家では木村家の全員が集まり、手作りのシフォンケーキと紅茶を準備して賢次氏の到着を待っていた。家に入った賢次氏は、うながされるままトミさんの仏壇の前に向かった。正座ができなかったので椅子に座ったまま手を合わせ、涙を流しながら何かをつぶやいていた。

「何を言っていたのかはっきり聞こえなかったけれど、謝っていたような気もします。このときいろいろな話をしましたよ。どんな内容だったかは忘れてしまいましたが。昔とそんなに変わっていない感じで、懐かしかったですね」

そう、みつさんは言う。

「この人が自分の父親なんだ～、って不思議な感じでした。懐かしさや恋しさは湧いてこなかったですね」

久恵さんは一歳半になる孫を抱き「この子私の孫だよ、お父さんのひ孫なんだよ～」と賢次氏に近づけると、とても喜んで触ってくれた。「母親にひ孫を見せられなかったのに、父親に見せることになるとは……」。国と個人の分断と巡り合わせに、言葉にならない感慨を久恵さんは覚える。

和やかなひとときが過ぎ、夜が更ける前、久恵さんは自分の車で札幌市内の圓子ナツ子さんのところへ賢次氏とガリーナを送った。車中、「大丈夫ですか?」など短い会話を交わした。

一七日は、皆でお墓参りに。その後、北海道庁を訪問する。賢次氏の娘であることは伏せるよう協会から言われていたので、道庁では「親戚のものです」とだけ伝えた。

「妻子がいたことは徹底して隠すためか、協会の人たちは私たちに冷たかったですね。一言も声をかけてくれなかったです」と喜美子さんが告げたことも記しておこう。

賢次氏は「ロシアには帰らず、このまま永住帰国をしたい」との訴えを道庁でも繰り返した。

永住帰国のためにはどうしても一度は戻らなければならないとの説明を繰り返し、ようやく頷いたが納得してはいないようだった。

日本に滞在中、周囲は精一杯にもてなした。二二日、ロシアへ戻るため旭川空港から飛び立つ。見送りの場に京子さんの姿はなかった。実は京子さんは以前から胃がんを患っており、賢次氏滞在中は容態の悪さは見せなかったのだが、この日は強い痛みのために入院を余儀なくされていたのだった。一週間後の四月二八日、七三歳で京子さんは他界する。

久恵さんも、旭川空港まで見送りには行かなかった。新聞で京子さんの死を知った久恵さんは驚きと同時に「会えてよかった」と安堵の気持ちも湧いた。

軍人恩給支給を巡っての大攻防戦

ここからは賢次氏が抱えたもうひとつの課題、軍人恩給に関してである。

賢次氏本人がロシアに帰った直後から、協会と国との間で軍人恩給支給を巡る激しい攻防戦の火ぶたが切られることになった。

賢次氏が提出した恩給請求書を道庁が受理したのは、一時帰国滞在中の四月一七日であった。以後、協会が全面的な委託者となり、恩給裁定実現の任にあたることになる。

恩給請求書は、北海道庁→厚生省社会・援護局→総務庁恩給局と進んでいき、一見順調と思われたのだが、一〇月になると判断不可として恩給局より差し戻された。その理由は、国籍認定に関する見解が法務省から出ないため、恩給局としても判断ができないというものであった。

最大の懸案は、賢次氏の国籍問題だった。賢次氏の国籍はウクライナとなっており、日本では二重国籍は認められていない。ウクライナ国籍取得は自己の意思によるものか、生きるためにやむをえないものであったか。法務省はそのどちらかを判定する必要があると伝えてきた。

自己の意思による国籍変更なら、日本国籍は喪失となり、軍人恩給支給の対象からは自動的に外される。しかし、生きるためにやむを得ない事情の外国籍取得であれば、日本国籍は未だ喪失していないと判断される。

そこまでは、協会側も理解可能の条件である。問題は、ウクライナ国籍取得が自己の志望によるものかどうかを判断するには「本人による直接の供述」が必要不可欠、「本人が最寄りの法務局に出頭し」、直接面談で話を聞くのが絶対条件となっている点である。

「本人の法務局出頭＝再帰国が絶対条件」の通達を受けた協会側は焦燥し、憤る。

なぜならロシアに戻った賢次氏は身体的に衰弱し、起き上がることも難しい状態になっていたからだ。再び来日を求めるのは、殺人に等しい要求としかいいようがないと強く抗議を行った。

以後、協会側は打開策を懸命に模索していく。本人から証言を得られれば良いのだから、在モスクワ日本大使館員が本人の所に出向いて聞き取りを行えばよい、あるいは電話での聞き取りを試してみてはどうかなど、在宅でもできる方法をいくつも提案する。対して法務省側は「国側が出向いて国籍調査する特例を一度つくったら、類似ケースに対応できない」と、一ミリたりとも受け入れようとしない。ロシア国籍であれば、日本国籍認定の前例はいくつもあり、それが定石となっている。だが、ウクライナ国籍では前例がないことが障害だった。一九九九年六月、ウクライナからの永住帰国を果たした角田芳昭氏が「ウクライナ国籍の取得は自由のないなか、従来のソ連身分証明書に「ウクライナ国籍」というスタンプを自動的に押していくというやり方で行われた」との上申書を提出したが、何の反応も戻ってこなかった。

膠着《こうちゃく》状態のままで約一年半、業を煮やした協会は「死去するのを待っているような各当局の態度は決して看過できるものではない云々」との長文の意見書を、厚生省援護局、法務省、恩給局、外務省ロシア課宛てに上申する（九九年一〇月四日）。上申書には「本日現在、圓子氏側に電話の一本すらかけた形跡がなく、それでいて本人の意思の確認が必要などと言っているのだから、まことに無行動、無反省の典型と言うほかなく」と、動かぬ国の態度を糾弾し、肝心の賢次氏の状況に関しては寝たきりで「だんだん意識が薄くなり、うわごとのように昔のことを言い」と訴える。「最後には祖国は見放さなかったと言える対応を直ちに取られるよう強く要請するものである」と、ことは一刻を争う危険水域にあることを強調して結んでいる。

電話口での死

この意見書を受けて動いたのは、厚生省援護局の竹之下《たけのした》和雄《かずお》氏であった（一年半待ち、ようやく最後に動いてくれたのは竹之下課長だった、と小川氏は後に語っている）。竹之下氏はそれまでもNPO法人設立などで、協会の活動を実務面から支援してきた人物である。

圓子賢次氏の状態に配慮すれば、確かにこれは非常事態ととらえるべき事案であろうと竹之下氏は思案の末、厚生省である自分、国籍担当の法務省民事五課、外務省ロシア課との三者協議を設け、在外公館の活用を提案した。その内容は、在モスクワ日本大使館の職員が圓子氏宅を訪ねて本人による事情聴取を行い、その聴取の内容をもって法務省民事五課が判断するというものである。今は非常時として、その方法しかないという竹之下氏の説得に、一一月二日、二者は合意を示し、ロシア課の課長は在モスクワ日本大使館にその旨の指示を送った。

それに対する大使館側の回答は「それは我々がすべき仕事の範疇ではない」という、体《てい》の良い断りであった。通常ではない規格外の仕事を依頼した際、必ず一度はノーと言う役人社会の〝お約束〟である。竹之下氏は言う。

「役人というのは決まったルールの中でしか仕事をしない体質になっています。イレギュラーな仕事が来た場合、あまり事情をよく知らない場合は、まずはねつけるのが普通でしょう」

当時在モスクワ日本大使館には、抑留中に死亡した邦人も含め、邦人情報に関する援護局の二等書記官が出向中であった。とりあえず賢次氏の様子をつかもうと、竹之下氏は一一月一八日、その二等書記官に協力してもらい、電話での聴取を試みた。竹之下氏が一台の電話で書記官に問い合わせ事項を伝える。隣にいる通訳がもう一台の電話を娘のガリーナにつなげ、二台の電話機を使って聞き取りを行うという段取りである。

話を始めて間もなくだった。ガリーナが「ちょっと待ってください」と電話口から離れていった。やや間を置き、戻ってきたガリーナが発したのは、「今、父は亡くなりました」という報告であった。

一九九九年一一月二〇日、賢次氏の訃報を受けた協会は、「私たちは深い悲しみと激しい憤りを感じております。……我々は強く抗議することを決議いたします」との決議文を厚生省などに送る。

一一月二八日の北海道新聞には「軍人恩給請求に厚い壁」との記事が掲載され、そこで竹之下氏は「〔大使館職員による聞き取りを〕なぜもっと早くやらないのかと言われるが、危篤状態だからできたこと」とのコメントを寄せている。賢次氏は亡くなる二ヶ月ほど前から週に何度も救急車を呼ぶような状態だったという。もし、大使館員が最初に頼んだ時に賢次氏の自宅に行ったとしても、充分な話を聞くことができたかどうかは分からない。

この後、娘のガリーナは遺族給付依頼の要請を日本政府に対して行ったが、本人への受給資格が未確認のままなので遺族にも支給は認められなかった。

細い糸は墓に結ばれた

二〇〇〇年一月、竹之下氏はシベリア抑留者個人情報の引き渡し事業のため、在モスクワ日本大使館に出張した。課長時代は同事業のためロシアには八回出張したという。

そのとき、週末を利用して賢次氏のお墓参りに行こうと思い立った。モスクワ発の夜行列車に乗り込んだのは土曜日の夜だった。同行者はロシア課の若い職員、賢次氏の聞き取りのため竹之下氏の電話を受け取った厚生省の二等書記官、ガリーナに電話をかけたロシア人通訳の三人。目的地ベルゴロドまでは一〇時間ほどかかり、翌朝早くにベルゴロド駅に到着。タクシーでガリーナの家に着くと、ガリーナは心から歓迎してくれた。

家はロシアの田舎でよく見かける丸太づくりで、清潔で落ち着きがあり、普通以上の暮らしぶりがうかがえた。ここで賢次氏は最後の日々を過ごしたのかと、竹之下氏は安堵感を覚える。

「貧しいなかで亡くなったのではと心配していましたが、そんなことはなかったみたいでしたね。最期までガリーナの家族が圓子さんの面倒をよく見ていたことが分かって良かったと思いました」

賢次氏の国籍に関して、ガリーナに尋ねる場面が来た。デリケートな質問なので、別室で通訳のロシア人と対面で応対するかたちをとることにする。しかし、どのようないきさつで賢次氏がソ連国籍を取得し、その後ウクライナ国籍に変更したのか、ガリーナの答えは要領を得ないものに終始した。詳しいことは分からず、法務省に提出する資料としては不十分と言わざるを得ないものだった。これで、圓子賢次氏の軍人恩給申請の案件は幕を閉じることになる。

竹之下氏一行の来訪は周囲の人たちに歓迎された。ガリーナの夫の会社施設で食事が用意され、会社の仲間も加わってウオッカで乾杯。

いよいよ墓地に行こうというとき、賢次氏なりの挨拶なのか、急に雪が降り始め、雪の中での墓参になった。墓はロシア式のものだが、故人の写真は彫られていなかった。

粉雪の舞うなか、竹之下氏はモスクワから持ってきた果物を墓前に供え、「いろいろご苦労があて、それをガリーナに渡した。

ったことでしょう」と、手を合わせながら胸の内でねぎらいの言葉をかけた。皆で香典を出し合って、それをガリーナに渡した。

その日の夜、一行は再び夜行列車に乗り込んでモスクワへ。月曜日の朝、モスクワの駅からそのまま仕事場に向かった。プライベートの行動だったので、旅費は自費である。竹之下氏は語る。

「圓子さんとは実際に会ったことはありません。でも私としては中途半端に終わったかたちになって、どこか後味の悪いままでした。圓子さんは生きるために仕方なく国籍を変更したと、聞いたことがあります。その意見が認められるかどうかはわからないけれど、やってみる価値はあると思いました。やろうと試みたのにもかかわらず、その途中で亡くなり、残念な結果になってしまいました。ですから私としては墓参りをすることで、けじめをつけようと思いました。自分なりの締めくくりをしたいという気持ちだったのです」

竹之下氏の墓参の報告を受けた小川氏は、死後のこととはいえ、役人が大陸に残された同胞の家を訪ねたのは初めてのことと、感謝の文書を送った。賢次氏と日本をつないでいた細い糸は、竹之下氏に託されるかたちで墓に結んできたことになる。

その後の交流

ガリーナの夫は、その後ほどなく病気で亡くなったという。

安藤朋子さんは、ウクライナ訪問以降、ガリーナとクリスマスカードの交換を続けていたのだが、新型コロナウィルス感染症拡大のあたりから返事が来なくなった。

今回、死亡証明書の原本入手のため、毎日新聞・杉尾氏の協力を得てガリーナとの連絡を試みたものの、記録してあるふたつの電話番号はどちらもつながらなかった。今はロシアにいるのか、ウクライナに戻ったのかわからないので、賢次氏の死亡証明書の原本も取りようがない。この状況が考慮され、原本主義の法務局も原本の写しを受け入れるに至ったのだった。

久恵さんが法務局宛てに書いた申立書の一部は次の通り。

「現在ロシアとウクライナの情勢により娘（ガリーナ）と連絡が取れず、消息が不明であるため死亡した時刻の確認がとれず、不明であることを申し出ます。また同様にロシアとウクライナの情勢により、ロシア国発行の死亡証明書の原本の取得がむずかしく、原本の写しを添付します」

ガリーナの消息不明が戦争のためならば、再び戦争が家族同士を引き裂いたことになる。

朋子さんが賢次氏に日本の妻子がいて、久恵さんが娘であることを知ったのは、一時帰国の後だった。誰からどのように聞いたのか覚えていないが、そういうことはもっと早くに知りたかったと思った。もし前々から知っていたなら、久恵さんも誘い一緒にウクライナまで会いに行けただろうに。今は「従姉妹」同士として、時折近況を語り合っている。

「除籍の件、上野さんからも電話がありました。やっと一件落着してよかった」

そう、私のSNSに朋子さんから歓迎のメッセージが送られた。

賢次氏のきょうだいはみな亡くなり、除籍は久恵さんでなければできないことだった。

久恵さんは数年前に脳梗塞《こうそく》を患い、左半身が不自由である。その体を押して何度も市役所に通い、書類の書き方も教わりながら仕上げていった。

「いろいろありましたが、やっと終わりました。やるべきことをやって、ホッとしました」

除籍を果たしたことによって、久恵さんと賢次氏は必然の父娘としてつながったのである。

終章

シベリア民間人抑留者群像

無国籍を貫いた目黒利正（1998年一時帰国の時）

残留を決めたシベリア民間人抑留者の〝それからの日々〟は、一人ひとりがそれぞれの人生を歩んでいる。これまでの九人の人生は、いずれも本人もしくは家族や関係者から話を聞けた人たちである。だがファイルのなかには、見逃すことのできないかたちで民間人抑留の痕跡を遺している人もいた。ゆかりの人とはつながれなかったが、伝える必要があると思われるケースを記録や資料をもとに辿り、短くまとめることにした。

無実の罪を負わされ自死――鍬間《くわま》竹太郎《たけたろう》

鍬間竹太郎氏の人生は抑留によって傷めつけられ、塞《ふさ》いだはずのその傷を抑えきれず命を断ち切ることになった。

一九〇九年六月一五日、青森県西津軽《にしつがる》郡で生まれた竹太郎氏は、一一年七月、鍬間家の養子となる。

いつごろ樺太に渡ったかは不明だが、一九三七年五月、ウメノさんとの婚姻届を恵須取《えすとる》町長に提出している。ウメノさんは一九一七年生まれで、当時二〇歳だった。

三六年に生まれた長女・政子《まさこ》さんは自分は天内《てんない》生まれだと述べている。天内は恵須取から十数キロ南の海に面した町で、内陸地には天内炭鉱があったので、竹太郎氏は炭鉱に従事していたと考えられる。

「父と別れたのは昭和一九年」と政子さんは記憶しているが、それは戦況の悪化に伴う樺太各地の炭鉱閉鎖により、全従業員が配置転換を強制された出来事のことを語っている(「はじめに」小関吉雄氏参照)。転換先は、常磐《じょうばん》炭鉱もしくは九州のどこかの炭鉱であった。

ウメノさんが、政子さんとその弟を連れて北海道に引き揚げてきたのは一九四八年。三年に及ぶソ連軍占領下の間、自宅にロシア人が住みついた時もあったが、政子さんの彼らへの印象は「残酷で冷たい人たち」であった。

おそらくこの三年の間のどこかで、竹太郎氏は家族の安否を求めるために北海道から逆密航を試み、海上、もしくは上陸直後に逮捕されたのだろう。その後、投獄、尋問、審判の〝流れ作業〟に乗せられてソ連本土のラーゲリに送られた。

北海道に引き揚げた後の暮らしぶりを政子さんはほとんど語っていないが、厳しかったことは手紙の行間から察せられる。妻ウメノさんは地元役所に竹太郎氏の「未帰還届（未引揚届）」を提出。やがて少しずつ竹太郎氏に関する情報が入って来るようになった。

五四年、帰還者の証言としてカンスク市に生存しているとの情報が北海道生活福祉部保護課に送られてきたが、そこには「国際結婚、子二名あり、希望残留」とあった。

翌五五年、再び帰還者の証言として「カンスク市に居住、伐採・水道工事などに従事し、帰国意思なし」との報告がなされた。厚生省による生存記録の最後は、「五七年七月カンスク市内、妻ソ連人、元樺太真岡町鍛冶工」である。炭鉱夫ではないことに疑問が残るが、資料はすべて引揚者から聴取したものなので、どこかに誤解や記憶違いが混じっていることは否めない。

六一年頃には、本人からの手紙が家族のもとに届く。「ロシアで結婚して子どもが二人いる。事情があって帰れない」との内容だった。

これを受けて、六二年九月一三日付で、厚生省は鍬間竹太郎氏を「自己の意思により帰還しない者」と認定。道庁は以後の調査は打ち切ることをウメノさんに通知した、と記録している。ウメノさんは家裁から帰る見込みはないから離婚の手続きをして除籍することを勧められたが、「それはしのびない」という理由で戸籍には手を入れないままにした。〝もしかしたら〟との思いを消すことができないので、再婚もしなかった。

帰れないという手紙以降、全く音信不通だった竹太郎氏の名前を政子さんが再び見ることになったのは、九三年四月の新聞記事である。植木武廣氏・木村鉄五郎氏・森岡馨氏の三人の生存報告と共に公開された、カンスク市役所保存の三五人の日本人名簿のなかに「鍬間竹太郎」の名前があったのだ。名前の上には、既に死亡したことを示す×印が付けられていた。

すぐに政子さんは「日本サハリン同胞交流協会」に連絡。以後、協会と手紙のやり取りが行われる。当時、政子さんは神奈川県在住の五七歳。父親と暮らしたのは八歳までしかなく、母親のウメノさんは特別養護老人ホームに入所していた。

「父は死亡となってをりますが、家族が居たはずです。〔植木氏たちが写っている〕新聞の写真を見て、父のことを思い泣きました。再婚もせずにがんばった母も今は病院で、娘の私の事もわかりません」（九三年四月の手紙）。協会への訴えは、いつごろどのように亡くなったのかを知りたいという遺族としての切実な想いである。

遺族からの依頼を受け、「シベリア日本人会」の会長・佐藤弘氏は竹太郎氏の住んでいた村まで出向き、村の人々から聞き取りを行った。結果、判明したのは竹太郎氏は自ら命を絶っていたという事実である。調査結果を政子さんに知らせる小川氏の文面は以下の通り。

「あなたのお父さん、鍬間竹太郎さんは木工場で働いておりましたが、その後にカンスクの町の東南方三七里、バーゼノフ村に住んで農業生活をしておりました。妻の住所の村です。

盗難事件があって（疑いをかけられ）刑務所に連行されようとして、老年で二度と抑留所へ行きたくなく、どうせ死ぬなら家でと言い、自殺しました。一一年前（一九八三年）九月二八日頃とのことです。

あなたのお父さんは悪い人でなく、妻の肉親の人たちが悪いのです。その人たちは五年間、七年間抑留されました。子どもは二人おります」

政子さんからは、「想像を絶する苦労の末、自殺を選んだのかと思えば、あきらめて居ましたが、泣けて涙がとまりませんでした。……せめてもの救いは母が特別養護ホームで何も分からず寝ていることです」との嘆きがつづられてきた（同年七月）。

そしてすぐに除籍のことに話題が移る。これで心置きなく籍をはっきりさせることができると、むしろ前向きさを感じさせる文面である。

しかし市役所、県庁、家裁、厚生省、外務省……どこにあたっても、ここではできないとの対応を受ける。市役所では協会からの情報だけではダメでロシアの市役所の証明書を取るよう要求され、家裁にたずねると県知事の証明が要ると言われ、県庁ではこちらの係ではないからと厚生省の電話番号を教えられ、厚生省に電話するとロシア側の書類が必要だから外務省にかけなさいと返される。最後の頼みの外務省ロシア課は、本人の希望で残留したのだから調査は打ち切っている。どうしても調査をというなら、戸籍謄本はもとより、鍬間竹太郎に関するこれまでの資料のすべてを送ってきたらそこで考えよう、との無理難題を要請された。

国は全ての道を閉ざしている。こうなれば、何百年も戸籍上は生きてもらうしかないと政子さんは開き直りかけたりもする。しばらくして、竹太郎氏の住んでいた村の役場を改めて訪ねた佐藤弘氏から、再発行された死亡証明書が送られてきた。その内容は――

「死亡証明書

死亡市民　クワマ　タケタロー

死亡日　一九七六年一〇月一六日
死亡年齢　七一歳（日本の戸籍を基準にすると六七歳。ソ連に国籍変更した時、生年を間違えて記述されたようだ）
死因　縊死
死亡場所　アスタフィエフカ村カンスク区クラスノヤルスク地方ロシア共和国」
竹太郎氏のロシアの息子、クワマ・ウラジミール・タケタローヴィチからの手紙も送られてくる。死因への言及はなく「皆さんが父のことに関心をお持ちだということを知りました。しかし、残念ながら父はこの世におりません。亡くなってしまいました。私どもは父に関心をお持ちの方のすべての質問によろこんでお答えします」という短い文面である。当人は三六歳で農村に住み、男の子（竹太郎氏の孫である）が二人いるという。
小川氏と政子さんは、死亡証明書、謄本、竹太郎氏の死亡を報じた新聞コピー、それに息子からの手紙を持って、除籍の申請・交渉のため市役所に出向いた。申請を行ったのは九四年二月。これ以降の政子さんからの手紙はなく、申請は受理されたものと思われる。
政子さんの〝戦後処理〟は、苛酷な事実のなかで行わざるを得なかった。抑留よりは死をと決断した竹太郎氏は、どんな思いを抱えてロシアの大地で眠っているのか。「若い時の父の写真を送ってください」と書いてきた息子の心に、竹太郎氏の姿がいつまでも宿っていてほしいと願う。

捜し尽くしたが消息は途中で途切れ――来島己市《きたじまみいち》

協会の黒板には一時、「来島己市」という名前が長い間書かれたままになっていたという。収容所を出た後カンスクに居住し、その後どこかに移った足跡を、協会が何年にもわたり捜し続けた民間人抑留者である。

一九一七年一〇月一五日樺太・知取《しりとり》で生まれた己市氏は、三八年に旭川歩兵第二八連隊に入隊し、華北で日中戦争に従軍した。伍長にまで昇進したが現地で右湿性胸膜炎を発症し、四一年、現役免除予備隊編入となって帰樺する。回復後は樺太鉄道に入り、機関士として従事していた。

四六年、石炭の入れ方が悪くて機関車が止まったことを理由に逮捕され、豊原《とよはら》の刑務所に収監された。母親は同じ機関区の上司から逮捕されたことを教えられると、豊原刑務所に急行したが、己市氏はわずかの差で大陸に移送されていた後だった。その後一家は北海道に引き揚げ、己市氏の帰還を待ち続けた。

厚生省の五八年作成の未帰還者名簿には、「来島巳一《ママ》　大六（大正六年生）北海道　五七年七月カンスク市内　木工建築事務所　妻ソ連人」とある。

次に己市氏の名前が現れたのは、やはりカンスク市保存の三五人の日本人名簿であった。己市氏の名前の上に×印はなく、生存の可能性を示していた。新聞紙上でそれを見つけた己市氏の妹・よし子《こ》さんは、協会に捜索を依頼する。

調査すると、時期は不明だが、本人がソ連残留の意思を表明したとの記録が厚生省から見つかった。だが、同省がこのことをよし子さんら家族に連絡したかどうかの記録はなく、よし子さんも己市氏が自己意思残留者になっていることをこの時に初めて知ることになる。

カンスクの佐藤弘氏がすぐに動き、己市氏はずいぶん前にカンスクから「イランスク」という村の木工場に移って働いていたことが判明した。イランスク村まで出向いたが本人はおらず、いつの頃か「アムールに行く」と言ってその地を離れてしまったと村の住人は言った。ハバロフスクに行って通訳をすると言い残したという情報もあり、いずれにしても以後の足取りはつかめないという。

捜索はそれで一旦凍結状態となったが、よし子さんの強い希望もあって二〇〇二年に再び始められる。諦めることがどうしてもできなかったのである。

よし子さんは、兄が生きているかどうか、もし亡くなっているとしたら死に場所だけでも知りたいと小川氏に訴えた。その何通かの手紙が残っている。

「一目逢える日を待ち焦がれつつ、無念にこの世を去った親達の想いを胸に抱きつつも自分の生活に追われ〔新聞で名前を見るまでは〕何処へお願いしてよいやら、糸口もつかめぬままに過ぎ去った日々でした」（二〇〇二年七月）

「国にも兄を探してほしいと思います。せめて手紙のやり取りだけでも出来たら」（同年一〇月）

佐藤弘氏は、己市氏が働いていたというイランスクまで再び調査に出かけていく。しかし、以前訪れてから一〇年経ったこの時点で木工場の事務所は閉鎖され、昔のことを知っている人もいなくなっていた。

協会は諦めることなく、移動したというハバロフスクを中心に、来島己市氏の捜索依頼を各所に提出する。厚労省中国孤児等対策室、ハバロフスク在住で協会とつながりのある邦人、サハリン州内務省、ロシア極東ラジオ、新聞の尋ね人への掲載……。捜索範囲をアムール州全体に広げる動きにも取り組んでいったのだが、民間人に関する文書はオムスクに保存されているものの、古いものはすでに破棄されたという回答がサハリン州内務省から送られてきた。

捜索は〇二年いっぱい続き、考えられる限りを網羅したが、手がかりは杳としてつかめず、八方塞がりに陥っていく。その状況を受け止めたよし子さんは次のような手紙を協会に送った。

「ロシア婦人と結婚してイランスク村で木工場に勤めていたということは、事実として判ったのでしょうか？　であれば私としましては寒く食べるものもろくに与えられないという厳しい収容所生活を無事に頑張って生きぬき、たとえ他国の人であっても普通に家庭をもって暮らすことができたのであれば、逢いたい気持ちに変わりはありませんが、たとえ〔安否が〕判らないとしても不幸中の幸いと思います」（〇二年一二月）

翌年の〇三年には捜索中止の意向を伝えてくる。

「連行される以前に結婚していなかったのが、今となれば幸いだったのでしょうね。……大変お世話になり、ありがとうございました。せめて奇蹟を信じ一覧表に赤丸（生存）のつくことを願いつつ筆をおきます」（〇三年一月）

このとき、よし子さんは七四歳、己市氏は生存していれば八五歳である。

その後も協会ではどこかから情報が来ることを望み、「来島己市」の名前はしばらくの間黒板から消えなかった。

自己意思残留者として亡くなり、死亡証明書を得る手段もなければ、その人の戸籍はどうなるのか？　各市町村役場では定期的に戸籍を点検し、一二〇歳超えを目安のひとつとして「高齢者に関する戸籍消除」の手続きを行っている。所在不明の超高齢者で、死亡や失踪の届出を期待することができない人に関しては、管轄の法務局の許可を得て職権で死亡を推定・除籍するというものだ。

この手続きはあくまで死亡を推定するもので、戸籍には死亡と記載されず、「高齢者消除」と扱われる。死亡日、死亡届、届出人などは除外され、記載されるのは法務局の許可日と、その許可によって市町村が除籍した日のみ。死者とは認定されないが生きてはいないということである。

己市氏は現在（二〇二四年）、一〇七歳として戸籍上は生存を続けている。死亡と推定され除籍されるには、あと一三年ほどを待たなければならない。

嘆願し名誉回復を果たした――三野《みの》辰俊《たつとし》

三野辰俊氏は一九四六年、豊原のレンガ工場に従事中、サボタージュを行い逮捕された。その時の逮捕状が、記録されている。

「捜査及び逮捕令状　令状36号
一九四六年七月一一日に発行され、一二日中有効。
国防人民委員部極東軍管区　極東第二戦線防諜局
法務少佐プフカノフの命により捜査及び逮捕を行う。
ミノタツトシの居所　トヨハラ市極東軍管区第一煉瓦工場
発行者　防諜局法務少佐プフカノフ
　一九四六年七月一一日二三時三〇分に逮捕せり
　本人サイン　三野辰俊
通訳サイン　ジョン　メリシュコフ」

取り調べの末五年の刑を言い渡され、シベリアのラーゲリに送られた。どの地域のラーゲリかは不明であるが、釈放後はクラスノヤルスク州南部のミヌシンスクに強制居住をさせられる。

一九五八年の厚生省の未帰還者名簿には次のようにあり、五五年三月にはミヌシンスクにいたことが明らかになっている。

「三野辰俊　昭三　樺太　五五年三月ミヌシンスク　ペンキ塗工職　妻ソ連人　元豊原」

辰俊氏の経歴で際立っているのは、九三年に自らの努力で名誉回復を果たしたという功績である。この名誉回復の経緯はサハリン州の地元紙「ソビエツカヤ・サハリン」紙に掲載され、詳しい報告書を協会が入手。それによって、消息不明だった辰俊氏と協会がつながりを持つことになった。

　興味深い名誉回復の報告文書は次のとおりである。

「サハリン州裁判所は日本人ミノ　タツトシの名誉を回復
　一九九三年六月、サハリン州検事局宛てにクラスノヤルスク地方のミヌシンスク市から手紙が届いた。書いたのは、多分多くの収入を持たない、そして年配の人だろうと思われる。彼はサハリンの役所に、彼の事件を再検討して、恩給を増額するよう申し入れた。

　名前はミノタツトシ。事件は四七年前にさかのぼる。

　ミノはトヨハラに自由契約雇用労働者としてやってきた。サハリン南部がソ連領土になった後も、自由契約労働者として残った。初めは病院でボイラーマンとして働いたが、その後、より有利な所で働くようになった。それは軍施設の小煉瓦工場であった。彼は多い収入を期待していたが、数ヶ月後に失望した。労働契約には、相棒と一緒に働くということが書いてあったけれども、実際には仕事の量ははるかに多くて、相棒はつけてくれなかった。そのため労働時間は三～四時間延びた。しかし給料は前のままであり、そのうえわずかな給料の中からカットまでされた。ほかの自由契約労働者である日本人たちの状態も同じようなものであることを彼は知った。

　四六年六月七日、給料を受け取った。ミノタツトシは知っているわずかのロシア語で不満を表明した。彼は余計働いたら余計もらうし、少なく働いたら少なくもらうのは当然だと主張した。

　ミノタツトシの調書によれば、尋問には証人は出頭したけれども、皆ロシア人であった。裁判では皆が（不利になるから）しゃべるなと合図をしていた。しかしタツトシは憤慨をしていた。彼を支持していたのはもう二人の労働者、イノウエカメタロウとイケダヨネキチであった。次の日、一四名の日本人ストライカーは仕事に出なかった。防諜局のグリシン中尉は取り調べの仕事が増えた。

彼はこのことの調査を命ぜられた。

結局被告は三名で、ミノタツトシは一八歳、北海道士別出身である。イノウエカメタロウは一八九三年生まれ、栃木県下都賀郡ナカイダロウ出身である。

三人とも農民出身で、学校には数年しか通っていなかった。イノウエカメタロウは以前煉瓦工場のオーナーであった。三人とも同じ日に逮捕された。

三人とも刑法五八条の罪に問われた。ミノタツトシから没収したのはわずかな蓄えだけで、ほとんど没収するものはなかった。逮捕時に持っていたものがすべてのものであった。言葉が分からないだけに非常にかわいそうだった。

ミノタツトシからいろいろなことを彼らは得ようと思った。捕虜と交わったことはないか、敵対するような宣伝をやっていなかったかと聞いたが、要領を得なかった。

彼は強制労働五年の刑を受けた。他の二人はサボタージュだけということでわずか四ヶ月の禁固刑で済んだ。

しかし世の中に正義はある。一〇月一九日、サハリン州裁判所の幹部会からミノシンスクに宛てて、ユジノサハリンスク市駐屯地軍法会議の決定についてすみやかに名誉回復する旨の通知が出された。


ソロチャン（サイン）　　ソビエツカヤサハリンから送る」


この報告書は読売新聞記者を通して協会に届いたもので、その翻訳を小川氏が聞き取り整理した、との注釈がある。

辰俊氏と連絡のついた協会は一時帰国に向けて動き出す。そこで分かったことは、夫人は一九七三年に死去し、その後ミヌシンスクで一人暮らしをしていること。職業は左官で現在は年金暮らしであること。ソ連国籍ではなく、日本国籍を持った外国人として居住証明をもっていることなどである。日本語の読み書きもそれほど不自由なくでき、一九七一年から八七年の間に四度、北海道士《し》別《べつ》市の兄のところに一時帰国したと述べている。

連行、抑留を経て無国籍だった者がいつどのようにして日本国籍を持つようになったのか、経過は不明だが、身分証明書には外国人籍の人間への永住権が記載されている。反革命罪の五八条からの名誉回復は悲願であったことだろう。

協会の調査票には「自分は年を取り、日本国籍で有りますので、日本で死にたい」と書き、兄と会うことを切望している。

だが、時は少し遅かったようだ。九五年四月には一時帰国支給が決定し、その年の秋には帰国できるはずだったが、直前に心臓病悪化のため帰国断念となる。以後療養が続くなか、小康状態を得ると好きな絵を描いていたようだ。九九年、協会幹部の齊藤精一氏が自宅を訪れると、壁には辰俊氏の描いた幻想的な白馬の絵が飾られていた。

訃報の知らせはファイルになかったが、齊藤氏が訪問してからそれほど時間を置かなかったと思われる。ミヌシンスクのどこかに辰俊氏の墓は建っているだろうか？

首相に嘆願書を提出し、戸籍を回復——目黒利正《めぐろとしまさ》

一九九七年一一月一日、橋本龍太郎首相・エリツィン大統領（いずれも当時）の首脳会談がクラスノヤルスクで行われた。会談場所はエニセイ河の船上で、合間には日露友好のアピールを込めて魚釣りも楽しんだ。日露が最も近づいた時期である。

この会談の直前、橋本首相に向けた残留邦人の「嘆願書」全文が北海道新聞紙上に掲載され、世間を驚かせた。クラスノヤルスク近郊で五二年ぶりの生存が確認された目黒利正氏と福井源吉《ふくいげんきち》氏の連名による嘆願書は、無国籍を貫いた日本人からの痛切な支援の願いを訴えていた。

「尊敬すべき首相閣下

われわれは日本人同胞の福井源吉と目黒利正であります。

われわれは日本兵士であり、一九四五年、ソ連軍によって抑留者となり、軍事裁判所で政治犯として八年から一〇年の収容所送りの刑を言い渡されました。スターリン収容所のありとあらゆる辛酸をなめ、その後も流刑者として、無国籍者としての辱めを受け続けました。

われわれは、われわれが被った運命に対してだれかに責任をかけようとしているわけではありません。われわれの偉大な祖国への恨みをいつまでも持ち続けることはしません。先の戦争でどれだけ多くの日本男児が死んでいったことか……。ひとつだけ確かに言えることがあります。われわれはいかなる状況でも、日本兵士としての誇りを失うことはなかったということです。

高齢となった今、首相に以下の点について、援助の手を差し伸べていただきたくお願いする次第です」

これに続いて、①日本にいる肉親捜し②日本国籍の確認③祖国を訪ねる際の査証取得の援助④財政的援助、を求め「首相のご健康と祖国の繁栄を祈って。目黒利正　福井源吉」と連名で結ばれている。

嘆願書は厚生省の担当者を通じて首相に伝達される予定だったが、外務省の担当者が自分のところに留めおいてしまい、首相には渡されなかったという。このマスコミの発表をうけて、協会ではただちに一時帰国のために動き出す。佐藤弘氏が、カンスク市街から車で約六時間も離れた目黒氏の住む村までの往復を重ねた。そこはベレゴワヤ・ポドゥヨムナヤ村という全くの寒村だった。

目黒氏は当時七六歳。終戦時からソ連に身柄を移された後、半世紀以上を無国籍者として生きぬいてきた日本人である。樺太大泊《おおどまり》の出身で、大泊中学校卒業後は民間会社に就職したが、四二年に樺太第四三部隊（砲兵隊）に入隊。特務機関に編入され、国境近くの気屯《けとん》特務機関で暗号の解読に従事した。

終戦と同時にソ連軍に逮捕されると、特務機関所属であることで政治犯として八年間の強制労働の刑を科せられた。アンガラ収容所で伐採などの労働に従事し、一九五三年四月に釈放。その後はクラスノヤルスク近郊のポドゥヨムナヤ村のコルホーズの労働者として生きていく。

働きながら日本政府からの救助を待ち続けたが、その兆候はいつまでたっても現れなかった。日本政府は目黒氏を未帰還者として登録し、七六年までクラスノヤルスクのどこかに生存していることは承知していた。だが、帰国意思不詳のまま、それ以上の調査が行われた様子は見当たらない。

目黒氏は釈放後間もなく、同じコルホーズで働いていたドゥドニコワ・マリアと知り合い、生活を共にするようになる。夫を亡くしたマリアは、二人の女の子を育てていた。〝家族〟は持ったが、無国籍なので、婚姻届は出せず、子どもたちもマリアの籍のままである。目黒氏は帰りたいと何度も発信したが何の反応もなく、絶望感が募っていったという。

村から勝手に出ることは許されず、調査のためにやってくる監視員からソ連国籍を取るよう何度も促されたが、ソ連を自分の国とは思えなかったので国籍取得は拒み続けた。嘆願書提出後、ロシアの地元紙にインタビューされた時「自分は仕方がないからソ連に来たのであって、ソ連の市民権なんていらんのだ」とでも言いたげな様子で、「僕には二つの書類しかないいんだよ、ひとつは年金手帳、もうひとつは無国籍者居住住民票。住民票には濃いスタンプで全ページに無国籍って書いてあるんだ」と語っている。ソ連崩壊後は永年の身分証明書をもらったが、国籍無しのスタンプは押されたままである。日本の戸籍は、樺太が本籍なのですでに喪失していた。

目黒氏の一時帰国のため、協会は厚生省と外務省に対応を急がせたのだが、国は「目黒さんは無国籍の人間なので対象の範囲に入るかどうか」と、戸惑う様子を隠さなかった。協会側は早期手続きの必要性を訴え、小川氏は抗議文を厚生省と外務省に提出する。

訴えが功を奏し九八年三月、一時帰国が実現するとメディアは目黒氏をこぞって追いかけ報道した。その勢いも加担して、就籍と軍人恩給の支給が異例の速さで認められる。どちらも目黒氏が何十年も望み続けていたものであった。肉親はみな亡くなり、両親の墓を訪れた際「利正は今帰ってきました」と墓に抱きつかんばかりに涙した光景に、帯同者も胸が締め付けられる辛さを味わった。

九九年夏には、協会幹部の齊藤精一氏が軍人恩給を渡しに目黒氏の家を訪問した。昔のロシアの農村がそのまま残っているような寒村で、家はイズバというロシア式の丸太造りだった。郵便局までは三五キロもあり、日本人は全くと言って良いほどやって来ない場所である。年金だけでは暮らしていけないので、マリア夫人と二人、畑のジャガイモや牧草を売って暮らしを立てていた。それでも家の中にはテレビがあった。軍人恩給を渡すと非常に喜んだが、それが目黒氏の困難な人生に向けた唯一の報償と言えるかもしれない。

二〇〇三年八月五日、心臓発作を起こし、歴史に翻弄された八二年の生涯を無国籍のまま閉じる。村には立派な墓が建てられた。

一緒に嘆願書を書いた福井源吉氏に関しては、ほとんど情報が残っていない。ロシア人の母親を持ち、ロシア語が堪能《たんのう》だったのでハルビンで通訳をしていたこと。終戦後ラーゲリでの労働を経て、そのままクラスノヤルスクに強制居住をさせられたこと、背が高く剣道の有段者だったことから「シベリアのサムライ」という異名をもっていたことくらいしか分からない。嘆願書を書いた二ヶ月後の九七年一二月に病のため没している。

シベリア民間人抑留の象徴的存在に——阿彦哲郎《あひこてつろう》

阿彦哲郎氏はシベリア民間人抑留者のなかで、最も知られた人物と言って良いかもしれない。私とは縁がなかったが、カザフスタンに残された日本人として多くのジャーナリストや研究者が話を聞きに訪れ、その苛酷な体験は記事や映像でも描かれてきた。二〇一二年に妻のエレーナさんと永住帰国をしたが、エレーナさんが日本生活になじめず、二年後にはカザフスタンに戻ってしまう。その後、一六年にはカザフスタンの国立アカデミー劇団が「アクタス村の阿彦」を制作、二三年には佐野伸寿監督による映画「阿彦哲郎物語」が上映された。シベリア民間人抑留の象徴的存在ともいえるだろう。

阿彦氏は一九三〇年一一月一五日、樺太本斗《ほんと》町で、漁師の三男として生まれた。国民学校高等科を卒業すると青年学校に入り、鉄工所で働いた。敗戦直前青年学校は国民義勇戦闘隊に編成され、阿彦氏の本斗青年学校は義勇軍「三〇三部隊」の呼称を持たされる。阿彦氏はその部隊の責任者になることを命じられた。

家族は緊急疎開で引き揚げたのだが、その際一緒に船に乗るようにという母親の勧めを、一五歳以上の男は残ることになっているからと断ってしまう。これが運命の分かれ道だった。

ソ連軍占領下、船舶修理の仕事に就いていたのだが、四八年六月突然逮捕され、刑務所に入れられた。「三〇三部隊の責任者」だったとの密告があったと思われる。六ヶ月間の留置の後、五八条の適用により一〇年の判決をうけて大陸に連行された。ウラジオストク、ハバロフスクなどの収容所を転々とした後、カザフスタン・ジェスカズガンの鉱山で労働に従事させられる。

ここは政治犯の強制収容所で、過酷な労働と劣悪な環境によって阿彦氏は廃人になりかかるほど衰弱し、スパスクの療養収容所に運び込まれた。療養所で一命をとりとめたが、政治犯収容所での体験は口外を固く禁じられ、阿彦氏は生涯それについては語ろうとしなかった。

五四年に恩赦によって釈放されると、アクタスという村に行くよう指令を受ける。アクタス村はカラガンダ中心部から車で約二〇分ほどのところの小さな集落である。電気溶接の技術を会得し、家庭を持ち、落ち着いた暮らしができるようになったが、日本への思いは募り続けた。何度も在モスクワ日本大使館に帰りたいとの手紙を出したが、届く様子はなかった。八四年の未帰還者名簿には「**昭和40、2末　帰国希望**」とあり、六五年当時の住所も記載されている。しかし、日本政府から何らかの連絡が来たことはなかったという。

九四年に協会の招待で初の一時帰国を果たすと、二〇一二年には永住帰国に踏み切った。一四年、再びカザフスタンに戻ってきた阿彦氏を現地政府は歓迎し、日本とカザフ友好の礎のひとつと位置づける。先述の舞台「アクタス村の阿彦─カザフ人になった日本人─」の日本公演が一七年に行われたのは、その一環だった。

日本を離れ、カザフを終《つい》の住み処《か》にすることになった阿彦氏は、訪れる日本人に寂しそうな表情を垣間見せた。カラガンダ郊外にある日本人墓地の墓守りを最後の仕事にして、二〇年六月一七日、映画「阿彦哲郎物語」の完成を待たず、波乱の八九年の人生を終えた。

シベリアから唯一永住帰国した人物──菅原久男《すがわらひさお》

菅原久男氏がシベリア・オムスクから永住帰国したのは二〇一〇年二月四日。シベリアからの唯一の永住帰国者であり、八四歳になる直前という超高齢であった。亡くなったのは二〇二三年六月一六日、九七歳の大往生である。

カザフスタンから永住帰国した小関吉雄氏、三浦正雄氏、伊藤實氏、阿彦哲郎氏には多くの人が話を聞きに来たが、菅原氏のところを訪れた人はいたのだろうか？　保存されている新聞記事は最初の一時帰国の時だけで、その後の取材記事は少なくとも協会には残されていない。私も菅原久男氏という人物がいたことを知ったのは、亡くなった後だった。氏のファイルもシベリア民間人抑留者とは別の場所にあり、スタッフの話に登場した記憶もなく、ひっかからずに終わってしまった。うかつといえば非常にうかつなことであり、自分の感度の鈍さを恥じた。ここではわかっていることを記しておこう。

久男氏は宮城県登米《とめ》郡に一九二六年三月一七日、父・久《ひさし》氏。母・みつきさんの長男として生まれた。幼児の時、両親に連れられて北朝鮮平壌《ピョンヤン》市に渡る。父親は上級の警察官であったという。

現地の高等小学校を終えた久男氏は宮城県の親族のところに一度戻るが、四三年、職を求めて樺太に渡った。敷香《しすか》で飛行場建設などに携わっていたが、敗戦後ソ連兵とケンカ沙汰《ざた》という、最もやってはいけないことをしでかして逮捕されてしまう。逃亡を試みたが、豊原で再逮捕。三年の刑を受けて、四七年大陸に送られた。

リショーティ、クラスノヤルスクと回された末、五〇年一二月に出所すると、オムスク東北七五キロのカラチンスクという町に住むことになった。そこのバター工場のボイラーマンとして働き、同じ工場で知り合った女性、バレエア・マリヤと結婚。子どもが次々と生まれ、連れ子を入れると一二人という大家族になった。経済的には大変で左官や井戸掘りの手伝いなども請け負ったが、大勢の子どもとの暮らしは楽しかったと語っている。同一職場で永年勤続したことで表彰メダルも与えられた。
厚生省は、久男氏が五六年一〇月までオムスク州カラチンスクに生存していたことを把握していた。久男氏は五四年頃、母親に手紙を出したが返信はなく、そこで帰国を諦めたと思われる。北朝鮮から引き揚げた母親は六二年に死去するまで、久男氏を捜し続けたそうだ。父親はシベリアに抑留されたという話もあるが詳しいことは不明で、謄本には「昭和弐拾壱年弐月拾五日午後九時弐拾分朝鮮間島収容所第一号病院ニ於テ死亡」とある。享年四八だった。

ソ連の国籍を取得したのは六八年。婚姻届を提出し、妻の姓はバレエワからスガワラに変わった。子どもたちの姓も四男以降はスガワラで登録されることになった。

その後長い時間が過ぎ、日本人と会うこともなかったが、九〇年頃にサハリンから来たという菅《すが》原《わら》タマキという女性と知り合うことになった。タマキさんは敗戦の混乱下の樺太で親と離れ離れになり、サハリン残留の朝鮮人によって育てられた樺太版残留孤児だった。朝鮮人の夫の仕事でサハリンからオムスクに移り住んでいる時に久男氏と出会い、お互いの境遇を語り合う仲になった。同じ菅原姓だが血縁はない。その時のタマキさんは、自分は誰なのか分からないままだった。

サハリンに戻ったタマキさんは九六年、サハリンに来た日本の親族に捜し当てられ、髪の毛によるＤＮＡ鑑定で身元が判明。母親との劇的な再会を果たす。そのタマキさんが告げたのが、オムスクに日本人男性が住んでいる、という事実である。協会は親族を捜し出し、久男氏の一時帰国につなげていった。九七年三月、六〇年ぶりに妹と再会すると「これでゆっくり〔妹と〕話ができる」と、片言の日本語で喜びを表した。妹は「運命に悩む人々を生み出す戦争に義憤を禁じ得ない」と協会への手紙に思いを吐露している。

以後、七回の一時帰国を経て二〇一〇年に永住帰国を果たす。妻は〇三年に死去して、六男一家を伴っての帰国であった。八〇歳をとうに超えてからの永住帰国は、日本で仕事をという息子の望みを叶えようとの気持ちもあったからかもしれない。札幌の公団で一人暮らしをしていたが、亡くなる二年前に身の回りの世話をするためオムスクから四女が来日し、最期まで付き添い続けた。ハモニカが得意で懇親会ではよく披露していたが、気難しいところがあり、あまり人と打ち解けなかったという話も聞いた。シベリアからの唯一の永住帰国者として、是非に告げたいことはなかっただろうか？

おわりに

三月のカンスクの町中は、雪はあらかた消えて舗道の隅で黒ずんだかたまりになっていた。道はビショビショに濡れているか凍りついていた。

昼の今頃は零下二度くらいか。植木武廣氏（第一章）が健在なら、今朝の最低気温と今の気温をその場で教えてくれただろう。加えてここ一週間くらいの最低、最高気温を書きつけたメモを読んでくれたのではないか。二〇年以上、一日も欠かさず朝と昼の気温を測ることをシベリア暮らしの証のひとつにしていたのだから。弟・勇さんへの手紙には数日分の最低気温と最高気温を必ず記し、真夏は三五度、真冬は零下四五度以下まで達する気候を「これがシベリヤです」と伝えていた。

その植木氏の墓は、カンスク郊外の墓地にあった。郊外はまだ雪深く、雪の布団から身を起こすようにして、植木氏の墓は建っていた。ロシアの墓はその人のポートレートがまず目に入る。植木氏のそれは胸に優秀労働者に与えられる勲章をたくさんぶら下げ、これから表彰式にでも向かうような表情だった。案内してくれた娘（ダリヤ夫人の連れ子）のマリヤさんは言う。「二歳の時から私を育ててくれました。彼はとても良心的で正直で親切な人でした。彼はよく詩を書き、詩に合わせて歌っていました。悲しい時、日本のことを思っていた時、彼はいつも歌っていた」

隣にはダリヤ夫人の墓があり、亡くなった後、しばらく植木氏は毎日ダリヤさんに会いに来ていたという。

カンスクはクラスノヤルスクから車で四時間ほど東に位置する、くすんだ感じの地方都市だった。

炭田地帯の中心地で、昔は木材加工や綿織物の工場がいくつも稼働していたが、今は多くが閉鎖され、見事なオブジェと化した廃墟《はいきょ》も建っている。

日本人民間人抑留者が多く働いていた木工場も、倉庫や工場が動きを止めたまま残され、その広い敷地には犬が何匹もうろつきまわっていた。工場跡近くにはロシア式の小さな木造住宅の兵舎が建ち並び、そこはかつて木工場で働いていた人たちの宿舎にもなっていた。ここで植木氏、木村鉄五郎氏（第二章）、佐藤弘氏（第三章）、結城三好氏（第四章）たちが共同生活を送っていたのだ。結城三好氏と出会うペラゲイアさんも、この兵舎の一角に住み、近くの店で働いていた。今も明かりがついている家が時折見える。老いて寂れた感じのする町だが、中心部は賑わいや潤いで少し若返り、怪しげな日本料理店は繁盛している様子だった。

木村鉄五郎氏と佐藤弘氏の墓のある墓地にも行く。帽子を斜めにかぶった鉄五郎氏の姿は、やはりなかなか粋なものだった。隣には昨年九九歳で亡くなった妻・エンマさんの棺が葬られている。木村ニーナさんは「父は母と一緒になった時、やっと自分にも幸せが来たと喜んでいた」と涙ぐんだ。鉄五郎氏とエンマさんはカンスク市内を何度か転居し、晩年のアパートは広い松林のすぐそばだった。林のなかをふたりで毎日のように散歩し、鳥や小動物との触れ合いを愛《め》でていたという。近くには佐藤弘氏も住んでいた。

その佐藤弘氏の墓へたどり着くには、膝まである雪の中を漕いで行かなければならなかった。大きなポートレートは、初めて日本に帰国した時の写真をはめ込んだもので「やあ、よく来たね」と、今にも話しかけてきそうである。娘（妻の連れ子）のナディアさんが精魂込めてデザインし、完成させた作品である。

三人の墓に花を手向け、胸の中で話しかける。

──私はあなたたちに会いに日本から来ました。運命があなたたちをここに連れてきました。まさかカンスクに辿り着き、この地に眠るとは思っていなかったことでしょう。困難なことはいっぱいあったけれど、あなたたちは尊厳をかけて、運命のなかで生きぬいてきた。かけがえのないあなたたちの人生は、感慨と警鐘を私たちに与えてくれます。それを忘れてはいけないし、決して置き去りにしてはいけません。あなたたちが生き抜いてくれたことに感謝します。どうぞ安らかにお眠りください──。

何百人かが残留したと考えられる民間人抑留者のなかのわずか三人である。しかし、愚かな戦禍によって人生を翻弄された、名もない人々の貴重な魂の歴史がそこには息づいていた。

民間人抑留者が多く収容されたというトゥガチという村にも行ってみた。カンスクから車で四時間、インターネットの通じない谷間の村だ。収容所の資料館があるとのことだったが、学校の一室を借りたとてもささやかな展示室だった。収容者が使った食器やのこぎり、衣類、多種多様な印刷物などが展示されていた。

トゥガチ収容所にはあらゆる国籍、あらゆる人種、階層の人々が送り込まれたと、資料館の館長は説明した。その中には女性も多くいた。故郷に帰れない彼らは、この地で家族を持ち、この地で人生を終えていった。現在トゥガチ村の人口は五〇〇人くらいだが、ほとんどの人のルーツは収容所である。収容所の村として毎年フェスティバルが行われ、政治犯だった詩人や医師の書いた手紙を基にした演劇が行われる。彼らの人生に敬意を込めて、演技の後は拍手をしないという。

日本人について訊くと、約一万二〇〇〇人の収容者のなかで日本人は一〇〇名ほどの少数派、それも短期間だったので日本人の思い出や記録は僅《わず》かしか残っていないと答えた。そして日本人収容者は蛇を捕獲し、食べたという話が面白おかしく語られた。蝮《まむし》のことだろうか？　村の入り口には一九四一～五一年に死去した人のための大きな墓地が整備されていたが、そこに日本人は存在しない。日本人の墓はどこにあるかと訊くと、分からない、墓があるかどうかも不明だという。

結城三好氏（第四章）は帰国の際、トゥガチ収容所では三〇人以上が亡くなったと語っていた。彼らは人知れぬ一角に葬られているのだろうか？

せめてスターリン突貫工事のダム現場に花を手向けようと、トゥガチを一望できるダムのてっぺんに上った。ここから伐採した木々をカン河に流し込み、カンスクの木工場へと運んだのだ。

人知れず、この地のどこかに眠っている人に向け、雪の上に花を手向けるのが唯一できることだった。

この原稿を書き上げるまでは、長い時間と多くの人の協力が欠かせなかった。いつ、なにがきっかけでシベリア民間人抑留者を辿ることになったのか判然とせず、気が付いたときは、折り返し不能地点に立っていた。

「日本サハリン協会」の会員になり、サハリン関係の取材をしているなかで、シベリア民間人抑留者の存在を知り、当事者、関係者などに話を聞いてまわった。公的な資料は圧倒的に乏しく、手記などの記録もひとかけ、ふたかけという感じで断片的にしか残されていない。

しかし、自己意思残留というかたちで国に切り捨てられた人々に、生き抜くために果敢に奮闘した歴史があったことは示さなければならないことと思えた。日本は戦争により多くの命を失わせ、戦後処理においては、もっとも弱き人々を〝効率的に〟消去していった。それでも、人は自分自身と出会った人のために人生を拓いていくひたむきさを備えている。

「日本サハリン協会」には多大の協力をいただいた。この協会の活動がなければ、民間人抑留者は忘れ去られた存在になったに違いない。故小川峡一さん、故笹原茂《ささはらしげる》さん、近藤孝子さん、斎藤弘美さん、神沢今日子《かんざわきょうこ》さん、小川智佳子《おがわちかこ》さん、伊藤敬子《いとうけいこ》さんにはさまざまに援助していただき、見守っていただいた。

ご家族、関係者の方たちから惜しみないご協力をいただいた。取材の間に他界された方もおられ、その方たちにはご冥福《めいふく》を心から祈りたい。もうお話ができなくなった方もいらっしゃる。ロシア側のご家族もメールやワッツアップで情報を寄せてくれた。その翻訳や通訳を心意気だけで担ってくれた宮川琢さんと出会えたことも大きかった。

そのほか、一人ひとりをあげていくことはできないが、皆さんには心から感謝の念を込めたいと思う。

こんなニッチなテーマはどこも扱ってくれないからせめて私家版でと思っていたところ、鋭敏な歴史認識を持つ編集者・岸山征寛《きしやまゆきひろ》氏の「類書がない、素晴らしい」という一言が、風穴を開けてくれた。大幅な原稿修正を行い、ようやくここまでたどりつくことができたのは、氏の的確な導きのおかげである。

かかわってくれた人々すべてに感謝をこめて。

二〇二四年六月

石村《いしむら》　博子《ひろこ》

信不通となった。80年日本赤十字社に消息調査を依頼し、生存とボガドフカの住所を確認。しかし何度手紙を出しても返信はなかった。調査依頼を受けた佐藤弘氏が現地に行き、夫人から既に死亡したこととその年月日を聴取。どのような生活をしていたか、死因は何か、詳しいことは分からない。協会が一時帰国事業をしていることも知らなかったと思われる。

藤本芳春

①1914年　②高知県　③陸軍軍曹として樺太へ（？）⑨軍人捕虜（？）⑪クラスノヤルスク収容所　⑫52年　⑬カンスク市郊外ヘルモノ　⑭羊飼い、守衛　⑯57年7月カンスク市外チントラ　⑰妻、妻の連れ子4人　⑱無国籍　㉑98年NHK取材により　㉒なし　㉗経歴は詐称の可能性もある。カンスク郊外の辺鄙な村に住んでいたので引き揚げの情報が伝えられなかったと語っている。帰国希望の手紙を何通も出したが返答はなかったという。近くに三上という日本人が住んでいて行き来をしていたが72年に死去。以後日本人には会っていない（三上一男は08年生、元恵須取炭鉱事務員、妻ソ連人子1人、57年7月にはヘルモノに住んでいたことが分かっている）。近くの人にはコーリャおじさんと呼ばれていた。98年2月雪の中で倒れ、ひどい凍傷にかかりすべての指を切断した。

山岡 勲

①1928/2/9　②高知県安芸郡　⑥国民学校高等科卒、満蒙開拓義勇軍に　⑧45年8月避難の途中ソ連軍の捕虜となる　⑪タヴダ収容所などを転々　⑫52年8月　⑬クラスノヤルスク地方アチンスク市　⑭トラクター修理、山林業務、漁業　⑯54年3月アチンスク元5次不二開拓団員　⑰妻、1男1女　⑱54年　⑲85/2/23（54/3/31死亡とみなされる）　㉑高知県在住の姉宛てに本人より生存の手紙が届く　㉒97～2001年、3回　㉓04/1/17（75歳）　㉔ウラジオストク

㉕43年満蒙開拓義勇軍として渡満、不二義勇隊開拓団に（北安省）、敗戦で避難の途中ソ連軍の捕虜となり黒河の収容所送りとなる。49年8月に飯島俊太郎氏と共に脱走を図るが捕らえられ、シベリア各地の収容所で重労働に服す。釈放後はアチンスク市へ。その後ウラジオストクの漁業公社で無電技師として働く。ウラジオストクでは遺骨収集をして日本に送る活動を続けていた。93/5/28　戦時死亡宣告取消審判が確定となった。

森岡 馨

①1911/2/24　②高知県　③30年県人会の集団移住として、豊原　⑤妻、1男2女　⑥小学校卒　⑦コックなど職は転々　⑧46年7月　⑨密航　2年6ヶ月　⑩46年10月　⑪トゥガチ収容所（洗濯係）⑫48/9/11　⑬カンスク　⑭製粉工場　⑮45/8/19　⑯57年7月市内製粉工場　元樺太落合測候所小使い　⑰妻　子ども2人　⑱59年　⑳時期不明だが自己意思残留認定者の名簿にあり

㉑93年3月写真家阿部剛氏カンスク訪問の折　㉒93～97年、2回　㉓2001/3/15（90歳）㉔カンスク　㉕釈放後、菓子工場などで働き50年に職場で知り合った女性と結婚。日本の妻は再婚していると考え、帰国を諦めた。93年に初帰国をし、日本の妻子と再会する。日本の妻は73年に協議離婚のかたちで離婚手続きを行ったが、再婚はしていなかった。本人は永住帰国を望んでいたが、高齢でもあり日本の家族の反対もあって断念した。

文通を始め、一時帰国を果たす。なおナホトカの港ではやはりシベリア抑留されていた兄・新吉氏と遭遇するが、新吉氏はなぜか日本に帰らず戦時死亡宣告が行われ、その後も消息不明である。

千葉勝巳

①1927/3/6　②樺太深雪村　⑤両親、弟妹　⑥小学校卒　⑦樺太鉄道大谷駅　⑧46年4月　⑨鉄道事故　10年　⑪ノリリスク収容所（片岡勝雄氏、浅付昭三氏と一緒）　⑬ミヌシンスク　⑭電気溶接技師　⑮48年8月⑯57年3月ミヌシンスク地方カムニテイチエスカヤ街30　元樺鉄大谷駅員　⑰妻、1男1女　⑱54年頃　㉒74年親族の招待で一時帰国、95〜99年協会招待で3回　㉓2000/7/28（73歳）　胃の消化機能不全　㉔ミヌシンスク　㉕いくら働いても貨幣価値の下落でお金がたまらず、もう日本に行けないものと悲観していたが、協会の支援を得て一時帰国に至った。

中川義照

①1927/12/25　②北海道別海村　③36年頃に敷香郡保恵村　④農業　⑤両親、10人きょうだいの長男　⑥小学校卒　⑦農業　⑧45年9月　⑨日本兵士に間違えられ無理やり連れて行かれた　⑪リショーティ、クラスノヤルスク収容所　⑫53/1/18　⑬カンスク　⑭木工場で木材選別　⑮45年8月　⑯なし　⑰妻、子ども4人　㉑華道普及のためロシア各地を巡っていた生け花教師が、中川氏の情報を聞きつける　㉒2006〜09年、3回　㉓17/8/21（89歳）㉔カルムイキア共和国ユージヌイ村　㉕カンスク〜ウズベキスタン〜カルムイキア共和国とソ連各地を転々とした。カルムイキアではトラクター運転手や溶接などの仕事に就いた。「中川サダオ」と名乗り、戦闘飛行士であったこと、三つの勲章を受けたことなど、虚偽の経歴も多く身元確認が難航。05年妹とのDNA鑑定で身元が判明する。妹豊子さんが06年5月現地を訪問して再会を果たした。

長崎孝義

①1927/8/8　②北海道小樽　③移住年は不明、鵜城　⑤両親、二男四女（次男）　⑥高等小学校卒　⑦恵須取で運転手　⑨理由は不明、4年の刑期　⑩47/1/27　⑩クラスノヤルスク収容所　⑫51年　⑬オムスク州モスカレスキ　⑭農業　⑯56年10月オムスク西北方モスカレスキ　元恵須取運転手　⑰妻、娘2人　㉑97年オムスク州在住の残留邦人（菅原久男氏）からの情報　㉒なし　㉓2000/9/22（73歳）㉔オムスク州シテプナヤ村　㉕97年に生存が確認され、一時帰国の招待状を送ったが、98年娘のニーナから「日本に行きたがっているが病気で無理です」という手紙が協会に送られてきた。孝義氏の姉妹が手紙や写真を送って励ましていたが、肺の疾患のため寝ていることが多かった。死の直前「日本の家族に会うことができなくて残念だった」と言い残したという。

長崎弘美

①1928年　③樺太知床村　⑦漁業　⑧47年　⑨思想犯　5年　⑬オムスク地方ボガドフカ　⑯54年3月オムスク、ボガドフカ、サフホーズ　元樺太知床村漁業　⑰妻、子どもは不明　㉑親族からの問い合わせにより、佐藤弘氏が調査　㉒なし　㉓92/10/25（64歳）㉔ボガドフカ　㉕弟・信一氏によるとクラスノヤルスク地方に生存していることが分かったが、66年の第5信以来音

も4人　⑲56/8/31（49/8/31リショーティ収容所、以後消息を絶ったとの説明）㉒なし　㉓79/6/20（64歳）　㉔アチンスク市　㉕戦時死亡宣告後、栄造氏の息子岡部正男氏に赤十字社から岡部栄造氏はソ連に生存しているとの連絡あり。それ以上の情報はなく安否不明状態が続く。97年ロシア赤十字社から正男氏あてに、日本家族の安否調査票が届く。その後、ロシアに住む栄造氏の娘というタチアナから手紙が来て正しい死亡年月日、死亡場所、ロシアでの家族構成が判明する。タチアナを日本に招待しようと動いたようだが、実現したかどうかは不明。

片岡勝雄

①1928/3/15　②北海道日高村　③41年開拓団として落合に入植　④農業　⑤母（父は1942年死亡）3男１女　⑥小学校卒　⑦樺太鉄道大谷駅勤務　⑧46年　⑨盗みの疑い　10年　⑩46年　⑪ノリリスク収容所　⑫54年　⑬クラスノヤルスク地方イルシャ村　⑭農業　⑮母親と妹は「泰東丸」で緊急疎開、無事引き揚げ　⑯55年2月イルシャ元樺太居住　⑰妻、子ども4人　㉑94年8月、現地を訪れた厚生省遺骨調査団に本人が名乗り出た　㉒95～2001年、5回　㉓03/3/14（74歳）㉔イルシャ村　㉕54年、帰国の機会が訪れたが、帰っても日本は混乱していて仕事もなく、親も死んでいるだろうと残留を選択。長兄・新蔵氏も47年秋からサハリンで消息が不明になる。日本の兄と妹は92年捜索のためサハリンを訪れたが、手掛かりは得られなかった。

菊地雄三郎

①1926/7/28　③樺太馬群譚　⑬カンスク　⑯57年7月カンスク市内ゲドロズネ、妻ソ連人　⑰妻、娘　㉒なし　㉓85年秋頃（59歳）　㉔カンスク市　㉕84年厚労省作成の未帰還者名簿には、留守家族として函館市在住の母親が記載されている。また、消息欄の住居には「1977年11月カンスク市」とあり、家族と何らかの通信が交わされていたことを示している。「昭和32・7・28　帰国希望」との明記もあり在モスクワ日本大使館、親族などに帰国の希望を訴えていた形跡がある。娘オクサーナは雄三郎氏は酒もたばこもしない非常にまじめな人物だったこと、非常にかわいがられ自分のことを「サチ子」と呼んでいたと手紙で語っている。また、父親から日本語を習い、簡単な会話はできたという。

坂川順平

①1922/4/25　②北海道門別村　③25年に豊原　④大工　⑤両親、2男8女（順平氏は次男）⑥高等小学校卒　⑦国境警備隊・騎兵隊　⑧45年冬　⑨牛乳配達の馬車を奪い、近所の孤児に飲ませていたのを密告される 5年　⑩46/4/27　⑪クラスノヤルスク収容所　⑫49/12/13　⑬オムスク州モスカレスキ　⑭大工、井戸掘り　養蜂所の管理人　⑮46年頃　⑯56年10月オムスク西北方75キロ　モスカレスキ元豊原（坂川甚平と記述）⑰妻、2男1女　⑱57年　㉑90年北海道新聞記者が訪ねていく、その前に全国抑留者補償協議会・斎藤六郎会長が坂川氏に手紙を送っていたという　㉒92年4月　㉓95/1/6（72歳）　㉔モスカレスキ　㉕抑留中2度脱走を試みるも失敗。釈放後ロシア人女性と結婚。56年春、引揚船に乗るためナホトカまで行くが、トラブルがあって乗ることができず引き返す。それが原因で離婚となり、同年9月再婚。91年1月、北海道新聞に「シベリアに生きる」という連載記事が掲載されたことがきっかけで肉親と

シベリア民間人抑留未帰還者一覧

（日本サハリン協会に保存され、ある程度資料の残されている人の記録を整理したもの）

①生年月日 ②出身地 ③渡樺した年、樺太での居住地 ④父親の職業 ⑤家族構成 ⑥学歴 ⑦自分の職業 ⑧逮捕された時 ⑨逮捕理由、刑罰 ⑩ソ連本土連行の時 ⑪主な収容所 ⑫釈放された時 ⑬居住指定地 ⑭そこでの職業 ⑮家族が樺太から引き揚げた時 ⑯未帰還者の記録 ⑰ソ連での家族 ⑱ソ連国籍を取得した時 ⑲戦時死亡宣告の日 ⑳自己意思残留者認定された時 ㉑消息が判明した時、そのきっかけ ㉒一時帰国の記録 ㉓死亡年月日 ㉔死亡場所 ㉕特記事項（⑯は1958年厚生省引揚援護局作成の「ソ連本土に一九五〇年以後の資料のある未帰還者名簿」に記載されている情報）（本文中、番号のない箇所は不明の意味）

浅付昭三

①1928/11/11　②富山県氷見市　③31年頃豊原　④公園管理　⑤両親、8人きょうだいの長男　⑥高等小学校卒　⑦豊原郵便局〜樺太鉄道豊原機関区　⑧46年　⑨喧嘩の巻き添え、投石がソ連兵に当たる、58条、10年の自由剥奪　⑪ノリリスク、イリピンスカヤ収容所　⑬クラスノヤルスク地方イルシャ村　⑭電気機械工員　⑮49年頃　⑯55年2月イリピンスカヤ市、妻、ソ連人元樺太機関区修理工　⑰妻、娘2人　⑱59年頃　㉒71年親族の招待で一時帰国、99〜2003年協会招待で５回　㉓04/3/2　心臓麻痺（75歳）　㉔ミヌシンスク市　㉕ノリリスクでの抑留中、千葉勝巳氏と一緒になり励まし合った。在モスクワ日本大使館に一時帰国の希望を提出したこともある。生活が落ち着いていると永住帰国は望まなかった。

飯島俊太郎

①1930/1/9　②山梨県東雲村　⑥国民学校高等科卒　⑦満蒙開拓青少年義勇軍として黒竜江近くで警備守備　⑧45年8月ソ連軍と応戦し捕虜に　⑨脱走を試み逮捕、3年　⑩49年　⑪タヴダ収容所　⑫52/8/2　⑬クラスノヤルスク地方アチンスク　⑭伐採　⑯52年10月市内アチンスク街、元北安省李家義勇隊員　⑰妻、息子2人　⑱54年　⑲84/2/20確定、自分の墓が建てられた　㉒92年3月満蒙開拓青少年義勇軍の同期の招待で初の一時帰国、同年12月神奈川県ロータリークラブの招待で2度目の一時帰国、99年と2000年、協会の招待により帰国　㉓02/3/20（72歳）胃がん　㉔沿海州ダリネゴルスク　㉕捕虜になった後46年、再び満洲に送り返されて黒河へ。幹部食堂で働いていた時、後述の山岡勲氏と出会い、57年まで行動を共にする。二人で脱走を試みるがソ連警備隊に捕まり、ラーゲリへ。釈放後、ウラジオストクに行き、写真技師になる。57年頃KGBから中国人名のパスポートを与えられ、中国人として生きることを強制、監視下に置かれる。写真技師として村々を歩いたのち、63年頃から沿海州の炭鉱の坑夫として従事。90年ウラジオストクの国家保安局宛てに嘆願書を出し、実名のパスポートを取得。初の一時帰国時は新潟空港に降り立った瞬間、地に伏して号泣したという。

岡部栄造

①1915/5/2　③38年天内〜43年塔路　⑦天内炭鉱〜塔路三菱鉱業所　⑪リショーティ収容所　⑮47年8月　⑯なし　⑰妻、子ど

主要史料・論文・エッセイ・参考文献・映像一覧

【主要史料・論文・エッセイ】

『未帰還邦人調査関係』（外交史料館）
『調書「ソ連に於ける邦人の受刑状況」』　外務省管理局引揚課第一調査班ソ連係　昭和二六年六月（外交史料館）
『ソ連地区邦人引揚各地状況』（外交史料館）
『第十二次「ソ」連地区引揚げの概況』（取扱注意）昭和三二・八・一〇（外交史料館）
『未帰還者消息の現況』　厚生省　昭和二九年九月（国立公文書館）
『南樺太地区未帰還者の全般資料』　昭和三一年一月一日調製　北海道民生部保護課
『引揚者在外事実調査票』　厚生省　昭和三一年（国立公文書館）
『未帰還者留守家族等援護法の施行について』（厚生省援護局　昭和二八年八月二二日通知）
『未帰還者に関する特別措置法』　昭和三四年法律第七号
『未帰還者等に関する調査及び処理実施要領』　厚生省援護局　昭和五三年一〇月
『未帰還者名簿』　昭和五九年七月　厚生省援護局
『社会・援護局関係主管課長会議資料』　厚生労働省社会・援護局　令和五年三月
『中国残留邦人等支援に係る担当者資料』　厚生労働省社会・援護局　援護企画課　中国残留邦人等支援室　令和五年四月
『ロシア社会主義連邦ソヴェト共和国刑法　一九二六年一一月二二日公布――一九五二年一月一日現在――　並びに付随法規および参考資料』　法務資料第三三八号・法務大臣官房調査課　富田豊訳　一九五五年一〇月
南誠『「中国人帰国者」をめぐる包摂と排除　国籍と戸籍に注目して』　国立民族学博物館調査報告　巻八三　二〇〇九
セレニ・コンスタンス『1950年代の引揚げ―抹消されることを拒む人々　未帰還者の問題』　アルザス日欧知的交流事業日本研究セミナー「戦後」報告書　二〇一四年

近藤貴明『シベリア抑留者資料としての身上申告書の制度とその記録機能―第一復員省期・厚生省期・引揚援護庁期を中心に』　立命館平和研究　立命館大学国際平和ミュージアム　二〇一七年
木村由美『「脱出」という引揚げの一方法―樺太から北海道へ―』「北海道・東北史研究二〇一三　通巻第9号」　北海道出版企画センター　二〇一四
木村由美『樺太深海村からの引揚げ『引揚者在外事実調査票』による分析』　北方人文研究一一号　北海道大学大学院文学研究科北方研究教育センター　二〇一八
永山ゆかり『56 лет в Казахстане. Автобиографические рассказы Масао Миура　カザフスタンの56年・抑留を生き抜いた三浦正雄さんの物語』　釧路公立大学　二〇二三年
『ふるさとサハリン』　日本サハリン同胞交流協会会報　一九九二〜二〇一二年
『シベリア抑留者支援・記録センター通信』　ソ連による日本人捕虜・抑留被害者支援・記録センター
『チャイカ』　日本サハリン協会会報
奈賀悟『カザフ、命の果て』「同時代」第四次創刊号　黒の会　二〇二〇年二月
『阿彦哲郎物語　戦争の囚われ人・ちっちゃいサムライ　三浦正雄の子供時代』　映画解説集　二〇二三年

【主要参考文献】

味方俊介『カザフスタンにおける日本人抑留者』　ユーラシア研究所・ブックレット編集委員会　東洋書店　二〇〇八年
アン・アプルボーム　川上洸訳『グラーグ　ソ連集中収容所の歴史』　白水社　二〇〇六年
井手裕彦『命の嘆願書―モンゴル・シベリア抑留日本人の知られざる物語を追って』　集広舎　二〇二三年
エレーナ・サヴェーリエヴァ著　小山内道子訳　サハリン・樺太史研究会監修『日本領樺太・千島からソ連領サハリン州へ　一九四五年―一九四七年』　成文社　二〇一五年
太田満『中国・サハリン残留日本人の歴史と体験』　明石書店　二〇一九年
小川峡一『樺太《サハリン》・シベリアに生きる―戦後60年の証言』　社会評論社　二〇〇五年
小川峡一『置き去りにめげずカザフスタンで生き抜いた同胞たち』　ＮＰＯ邦人日本サハリン同胞交流協会　二〇一〇年

小熊英二『生きて帰ってきた男―ある日本兵の戦争と戦後』岩波新書　二〇一五年
加藤聖文『「大日本帝国」崩壊』中公新書　二〇〇九年
金子俊男『樺太一九四五年夏―樺太終戦記録―』講談社　一九七二年
樺太終戦史刊行会『樺太終戦史』社団法人全国樺太連盟　一九七三年
川越史郎『ロシア国籍日本人の記録―シベリア抑留からソ連邦崩壊まで』中公新書　一九九四年
栗原俊雄『シベリア抑留　最後の帰還者―家族をつないだ52通のハガキ』角川新書　二〇一八年
厚生省援護局『引揚げと援護三十年の歩み』厚生省　一九七八年
厚生省社会・援護局援護50年史編集委員会監修『援護50年史』ぎょうせい　一九九七年
小柳ちひろ『女たちのシベリア抑留』文藝春秋　二〇一九年
近藤孝子、笹原茂、小川峡一『樺太（サハリン）の残照――戦後70年近藤タカちゃんの覚書――』NPO法人日本サハリン協会　二〇一五年
斉藤利彦『国民義勇戦闘隊と学徒隊―隠蔽された「一億総特攻」』朝日新聞出版　二〇二一年
坂間文子『雪原にひとり囚われて―シベリア抑留十年の記録』復刊ドットコム　二〇一六年
坂本龍彦『シベリアの生と死』岩波書店　一九九三年
坂本龍彦『祖国まで　岩間典夫の半世紀』恒文社　一九九七年
坂本龍彦『シベリア虜囚半世紀』恒文社　一九九八年
朔北会編『朔北の道草―ソ連長期抑留の記録』朔北会　一九七七年
朔北会編『続・朔北の道草』朔北会　一九八五年
佐藤誠治『わたしを語る』私家版　一九九五年
澤地久枝『完本　昭和史のおんな』文藝春秋　二〇〇三年
島津忠承『人道の旗のもとに　日赤とともに三十五年』講談社　一九六五年
新藤登『朔北の流れる雲に』私家版　一九九四年
鈴木健夫『ロシアドイツ人　移動を強いられた苦難の歴史』亜紀書房　二〇二一年
戦後強制抑留史編纂委員会『戦後強制抑留史第四巻』独立行政法人平和祈念事業特別基金　二〇〇五年
ソ連における日本人捕虜の生活体験を記録する会編集・発行『捕虜体験記Ⅶ　タイシェト・イルクーツク編』一

一九八九年
高杉一郎『極光のかげに―シベリア俘虜記』岩波書店　一九九一年
富田武『シベリア抑留者たちの戦後　冷戦下の世論と運動　1945―56年』人文書院　二〇一三年
富田武・長勢了治編『シベリア抑留関係資料集成』みすず書房　二〇一七年
富田武『シベリア抑留者への鎮魂歌』人文書院　二〇一九年
富田武『日ソ戦争　1945年8月―棄てられた兵士と居留民』みすず書房　二〇二〇年
富田武『抑留を生きる力―シベリア捕虜の内面世界』朝日新聞出版　二〇二二年
中川芳夫『シベリアの夕映え　終戦と抑留』私家版　一九八九年
長勢了治『シベリア抑留全史』原書房　二〇一三年
長勢了治『知られざるシベリア抑留の悲劇』芙蓉書房出版　二〇一八年
中山大将『サハリン残留日本人と戦後日本―樺太住民の境界地域史』アジア環太平洋研究叢書3　国際書院
二〇一九年
ニコライ・ヴィシネフスキー著　小山内道子訳『樺太における日ソ戦争の終結―知取協定』御茶の水書房　二
〇二〇年
日ソ戦争史研究会『日ソ戦争史の研究』勉成出版　二〇二三年
日本赤十字社『日本赤十字社社史稿第六巻』日本赤十字社　一九七二年
橋口譲二『ひとりの記憶―海の向こうの戦争と、生き抜いた人たち』文藝春秋　二〇一六年
蜂谷彌三郎『望郷―二つの国二つの愛に生きて』致知出版社　二〇一二年
引揚体験集編集委員会編『生きて祖国へ6（樺太篇）悲憤の樺太』国書刊行会　一九八一年
藤沼敏子『不条理を生き貫いて―34人の中国残留婦人たち』津成書院　二〇一九年
平和祈念展示資料館編『労苦体験手記　シベリア強制抑留者が語り継ぐ労苦・海外引揚者が語り継ぐ労苦』平
和祈念事業特別基金　二〇一三年
矢野牧夫『謀略の海―冷戦のはざまに生きた日本人』北海道新聞社　一九九八年
矢野牧夫『昭和十九年夏、樺太の炭鉱閉山　国家機密―全炭鉱夫を至急「内地」へ送れ―』樺太の歴史を学ぶ会
二〇〇六年

若槻泰雄『シベリア捕虜収容所』明石書店　一九九九
渡辺哲夫『四十八年目の祖国―ロシア国籍飯島俊太郎の数奇な人生』近代文芸社　一九九五年

【映像】

『女たちのシベリア抑留』NHKBS1　二〇一四年八月一二日放送
『シベリア抑留はこうして行われた―米ソ極東戦略と戦争捕虜』NHKスペシャル　一九九四年八月一四日放送
『中国残留婦人たちの告白―二つの国家のはざまで』NHKスペシャル　二〇二二年九月二四日放送
『'94若者たちの旅(1)「男たちは帰らなかった」―シベリア残留日本人の戦後』NHK　初めて戦争を知ったシリーズ　一九九四年八月一日放送
『奇跡体験！アンビリバボー　サハリン残留　家族と引き裂かれた人々のため国と闘った男』フジテレビ　二〇二〇年一月三〇日放送
『突撃アッとホーム　中央アジアより愛を込めて……感動SP』NHK　二〇一四年九月一三日放送
『時代の颪の嵐』カザフスタンTV　カザフスタン共和国映画同盟　一九九三年
『素晴らしき地球の旅　大いなるロージナのために～日本人コサック・ユーラシアを行く～』NHKBS　一九九六年一二月二二日放送

【カバー写真について】……章扉・本文にも掲載したもの以外について記す。カバー中央右側、三浦正雄少年の隣の女子はリュドミラ（九歳）。その上の白衣の女性たちはペラゲイアの仕事仲間。右から二人目がペラゲイア（一九五〇年頃）。その左隣の男女三人は、左からペラゲイアの長男アレクサンドル（リュドミラの兄）、リュドミラ（六歳頃）、アレクサンドルの友人（名称不明）。下部中央の家族写真は、赤ん坊のリュドミラを囲み、右がペラゲイア、左がペラゲイアの母親、上がペラゲイアの長女マリア。

装丁　國枝達也
DTP　オノ・エーワン
地図作成　本島一宏
写真提供　日本サハリン協会
木村ニーナ
タチアナ・シーチク
三浦正雄
村上一子の遺族
山田俊二
杉尾直哉
上野久恵

本書は書き下ろしです。
本文中に登場する方々の肩書きおよび年齢は、いずれも取材ないし執筆時のものです。

石村博子（いしむら　ひろこ）
1951年、北海道室蘭市生まれ。ノンフィクションライター。法政大学卒業後、フリーライターとして各新聞・雑誌で活躍。サハリン残留邦人への関心から「NPO法人 日本サハリン協会」の会員となり、シベリア民間人抑留者の存在を知る。協会保存の資料を基に調査・取材を積み重ね、約8年の歳月をかけて本書を書き上げた。著書に『たった独りの引き揚げ隊　10歳の少年、満州1000キロを征く』（角川文庫）、『ピッカ チカッポ（美しい鳥） 知里幸恵と『アイヌ神謡集』』（岩波書店）、『孤高の名家 朝吹家を生きる　仏文学者・朝吹三吉の肖像』『3.11行方不明　その後を生きる家族たち』（ともにKADOKAWA）、『ハルビン新宿物語　加藤登紀子の母 激動の半生記』（講談社）などがある。

脱露《だつろ》　シベリア民間人抑留《みんかんじんよくりゅう》、凍土《とうど》からの帰還《きかん》

2024年7月26日　初版発行

著者／石村博子《いしむらひろこ》

発行者／山下直久

発行／株式会社KADOKAWA
〒102-8177　東京都千代田区富士見2-13-3
電話　0570-002-301（ナビダイヤル）

印刷所／大日本印刷株式会社

製本所／本間製本株式会社

ISBN 978-4-04-114650-7　C0095